Tout droit!

AS

Rod Hares & David Mort

Troisième édition

Humanities
Social Sciences
Languages

HODDER
EDUCATION
PART OF HACHETTE LIVRE UK

Rod Hares and David Mort wish to thank the following for their help with the trialling of materials and for their frequent support:

The French Departments of:
Greenhead Sixth Form College, Leeds
North Halifax Grammar School
Prince Henry's School, Evesham
Rodillian School, Leeds
Royds' School, Leeds
Mr Bill Price, formerly Head of Modern Languages, Bridgend Boys' Grammar School
Mme Marie-Hélène Schnebelen, Language Consultant

Although every effort has been made to ensure that website addresses are correct at time of going to press, Hodder Education cannot be held responsible for the content of any website mentioned in this book. It is sometimes possible to find a relocated web page by typing in the address of the home page for a website in the URL window of your browser.

Hachette Livre UK's policy is to use papers that are natural, renewable and recyclable products and made from wood grown in sustainable forests. The logging and manufacturing processes are expected to conform to the environmental regulations of the country of origin.

Orders: please contact Bookpoint Ltd, 130 Milton Park, Abingdon, Oxon OX14 4SB. Telephone: (44) 01235 827720. Fax: (44) 01235 400454. Lines are open 9.00–5.00, Monday to Saturday, with a 24-hour message answering service. Visit our website at www.hoddereducation.co.uk

First edition © David Mort, Theresa Slack & Rod Hares, 1993
Second edition © Rod Hares & David Mort, 2000

This third edition first published in 2008 by
Hodder Education,
Part of Hachette Livre UK
338 Euston Road
London NW1 3BH

Impression number	5	4	3	2	1
Year		2012	2011	2010	2009	2008

Cover photo © PNC/Brand/Corbis
Illustrations by Sarah Wimperis, Don Hatcher and Tim Oliver
Typeset in Palatino Light and Gill Sans by Hart McLeod, Cambridge
Printed in Italy

A catalogue record for this title is available from the British Library

ISBN: 978 0340 92982 7

Contents

Contents

Unité 4 Manger et boire 43

Unité 5 Les dépendances 59

Contents

Contents

Introduction

How *Tout droit!* works

This is the first part of a two-part course, taking you through AS and A2 French. You will probably start working with *Tout droit!* after quite a long lay-off and your GCSE French may already seem far behind you. You may see the adjustment from GCSE to AS level as quite a challenge. That's where this course comes in.

We are here to help you (1) bridge that gap, (2) feel confident in what you do, (3) develop your skills satisfyingly, (4) obtain a sense of enjoyment and fulfilment from your work, (5) feel well-armed to tackle the examinations ahead and (6) develop an understanding of, and a feeling for, French and French-speaking people.

For those of you intending to study for AS or Higher French only, *Tout droit! AS* is a complete course. For those who carry on to do the full A2 A level, *Tout droit! A2* is the second part of the course.

What does *Tout droit!* include?

The ten units

Each of the ten units looks at aspects of an advanced topic (see the *Contents*), while focusing on particular language points which are listed at the start of the unit. The unit starts with a section entitled *Séminaire* ('Teach-in'), which gives you practising examiners' pointers towards improving study or specific examination skills.

The texts in this book and on the audio CDs are the basis for a range of tasks, some of which you will find familiar since they are similar to the kinds of activities you will have done for GCSE or Standard Grade. The skills practised in these tasks are indicated by the following symbols.

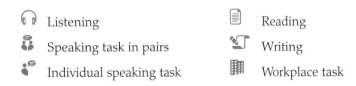

Listening	Reading
Speaking task in pairs	Writing
Individual speaking task	Workplace task

At the end of each unit is a section entitled *Pratiques*, which gives you consolidated practice in the important language points occurring during the course of the unit.

■ Grammar reference and Vocabulary

Towards the end of the book, you will find the Grammar reference section, with clear explanations in English of all the grammar points practised in the course.

Finally, you will find the Vocabulary list at the back of the book. This has been designed to give you easy reference to new vocabulary figuring in the units. You will also see vocabulary boxes appearing throughout the book to help you with the vocabulary in certain exercises.

■ Plus …

- supplementary information,
- supplementary exercises,
- study skills for Advanced French, and
- assessment practice

… are all supplied in the *Teacher's Resource Book* accompanying the course. Your teacher or supervisor will guide you on when and how to use these.

Bon courage!

Rod Hares & David Mort

Unité 1

Les rapports personnels et la vie de tous les jours

Dans cette unité, tu vas réviser et consolider ce que tu as appris pour ton examen 16+ au sujet des rapports personnels. À la fin de l'unité, tu commenceras à parler et à écrire avec confiance sur ton caractère et sur celui des gens que tu connais. Tu comprendras bien et analyseras plus facilement la vie des jeunes personnes francophones de ton âge. Tu pourras aussi discuter de la motivation et des difficultés des adultes que tu connais bien.

Each unit starts with a *séminaire*, a teach-in on study and exam techniques, which will help maximise your confidence and performance. The *séminaire* in this unit will help you to begin to listen with confidence to a variety of recorded material and will show you the difficulties to look out for. The grammar practice will concentrate on refreshing your verb tenses, particularly the present, future, perfect and imperfect.

Séminaire Listening with confidence

I find the listening tasks really hard! Any tips to set me on my way with my AS course?

What worries you in particular?

Well, everything, I suppose. I can't seem to hear all the words when I listen to French voices.

I know what you mean. Lots of students tell us this. They often say the sound seems to disappear in the air on the way to them.

That's exactly how I feel. Lots of key words seem to get lost on the way. Then, I start to panic.

There are a couple of reasons you feel like that. Do you want to go through them?

Yes, please. Anything that helps me to understand better and have a bit more confidence!

Right, then, here we go! Three languages: English, French, German. Which two sound quite hard, while the other's quite sexy?

That's easy. English and German sound a bit crash-bang. And I suppose French does sound sort of romantic.

Spot on! Think of French as the saxophone in a dance orchestra and the other two as the drums.

Got it! I suppose English and German sort of bang out the beat, while the French just glides over?

Brilliant! I've never heard it put better. That's exactly what happens. When the sound glides over the beat, small changes can get lost to the ear unless you know what you're listening for.

Easier said than done, when you don't know what it is trying to say!

Well, try pinching the bottom of your nose with your thumb and forefinger and saying this little phrase with all the nasal sounds in it: 'Prends un bon vin blanc!'

Pr* 1@& b*$ v$% bl&*@. (*Fingers pinching nose*) Can't be done!

You're probably right! French is a heavily nasalised language and, as you've just found out, much of the sound goes up your nose.

So what do you suggest?

Listen out for nasal sounds and keep the trap sheet *Les Traquenards de l'écoute* (which your teacher will photocopy for you) by you, to guide you, when you're doing a listening task.

Trap sheet? Are you telling me that French sets out to trap us?

No, of course not! What the sheet does is to show you where the different French sound patterns can be problems for English-speakers. Once you know what to listen out for, the problem is half-solved!

OK, but how can I get started properly with my listening and make some quick progress?

This Unit will give you a good start. Listen to Jess introducing herself and the Unit on page 3 as many times as you like, looking out for the words written in the right-hand column of the trap sheet.

1.1 Jess parle d'elle-même

A 🎧 Écoute bien ce que dit Jess et prends des notes pour répondre aux questions. Les chiffres entre parenthèses indiquent le nombre de points à trouver.

1 Quel âge a-t-elle? (1)
2 A-t-elle des frères et sœurs? (4)
3 Quel âge a sa sœur cadette? (1)
4 Elle habite où? (2)
5 Quel âge ont ses parents? (2)
6 Quel travail font ses parents? (4)
7 Comment sont les parents? (4)
8 Quels sont les passe-temps de Jess? (4)

B 🎧 Écoute Jess encore une fois. Comment dit-elle …?

1 I'm going to be seventeen.
2 I was born in Wales.
3 My mother got married again.
4 On a professional level.
5 I can't say a lot about him.
6 Sometimes, if I get bored.
7 I often go and buy things.
8 She trained me!

1.2 Étrangers dans le train

A 👥 Tu es dans l'Eurostar, assis(e) à côté d'une Française qui s'appelle Françoise. Elle te parle. Écoute ses questions et réponds en donnant les renseignements nécessaires (vrais ou inventés).

B 👥 Maintenant, c'est toi qui poses des questions similaires en français à Françoise. Note en anglais ses réponses.

Toi [Ask her if she likes England.]
Elle parle
Toi [Ask her if she's French or Belgian.]
Elle parle
Toi [Ask her if she lives in a town or in the countryside.]
Elle parle
Toi [Ask her if her town is old or modern.]
Elle parle
Toi [Ask her if it's near or far from Brussels.]
Elle parle
Toi [Ask if there are many tourists who visit her town.]
Elle parle

C 🎧 Utilise ce que tu as noté pour t'aider à compléter ce résumé de la conversation.

Dans le train, j'ai fait la connaissance d'une fille **(1)**_____ qui rentrait chez **(2)**_____. Elle m'a dit qu'elle habitait une **(3)**_____ qui n'est pas très **(4)**_____ de la capitale, où vont la plupart des **(5)**_____. Elle aime **(6)**_____ l'Angleterre mais elle trouve que c'est plus **(7)**_____ que dans son propre **(8)**_____.

1.3 Test: es-tu timide?

Voici un test pris dans le magazine *Okapi,* pour trouver si tu es timide.

A Fais correspondre les situations et les questions (1–8) aux groupes de réponses (a–h).

1 Généralement, quand tu ouvres la bouche en classe, c'est …
2 Soudain, le prof demande un volontaire pour répondre …
3 Tu fais la queue au cinéma. Quelqu'un passe devant toi …
4 Tu es amoureux/amoureuse; comment comptes-tu faire pour le dire?
5 Est-ce que tu te soucies beaucoup de l'opinion que les autres peuvent avoir de toi?
6 Un de tes copains de vacances t'invite à fêter son anniversaire.
7 Tu dois te rendre chez un autre de tes amis mais, pas de chance, tu t'es perdu(e).
8 De quel animal te sens-tu le plus proche?

a ■ Comme tu ne connais personne, tu te trouves une excuse pour ne pas y aller.
  ● Tu y vas, mais dans l'escalier qui mène chez ton copain tu sens ton cœur battre plus fort.
  ▲ Tu es ravi(e) à l'idée de rencontrer de nouveaux amis.

b ● Tu cherches désespérément un plan du quartier.
  ■ Tu demandes ton chemin au premier passant venu.
  ▲ Tu appelles ta mère au téléphone.

c ▲ Pas le moins du monde. Pour toi, ce qui compte, c'est d'être bien dans tes chaussettes.
  ● Quand même un peu.
  ■ Oui, car cette opinion t'aide à mieux te connaître.

d ● Pour chuchoter quelque chose à l'oreille de ton voisin.
  ■ Pour bâiller.
  ▲ Pour prendre la parole devant tout le monde.

e ● Du chat.
  ▲ Du chien.
  ■ De l'écureuil.

f ▲ Tu rappelles gentiment mais fermement à cette personne que tu étais là avant elle.
  ■ Tu laisses faire car tu n'es pas à une place près.
  ● Tu ronchonnes.

g ■ Un frisson te parcourt l'échine, tu baisses la tête et tu croises les doigts pour que ça ne tombe pas sur toi.
  ▲ Comme d'habitude, tu lèves le doigt en trépignant d'impatience.
  ● Tu n'as pas d'angoisse particulière.

h ● Tu envoies un émissaire qui a pour mission de tâter le terrain.
  ▲ Comme on n'est jamais mieux servi que par soi-même, tu y vas, et tu dis ce que tu as à dire.
  ■ Tu passes une semaine à écrire une lettre d'amour et tu passes une autre semaine à te demander si tu vas la donner.

B Maintenant, après avoir vérifié tes réponses, fais le test!

● **Vocabulary**

se soucier de *to care, worry about*
être bien dans ses chaussettes *to feel at ease*
bâiller *to yawn*
écureuil (m) *squirrel*
ronchonner *to grumble*
échine (f) *spine*
trépigner *to stamp one's feet*
émissaire (m) *messenger, go-between*
tâter le terrain *to see how the land lies, to 'suss out'*
chevroter *to quaver*

C Voici les explications données par *Okapi*, mais il y a des mots qui manquent. Choisis parmi la liste le mot qui convient le mieux pour chaque blanc dans le texte.

Tu obtiens une majorité de ■: 8/10 sur l'échelle de la timidité:

Tu n'avais pas **[1]**_____ de faire ce test pour le savoir: tu es timide. Mais c'est aussi cette timidité qui fait ton **[2]**_____. Ne considère donc pas ta timidité comme une **[3]**_____, même si tu as parfois le **[4]**_____ qu'elle te complique la vie. **[5]**_____ ou avoir la voix qui chevrote, ce n'est pas grave. Et puis, avec le temps, on apprend à mieux **[6]**_____ ses émotions. Encore un peu patience.

Tu obtiens une majorité de ●: 4/10 sur l'échelle de la timidité:

Tu aimerais être plus à l'aise avec tes **[7]**_____ ou lorsqu'il s'agit d'histoire de **[8]**_____. Mais cette timidité, tu as appris à **[9]**_____ avec. Et chaque fois qu'il faut la dépasser, tu y **[10]**_____ à peu près. Ne sois donc pas si sévère **[11]**_____ toi-même. Et puis, un peu de timidité, c'est toujours **[12]**_____ .

Tu obtiens une majorité de ▲: 0/10 sur l'échelle de la timidité:

Timidité, c'est un mot dont tu sembles **[13]**_____ le sens. En presque toutes circonstances, tu es à l'aise et **[14]**_____ . Et comme tu as pleinement **[15]**_____ en toi: en avant toute! Tu fonces, le **[16]**_____ aux lèvres. Bien sûr, il t'arrive parfois de connaître l'**[17]**_____ , mais il en faudrait vraiment plus que ça pour que tu commences à **[18]**_____ de tes capacités.

arrives	échec
attendrissant	ennemie
besoin	envers
camarades	ignorer
cœur	maîtriser
charme	rougir
confiance	sentiment
décontracté(e)	sourire
douter	vivre

D Est-ce que tu es d'accord avec le verdict d'*Okapi* sur ta propre personnalité? Écris ton opinion en 50 mots, environ.

1.4 Moi et mes filles

A Très souvent, en ce qui concerne les rapports parents/enfants, ça se passe très bien. Écoute Claire, une mère de famille, qui parle de ses rapports avec ses trois filles.

1 How many children does Claire have?
2 How old are her twins?
3 How does she get on with her eldest daughter?
4 What about the younger daughters?
5 Why does she think that is?

1.5 Parents et amis

Les rapports entre parents et enfants sont un thème courant dans la littérature française, comme dans la vie elle-même. Dans le roman de Marie Cardinal, *La Clé sur la porte*, l'écrivain décrit les rapports très ouverts entre une mère de famille et tout un groupe de jeunes, les copains de ses enfants. Lis l'extrait suivant puis complète les activités.

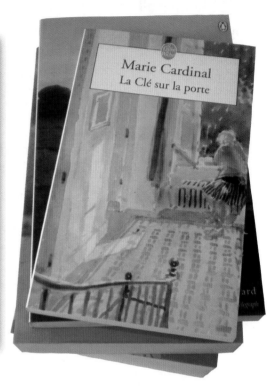

J'en ai trois: un garçon et deux filles; Grégoire, Charlotte et Dorothée. À la suite d'événements qui ne sont pas dramatiques je les élève seule. Mon mari vit de l'autre côté de l'océan Atlantique. Nous passons nos étés avec lui, là-bas ou ailleurs. Au cours de l'année il y a des allées et venues, surtout au moment de Noël et de Pâques.

Ici, en France, nous vivons tous les quatre. Je devrais plutôt dire tous les dix, tous les vingt. Je ne sais pas exactement à combien nous vivons dans cet appartement. En fait, je n'ai pas de maison, j'ai un quatre-pièces qui appartient à mes enfants et à leurs copains dont le nombre est variable. Le centre du groupe est composé d'une douzaine d'adolescents, autour d'eux évoluent des «groupies».

Au début, quand j'ai dit à mes enfants que leurs amis étaient les bienvenus, je l'ai fait parce que je ne connais rien de meilleur que l'amitié et je voulais que mes enfants profitent très vite de ses plaisirs et de ses lois. Le partage, l'échange, ce n'est pas si simple. L'amitié c'est une bonne école pour la vie.

A 📝 Les phrases suivantes, qui font le résumé de cet extrait, ont été divisées en deux parties. Les premières parties sont à la bonne place mais les deuxièmes parties sont dans le désordre. Fais correspondre les deux parties de chaque phrase.

1 Il y a trois enfants …
2 Le père n'habite pas en France …
3 On se revoit tous …
4 Il y a beaucoup de jeunes avec qui …
5 Le nombre de personnes qui habitent l'appartement …
6 La mère croit à l'importance …

a au moment des grandes fêtes.
b n'est pas fixe.
c dans la famille.
d d'avoir des amis.
e on partage l'appartement.
f avec le reste de la famille.

B 👥 Maintenant invente et écris cinq questions à poser à la mère au sujet de cette famille. Utilise une forme interrogative différente pour chaque question. Travaille avec un(e) partenaire: vous posez tour à tour vos questions. Ton/ta partenaire doit répondre – sans regarder le texte!

C 📝 Pour terminer, traduis en français ces phrases, en t'aidant de l'extrait.

1 There are three children in Marie's family.
2 The husband doesn't live with them.
3 The family don't live in a house; it's a four-room flat.
4 Many of her children's friends share the flat.
5 In life, friendship is very important.

1.6 Portrait de caractère

Voici une liste d'adjectifs qui vont t'aider à exprimer ton opinion sur les gens.

● Vocabulary

affranchi *liberated*
chaleureux (-se) *warm*
détendu *relaxed, laid-back*
distrait *absent-minded*
drôle/rigolo *funny*
enthousiaste *enthusiastic*
épuisant *exhausting*
fidèle *faithful*
gentil *friendly*
infidèle *unfaithful*

insouciant *casual*
insupportable *unbearable*
marrant *good fun*
peu fiable *unreliable*
sensé *sensible*
sensible *sensitive (both senses)*
sûr *reliable*
taquin *teasing, a tease*
terre-à-terre *down-to-earth*

A Répertorie les adjectifs dans ton carnet de vocabulaire, puis complète un portrait pour trois personnes que tu connais. Travaille avec un(e) partenaire et, à tour de rôle, vous lisez un de vos portraits à l'autre. Est-ce que ton/ta partenaire peut deviner qui c'est?

B Maintenant, choisis une autre personne qui va être le sujet d'un portrait. Regarde le tableau ci-dessous et essaie de trouver dans chaque ligne une qualité possédée par la personne. Ensuite, fais un portrait de 50 mots de cette personne.

positif	négatif	ça dépend
marrant(e)	froid(e)	direct(e)
drôle/rigolo(tte)	vulgaire	affranchi(e)
chaleureux(-se)	distant(e)	impulsif (ive)
gentil(le)	insupportable	taquin(e)
tolérant(e)	intolérant(e)	sensible
patient(e)	impatient(e)	décidé(e)
sensé(e)	épuisant(e)	intelligent(e)
fiable	peu fiable	terre-à-terre
consciencieux (-se)	insouciant(e)	détendu(e)
fidèle	infidèle	distrait(e)

1.7 Les ados et leurs parents

Même si tu t'entends bien avec tes amis, tu as peut-être des problèmes quelquefois chez toi.

A Écoute Ariane, 19 ans, qui parle de ses rapports avec ses parents. Le texte suivant est le résumé de ce qu'elle dit. Note les détails qui manquent.

Ariane **(1)** _____ avec sa mère et sa **(2)** _____ . Toutes les trois sont très **(3)** _____ . Elle ne voit pas très **(4)** _____ son père parce que ses parents ne sont plus **(5)** _____ et il habite loin, dans le sud de la France. Ariane **(6)** _____ bien avec sa mère et elles ne se **(7)** _____ pas souvent. Avec sa mère elle peut parler de **(8)** _____ et même de son petit ami. Quand il arrive des **(9)** _____ c'est souvent pour des choses insignifiantes. Cela ne dure pas **(10)** _____ . Avec le père d'Ariane, c'est **(11)** _____ . Elle ne le voit pas souvent. Il n'est pas content quand elle veut sortir. Il ne veut pas la voir **(12)** _____ .

1.8 Quelle image avez-vous des filles de votre âge?

Les filles sont plus sérieuses et meilleures en cours. Sur le plan professionnel, il n'y a pas assez de femmes dans les postes à responsabilité. À elles de s'imposer et de prouver qu'elles sont aussi capables que les hommes! Même s'il est difficile pour un homme de reconnaître la supériorité d'une femme.

Pierre

Trop de femmes se prennent pour des garçons. Une fille en jogging manque d'élégance. Dans notre société, il existe aujourd'hui une vraie égalité entre les hommes et les femmes. Je trouve simplement dommage que, pour accéder à l'égalité hommes-femmes, elles aient copié le modèle masculin.

Stephan

Les filles sont plus compréhensives et plus ouvertes que les garçons. Il est souvent plus facile de parler de ses soucis avec elles qu'avec ses copains. Elles sont mieux organisées et moins bornées que nous, et je les vois devenir de plus en plus compétitives sur le marché du travail. Mais ça nous permet de nous remettre en question.

Jean

Elles veulent se faire remarquer. La plupart des filles se prennent pour des mannequins et sont très individualistes. Aujourd'hui, les hommes et les femmes sont égaux mais, dans dix ans, ce sont elles qui auront pris le pouvoir.

Alexandre

A

1 Fais une liste de toutes les qualités féminines, selon les quatre interviewés.
2 En groupe, essayez de vous mettre d'accord sur les trois qualités les plus importantes chez les filles. Donnez des exemples pour justifier votre opinion.

B En ce qui concerne les femmes, quelle personne …

a semble plutôt hostile envers elles?
b pense que les hommes ont du mal à accepter une femme comme chef?
c trouve que les femmes ont renoncé à leur féminité?
d pense que la montée de la femme au travail a un aspect positif pour les hommes?
e leur lance un défi?
f croit qu'elles sont trop masculines?
g trouve plus facile de leur parler?

1.9 Familles modernes: qui sont-elles?

A ▤ Dans cet article, certains groupes de mots sont absents. Choisis dans la liste qui suit l'article le groupe de mots qui convient le mieux pour chaque blanc numéroté.

Un enfant sur quatre vit avec un seul parent

LA SOCIÉTÉ CHANGE – ET LA FAMILLE AUSSI.

Les familles recomposées et monoparentales **(1)** _____ en Languedoc-Roussillon, selon un constat fait par l'Insee. Avec l'augmentation du nombre de divorces **(2)** _____, le modèle traditionnel de la famille est moins fréquent depuis quinze ans.

Ainsi, sur les 340 000 familles **(3)** _____, 230 000 correspondent à l'image traditionnelle du foyer, celle d'enfants vivant sous le même toit que leurs deux parents.

Pour les autres, elles se partagent entre 80 000 familles monoparentales, où l'enfant ne vit majoritairement dans l'année qu'avec un seul de ses deux parents, **(4)** _____, et 30 000 familles recomposées. Parmi ces dernières, 16 000 comptent au moins **(5)** _____. Mais l'Insee constate aussi que la famille traditionnelle recule au fil des années, **(6)** _____. Ainsi, 68% des moins de 25 ans vivent toujours avec père et mère, tandis que plus d'un jeune Languedocien sur quatre vit désormais avec un seul de ses deux parents.

Le nombre de divorces a augmenté de 50% **(7)** _____. Et, contrairement à certaines idées reçues, le mariage ne connaît aucun regain. Depuis plusieurs années, **(8)** _____ concerne des parents non mariés, souligne l'Insee.

a un enfant né du nouveau couple

b observées par les statisticiens

c bien qu'elle soit toujours nettement majoritaire

d et le développement des unions libres

e depuis la dernière décennie du vingtième siècle

f sont de plus en plus nombreuses

g plus de la moitié des naissances

h le plus souvent la mère

B ✑ Utilise le vocabulaire dans l'article entier pour t'aider à traduire en français les phrases suivantes. Attention – il sera peut-être nécessaire de changer la forme des mots.

1 Single-parent families are increasingly common.
2 The number of divorces has increased.
3 Marriage is not experiencing a revival in popularity.
4 Out of a hundred children, more than half do not live with both parents.

1.10 Jess parle des garçons en France et en Angleterre

Jess utilise des structures comme …
En France, j'ai trouvé les garçons aussi…[que] …
Ils semblent moins …[que]
Ils paraissent plus …[que]
pour exprimer ses idées, et des adjectifs comme les suivants pour décrire les garçons.

Fais attention quand Jess rit un peu. Normalement, c'est quand elle fait des commentaires ironiques, ou quand elle se moque des garçons!

cool	tolérant	jovial	minable
attentionné	patient	romantique	impatient
indépendant	positif	dragueur	intolérant
respectueux	sophistiqué	détestable	sans sophistication
consciencieux	intégré	énervant	négatif
extraverti	facile	irritable	désinvolte
profond	stable	changeant	nerveux
meilleur	relaxe	obsédé	renfermé
sensible	uni	vexant	impoli
sensé	poli	maladroit	

A 🎧

1 Étudie la liste d'adjectifs.
2 Puis, écoute la conversation et …
3 … note tous les descripteurs utilisés par Jess dans le bon ordre.
4 Écris deux titres dans ton carnet: «Les garçons français sont plus…» et «Les garçons français sont moins…» et range les descripteurs correctement.

B ✍ Traduis les phrases suivantes en français.

1 Jo's boyfriend is less attentive than Fred.
2 Boys are more awkward than girls.
3 Stay (*tu*) as relaxed as possible!
4 I'm not as irritable as he is!
5 She's more nervous during exams.
6 He's more casual after a hot bath.
7 You'd (*vous*) be less annoying if you washed!

1.11 Xavier Miolard parle de ses parents

A 🎧 Écoute l'interview suivant: Xavier, qui habite à la Guadeloupe, parle de ses parents. Tu peux noter dans le tableau suivant les qualités qu'il trouve.

Qualités	
Père	Mère

B 🎧 Listen to Xavier once again and answer the following questions.

1 Have Xavier's parents had an influence on him?
2 Did he want to follow in their footsteps?
3 Why?/Why not?
4 Who was the biggest influence on him and why?
5 What is generally the role of the mother in Guadeloupe?
6 How does the role of Xavier's mother compare with that of his father?

1.12 Les pauvres: où les loger?

A 📄 Trouve dans l'article un mot ou une expression qui a le même sens que chacun des suivants.

1 révèle
2 problèmes
3 qui n'ont pas beaucoup d'argent
4 la quantité de logement social
5 familles
6 En ce qui concerne le ...
7 devient plus grand
8 assez d'argent
9 utilisent
10 d'une très grande importance

B 📄 Dans cette autre version de l'article il y a des mots qui manquent. Choisis dans la liste suivante un mot approprié pour remplir chaque blanc.

Il devient plus **(1)** _____ pour les gens **(2)** _____ d'obtenir un **(3)** _____ dans un HLM. Dans le secteur privé les **(4)**. _____ sont trop chers. **(5)** _____ de familles qui n'ont pas **(6)** _____ d'argent pour louer un appartement dans un HLM sont **(7)** _____ de vivre sous la **(8)** _____ .

assez	intéressant	maison	salon
beaucoup	locataires	obligés	suffisant
difficile	logement	pauvres	tante
incapables	loyers	peu	tente

La Fondation Abbé Pierre met en lumière les difficultés d'accès au logement

Quand on a peu d'argent, comment trouver un logement?

La Fondation Abbé Pierre met en lumière les difficultés grandissantes d'accès au logement des ménages aux ressources modestes, alors que se loger dans le parc HLM devient plus difficile.

Pour les 3,2 millions de ménages qui cherchent chaque année à louer un endroit où vivre, le logement social devient une porte de plus en plus difficile à ouvrir.

Quant au parc locatif privé, il devient de plus en plus cher, lui aussi, et l'écart se creuse entre les loyers du secteur privé et du secteur social.

De nombreuses familles, n'ayant pas les moyens de louer un appartement, ont recours à des formes d'habitat indigne (campings, hébergements chez des tiers etc.).

La Fondation Abbé Pierre souligne que le parc social est le seul produit qui permet à des ménages modestes d'avoir un logement décent et que ce type de logement est incontournable pour 70% des Français.

Pratiques

1 Complète les phrases coupées.

1 Elle ne voit pas très souvent son père.

2 Il ne veut pas la voir.

3 Mon mari vit de l'autre côté de l'océan Atlantique.

4 En fait, je n'ai pas de maison.

5 L'amitié c'est une bonne école pour la vie.

2 Remets la ponctuation et les accents qui manquent dans ce passage.

jhabiteaparisavectoutemafamillenoussommescinqmameremon
peremasœuraineemorganemonfrerecadetjeanmicheletmoiquef
ontmesparentsdanslaviepapaestplombieretmamantravailledans
uneagencedevoyagescacestutileparcequenouspouvonsavoirdes
vacancesadesprixreduitsmorganeetmoipreparonsnotrebacaulyc
eejeanmoulinlautrejourquelquunmaposelaquestionquiestjean
moulinjaietechoqueeparcequiletaitlegrandherosdelaresistancef
rancaisependantloccupationparlesallemands

3 Remets ces phrases en ordre.

1 qu'on voit les Parce profession de inconvénients la

2 été d'elle toujours très J'ai proche

3 d'avoir Tu un pas féroce donnes ne côté l'impression

4 père mâle Mon peu est plus petit un

5 Ma est père peu de un l'opposée mère mon

4 Avec chaque phrase, mets dans la bonne position l'expression négative entre parenthèses.

1 Elle y va en été. (ne … jamais)

2 Je vois sans mes lunettes! (ne … rien)

3 J'ai ces trois copains. (ne … que)

4 Nous y restons à cause du soleil. (ne … plus)

5 Je vois dans la pièce. (ne … personne)

6 Il parle mieux que toi. (ne … pas)

7 Tu sors avec René? (ne … plus)

8 J'en comprends la raison. (ne … pas)

Unité 2
Les loisirs

Dans cette unité, nous considérons toute la gamme des loisirs non sportifs, pour que tu puisses parler et écrire avec confiance de ce qui t'intéresse, que ce soit sur Internet, sur papier ou sur disque, ou pendant les examens.

In the *Séminaires* in Units 2 and 3, we shall try to help you to begin to read advanced French with a sure touch. We are tackling this area of your work early in the course, because being able to read at least reasonably well at this level will motivate you and build your self-belief. It will also help you to learn more effectively. You will also have further, detailed practice in a variety of verb-forms, particularly the present and major past tenses, together with the sequence of tenses.

Séminaire Help with reading French [1]

Can you help me with my reading? I struggle to make sense of a lot of French sentences, even though I often know some of the vocab!

Don't worry too much. Yours is a common problem and we've devised a help-sheet to go with it. It's at the start of Unit 3. Use it with all the reading pieces in this unit and you should soon start feeling better.

The sheet looks helpful, but can you talk me through it a bit?

Will do! When you're about to get to work on a piece of reading, always start by looking at the title and any illustration(s) and by thinking calmly about them. The title will usually give you an idea of what the article is broadly about. The picture(s) should show you key events or personalities.

Then, how do I set about reading the article?

The most important thing is to know how *not* to start. Don't, please *don't* begin with the first phrase and work through trying to translate the whole piece word by word. That really won't work.

How did you know? That's exactly what I do!

I know. You are not alone. That's what most people do and they end up hating reading tasks. Once again, we can do better than that.

So, what do I do, if I don't go through word by word, line by line?

Get a pencil, or a highlighter if the book belongs to you, skim through the article fast and try to underline one key sentence in each paragraph.

That reminds me, I hate it when the page is full of long paragraphs. I find them so threatening.

Yes, dead right. An article full of long paragraphs is a sign of bad writing. Have the confidence to do what the original writer should have done and divide any long paragraphs into two or three or even four, if need be. In fact, that's a good exercise in itself.

OK, so I find a key sentence in each paragraph. What do I do with them all, once I've found them?

Now, you try to translate them reasonably fully, in your head or on paper, whichever suits. Keep a decent dictionary next to you and with each sentence start by finding the verb, which is the hub of any sentence.

So, I find the verb and I guess I try to work out whether it's present, past, or future.

Well done! That will give you an idea as to whether the sentence is talking about things as they are, were, or may turn out to be.

And, then I look for the subject of the sentence, followed by the object. Then, I have to work out whether that's direct or indirect?

You've got it. Now, all of the rest of the material in that sentence is extra material, which the help page (p. 28) will tell you how to sort out.

2.1 Le week-end

Le lundi, on a du mal à se lever mais, dès le vendredi, une merveilleuse énergie s'empare de nous. Demain, ça va être la fête avec des tas de projets en perspective! Et puis l'essentiel c'est, dès midi, de ne plus avoir à supporter les cours.

Samedi soir, il n'y aura pas d'heure pour se coucher, pas d'heure pour se lever dimanche matin. Tout le stress de la semaine va s'envoler et même les parents sont plus détendus.

Dans l'absolu, c'est comme cela que ça devrait être, mais bien souvent les choses se gâtent. Les parents s'énervent dès le samedi après-midi avec toutes les courses à faire dans les magasins bondés. Épuisés le soir, ils ne diront pas forcément oui pour la boum, la boîte ou le bal où vous aviez l'intention de vous rendre avec votre bande.

Et puis vous, vous n'avez pas pensé à prévenir Noémie, Florence ou Bruno et, alors que vous tentez de les joindre par téléphone, personne ne décroche. Et, s'ils étaient partis en week-end avec leurs parents? Aïe, aïe, aïe!

A Les opinions suivantes sont exprimées dans l'article, mais elles ne sont pas dans le bon ordre. Range-les correctement.

1 Les parents fatigués ne sont pas toujours de bonne humeur.
2 Dimanche on peut faire la grasse matinée.
3 Il y a trop de gens qui font des achats.
4 Les copains ne sont pas là quand vous leur passez un coup de fil.
5 On retrouve ses forces à la fin de la semaine scolaire.
6 Toute la famille est plus décontractée.

B Relis le texte et trouve l'équivalent de chacune des expressions suivantes.

1 il est difficile de …
2 énormément de …
3 disparaître
4 tournent mal
5 pleins de monde
6 essayez
7 quel désastre!

2.2 Le week-end de Natalie

A Écoute Natalie, qui parle de ses week-ends. Complète en français le résumé suivant, en écrivant un seul mot dans chaque blanc. Choisis parmi les mots donnés à droite mais fais attention – tu ne vas pas les utiliser tous, et certains mots sont peut-être réutilisés.

(1) _____ les week-ends de Natalie se (2) _____ . Elle n'est pas (3) _____ parce que son copain (4) _____ du camping. Natalie pense qu'il (5) _____ être avec ses copains. Alors, elle (6) _____ écouter ses grands-parents qui n'(7) _____ pas de parler et de lui (8) _____ des questions sur ses études. Puis, pendant qu'on (9) _____ , on parle des mêmes choses que d'habitude. Après, s'il (10) _____ beau, tout le monde (11) _____ faire une promenade. Puis, ça (12) _____ comme avant. Pour Natalie, le week-end, c'est vraiment casse-pied!

tous	disputent	doit
vont	recommence	mange
promenade	contente	triste
ressemblent	osent	fait
arrêtent	poser	toit
dort	est	demander
préfère	va	

B

Personne A: C'est le week-end. Tu t'ennuies chez ton ami(e) français(e). On te propose plusieurs façons de faire passer le temps.

- Explique pourquoi tu t'ennuies.
- Refuse les idées proposées, en expliquant pourquoi chaque fois.

Personne B: Ton ami(e) s'ennuie le week-end.

- Essaie de le/la persuader de faire quelque chose pour s'occuper.
- Propose au moins cinq activités, en expliquant pourquoi chacune serait intéressante.

2.3 Quelques conseils

Le magazine *OK* a donné quelques conseils à ses lecteurs pour les aider à profiter d'un week-end sans parents – c'est-à-dire deux jours de vraie grande liberté!

C'est d'abord le week-end où l'on fait vraiment ce que l'on a envie de faire, mais sans abus, sans excès.

- Apprenez à vous contrôler, vous ne vous en sentirez que mieux.
- Consacrez du temps à vos activités favorites, du temps à ne rien faire en apparence. Comme ça vous pourrez récupérer et vous détendre.
- Le week-end, pour être bénéfique, doit différer en tout du reste de la semaine.
- Un minimum d'organisation vous aidera à profiter au mieux de votre temps sans jamais vous ennuyer.
- Si vous avez pris la précaution de donner rendez-vous la veille à vos copains pour le dimanche vers 15 heures, vous pourrez soit traîner le matin, soit faire le reste de vos devoirs, mais le cœur léger parce que vous savez que vous allez passer un super après-midi ensuite.
- Ne vous épuisez pas, ne vous laissez pas non plus envahir par la paresse. Sinon vous serez dans un drôle

d'état d'esprit et une pensée vraiment idiote viendra vous effleurer: «Vivement lundi!»
- Résistez à la tentation de vous coucher trop tard, vous ne serez pas en pleine forme le lendemain.
- Téléphonez le vendredi soir à vos copains/copines pour savoir si au moins un(e) d'entre eux/elles sera là pendant le weekend.

A

Les phrases suivantes ont le même sens que les conseils donnés dans l'article, mais les deuxièmes parties sont dans le désordre. Fais correspondre les deux parties. Attention – il y a une deuxième partie de trop.

1 Le samedi et le dimanche …
2 Allez-y doucement …
3 Passer une nuit sans sommeil, ou presque …
4 Un coup de fil avant le week-end …
5 Faites ce qui vous plaît le plus …
6 Vous pourrez éviter l'ennui …
7 Vous pourrez éviter …
8 Pendant le week-end, évitez la fatigue ou la paresse excessive …

a ce n'est pas bon pour la santé.

b d'avoir mauvaise conscience.

c mais passez aussi du temps à ne rien faire.

d faites quelque chose d'autre.

e pour éviter le désir de reprendre les cours.

f ne vaut pas la peine.

g vous garderez votre énergie.

h en faisant des projets à l'avance.

i pourra éviter le risque de la solitude.

B ⚇ À discuter et à décider.

OK propose une liste de «choses à ne jamais faire» et une liste de «choses possibles» pendant un week-end sans parents.

Peut-être ta liste de conseils serait-elle beaucoup plus intéressante? Discutez en petits groupes et établissez deux listes sous les titres «choses à ne jamais faire» et «choses possibles». Il faut inclure au moins une idée suggérée par chaque membre du groupe.

À ne jamais faire

- Inviter tous vos copains pour une mégaboum qui ne finira que très tard dans la nuit, avec musique à fond, cris et hurlements de joie. Et les voisins, alors? Vos parents seront au courant dès leur retour.
- Sécher les cours du samedi matin. Pas très malin ...

Les choses possibles

- Aller au cinéma ou faire du shopping
- Traîner dans la baignoire. D'habitude la salle de bains est surbookée!
- Jouer au Trivial Pursuit, au Scrabble ou à un quelconque jeu de société.

2.4 Dis, maman, je peux regarder la télé?

1 La télé abolit la notion de temps. De plus, elle empêche l'enfant de se concentrer en classe ou ailleurs. Pour éviter ce problème, il faut fixer fermement le temps d'écoute. Sélectionner ce qu'il veut voir, puis éteindre.

2 Évitons que la télé captive l'enfant au point de lui faire oublier ce qu'il a dans l'assiette. Il n'est plus centré sur son goût ni sur ses sensations de satiété ... deux facteurs de risque d'obésité.

3 Lorsqu'il s'ennuie, le petit écran reste le loisir le plus accessible. Inscrivez-le à des activités le mercredi. Il n'y a pas de club dans votre quartier? Suggérez-lui d'inviter ses copains.

4 Les adolescents, souvent angoissés, regardent la télé tard dans la nuit. Autorisons-le plutôt à écouter sa radio ou sa musique. Ces activités provoqueront moins d'excitation et permettront un meilleur sommeil.

5 Plus il est jeune, plus l'enfant a besoin qu'on lui explique ce qui se déroule sur le petit écran. La télévision fait toujours moins de dégâts en compagnie qu'en solitaire.

6 Un enfant qui regarde beaucoup la télé a souvent des parents qui la regardent aussi ... Mais si vous n'avez pas envie de réduire votre consommation, imposez néanmoins des limites à votre enfant.

A 📄 Fais correspondre aux paragraphes numérotés (1–6) les sous-titres suivants (a–g). Attention: il y a un sous-titre de trop.

a Ne mangeons pas toujours devant la télévision.

b Prenons le temps de regarder leurs émissions préférées.

c Établissons ensemble le programme de la semaine.

d Une soirée sans télé ... et sans enfant de temps en temps.

e Donnons le bon exemple.

f Évitons la télé dans la chambre de nos ados.

g Un enfant tirera plus de profit à faire du sport qu'à s'avachir devant la télé.

B 📄 Utilise l'article – et les sous-titres – pour t'aider à traduire en français les phrases suivantes.

1 Children can't concentrate in school because they watch TV late into the night.
2 When I get bored, I doss in front of the box.
3 I prefer to watch my favourite programmes with other people.
4 In my neighbourhood there aren't any clubs or things to do for teens.
5 Watching television doesn't do any harm.

C 🖊 Quels sont, à ton avis, les avantages et les inconvénients de la télévision? Écris environ 150 mots en français.

2.5 L'achat-plaisir

Révélés!

Les secrets de l'achat-plaisir.

Cela peut être un bouquet de fleurs, un bijou ou un CD ... L'achat-plaisir, effectué sur un coup de tête, n'a pas disparu. Selon une étude du Crédoc,* plus d'un Français sur deux (56%) s'y adonne encore avec délice et d'autant plus facilement qu'il habite en ville, lieu de toutes les tentations. Et comme l'achat-plaisir est essentiellement petit et futile, non-guidé par le besoin, il est surtout le fait des femmes (62%) et des jeunes de 18–24 ans (86%) contre 37% des plus de 50 ans.

Ces consommateurs de superflu ne se recrutent pas seulement chez les personnes riches; les acheteurs impulsifs sont presque aussi nombreux parmi les moins aisés (61%), que parmi les gros salaires (69%).

Pour les Français aux revenus modestes, cette manière d'acheter sur un coup de tête est avant tout une échappatoire pour supporter la pression économique.

Les frileux (51%), ceux qui répugnent à se faire un petit cadeau parce qu'ils ont peur de l'avenir, ont des revenus moins modestes et des restrictions limitées. Mais ils repoussent à une époque meilleure les achats

jugés inutiles. C'est la classe moyenne qui boude la société de consommation.

*Centre de recherche pour l'étude et l'observation des conditions de vie

A 📄 Trouve dans l'article un mot ou une expression qui a le même sens que chacun des suivants.

1 spontanément
2 la nécessité
3 aisés
4 qui ne gagnent pas beaucoup d'argent
5 rejette

B 📄 Écris le pourcentage d'acheteurs impulsifs qui:

1 sont d'un certain âge.
2 font des achats-plaisir
3 gagnent beaucoup d'argent
4 ont moins de 25 ans
5 manquent d'optimisme

C Voici la dernière partie de l'article, mais il y a des blancs dans le texte. Choisis dans la liste à droite le mot qui convient le mieux à chacun.

Les Français évoluent dans leur façon de **(1)**____ . Le Crédoc définit quatre types de **(2)**____ : 49% ne font jamais d'achat sur un coup de tête, faute de **(3)**____ plus que d'argent; 32% se serrent la **(4)**____ par obligation et rejettent la société de **(5)**____ dont ils se sentent exclus; 30% achètent par **(6)**____ mais pas les yeux fermés, véritables **(7)**____ sensibles à la qualité du produit; 25% ne sortent leur **(8)**____ que pour se faire plaisir.

acheter	gorge
désir	hédonistes
ceinture	main
consommé	nécessité
consommer	pipe
consommateur	plaire
consommation	plaisir
gourmets	portefeuille

D L'achat-plaisir, sur un coup de tête, tu as fait ça? Écris environ 150 mots en français où tu racontes un achat réel – ou imaginaire!

2.6 Mes petites folies

A Écoute deux jeunes Français qui parlent de leurs achats. Indique, pour chaque question, la personne dont il s'agit: Gérard (G), Marie-Laure (M-L), ou personne (P).

Qui…

1 achète des choses coûteuses?
2 faisait autrefois plus de petites folies que maintenant?
3 était pauvre autrefois?
4 n'a plus besoin de demander de l'argent à sa famille?
5 hésite, puis achète quand même?
6 pense que tout pourrait changer à l'avenir?
7 explique ce qu'il/elle entend par «une petite folie»?
8 croit qu'il faut profiter du moment?
9 a des goûts plutôt culturels?
10 croit qu'un jour il/elle aura des regrets?
11 explique le changement dans sa situation familiale?

B Et toi, est-ce que tu fais quelquefois une petite folie? Raconte-la. Chaque membre du groupe doit parler pendant une minute. Les phrases dans les bulles vont peut-être t'aider.

«J'ai eu l'idée de …»

«J'ai craqué pour …»

«Cela m'est arrivé de …»

«J'ai eu un coup de foudre et …»

2.7 Les jeunes et la lecture

On dit que les jeunes lisent moins qu'autrefois. Est-il vrai que la lecture est réellement en train de disparaître?

A 🎧 Écoute Anne-Louise Durand, qui est bibliothécaire, puis réponds en français aux questions suivantes.

1 Depuis combien de temps travaille-t-elle dans cette bibliothèque?
2 Qu'est-ce qu'elle dit sur les jeunes de seize à vingt-cinq ans?
3 Quelle est l'influence de la famille sur les jeunes en ce qui concerne la lecture?
4 Qu'est-ce que la lecture apporte, à son avis?

B 🎧 Écoute encore une fois; comment Anne-Louise dit-elle les choses suivantes?

1 je suis surtout responsable de ce que lisent les jeunes
2 j'ai remarqué que les ados et les jeunes adultes …
3 la lecture, c'est tout de même un moyen utile …
4 c'est alors quelque chose qu'ils sont en général obligés de faire
5 en dépit de ce que nous leur proposons
6 ils protestent d'habitude si le livre est plutôt long
7 quant aux poèmes, je note que l'on s'y intéresse

C 🗣 Anne-Louise est d'avis que «les adolescents ont beaucoup de mal à lire» et qu'ils s'intéressent plutôt à autre chose. Es-tu d'accord? Pourquoi (pas)? Prépare une présentation sur «Les jeunes et la lecture».

2.8 Une romancière parle de la lecture

La romancière Annie Ernaux, qui a été professeur, a aussi des idées sur la lecture et les jeunes. Lis cet extrait d'une interview qu'elle a donnée pour connaître ses idées plutôt originales.

Q Lisez! Lisez! C'est le leitmotiv des profs de français. Vous êtes écrivain, romancière, vous avez été professeur, vous aussi. C'est donc si irremplaçable que ça, la lecture?

AE Évidemment, moi je réponds oui, la lecture, c'est irremplaçable, parce que toute ma vie a été conditionnée par les livres. Je disais toujours à mes élèves au premier cours: «C'est vital de lire.» Je ne leur parlais pas de littérature avec un grand L, je leur disais: «Ouvrez un livre, n'importe lequel … science-fiction, histoire … Vous avez une passion pour les étoiles? Lisez des bouquins scientifiques sur le ciel…» J'insistais sur l'utilité d'acquérir le langage dominant, de maîtriser un outil de base.

Quand on lit, on s'imprègne – sans douleur – de mots, de structures grammaticales. C'est un atout formidable d'avoir du vocabulaire, de pouvoir choisir le mot juste, de jouer avec les différents registres de la langue, de pouvoir, à la sortie du cinéma, quand on a aimé le film, dire autre chose que: «C'est super». Aux plus âgés, j'expliquais que la littérature peut aussi nous aider à nous comprendre, nous, même si on n'a pas encore l'expérience de ce dont parle le livre. La lecture accumule l'expérience des autres, on emmagasine dans son inconscient des choses qui serviront plus tard.

A 📄 Complète les phrases suivantes, selon ce que dit Annie Ernaux.

1 Tous les profs de français encouragent leurs élèves …
2 Annie Ernaux est d'accord que la lecture, on ne peut pas …
3 Selon elle, le genre de livre qu'on lit n'a …
4 En lisant, on s'imprègne des structures et de la …
5 Plus on a de vocabulaire, plus il est facile d'exprimer des …
6 Même si on n'a pas encore eu l'expérience dont parle un livre, on va peut-être s'en souvenir quand …

B 📄 Trouve dans le deuxième paragraphe trois avantages qu'apporte la lecture, et exprime-les – en français – avec tes propres mots. Puis montre-les aux autres membres du groupe. Est-ce que vous êtes tous/toutes d'accord? Mettez-vous ensemble pour trouver encore un avantage qu'apporte la lecture.

Référez-vous à la page 20 pour vous aider à exprimer vos opinions.

2.9 Les BD

En France, il y a toute une industrie basée sur les livres en bandes dessinées – les BD. Écoute François qui parle de sa passion pour les BD.

A 🎧 Parmi les phrases suivantes, il y en a huit qui font le résumé de ce que dit François. Les trois autres phrases sont là pour te distraire. Identifie les huit phrases appropriées puis mets-les dans le bon ordre.

1 La découverte de Jean de Florette en version BD lui a donné l'envie de lire le roman.
2 Les grands-parents de François lui ont donné leur propre collection.
3 C'était un autre membre de sa famille qui lui a fait découvrir les BD.
4 François n'a pas mis longtemps à acquérir de nombreuses BD.
5 François s'intéresse aux BD depuis son enfance.
6 François a fait la connaissance d'autres BD.
7 François voulait être supérieur à sa cousine.
8 Il a découvert qu'il y avait des expositions de BD.
9 Comme cadeaux, François ne voulait que des BD.
10 Sa cousine est venue chez lui pour lui montrer sa collection.
11 Il ne savait pas que l'on en prêtait.

B 🎧 Écoute encore. Comment François exprime-t-il les idées suivantes?

1 I was dying to do the same thing
2 I gradually discovered
3 I was able to swap
4 I came across by chance

C 👥 Comme François, tu collectionnes les BD. Tu vois un vieux *Tintin* qui t'intéresse. Écoute l'enregistrement d'un marchand qui essaie de te vendre la BD, et réponds-lui selon les indications données. C'est le marchand qui commence la conversation.

Le marchand parle
Toi [Say it's too expensive.]
Le marchand parle
Toi [Say you understand but that several pages are missing.]
Le marchand parle
Toi [Offer 10€.]
Le marchand parle
Toi [Say you'll give him 20€, if you can have another *Tintin* as well.]
Le marchand parle
Toi [Say you're sorry, too, and that you're certain you'll find a similar copy in a bookshop.]
Le marchand parle
Toi [Say you'll give him 35€ – for three books: two *Tintins* and *Astérix chez les Bretons*.]
Le marchand parle
Toi [Confirm the price, thank him and say you hope to see him again next year.]

2.10 Ben et Dominique parlent de la lecture

Dans les premières unités, nous pratiquons très souvent les verbes, pour te donner plus de maîtrise sur ton français parlé et écrit. Écoute Ben et Dominique qui discutent du sujet des BD en France, et mets les verbes qui manquent dans les blancs.

Bon, alors, Ben, les passe-temps, on **(1)**___ de nos jours euh que le cinéma est le septième art, mais, il y a des Français qui **(2)**___ à dire que les BD sont le huitième art. Est-ce que tu **(3)**___ d'accord avec ça ou non?

Pas vraiment. Pour vous **(4)**___ la vérité, je **(5)**___ que euh les BD sont là, plus ou moins pour **(6)**___ et je **(7)**___ que c'est simplement euh bon, c'est un, c'est quelque chose à lire pour des jeunes qui est facile à lire, qui les **(8)**___ à commencer à lire, et de là je **(9)**___ qu'il y a une progression naturelle vers euh ce que je **(10)**___ la vraie lecture des, des, des romans classiques, des romans de, d'auteurs réputés, ou de, ou de qualité. Mais, par exemple, en France je **(11)**___ que euh, il y a une certaine évolution euh où il y a la Bibliothèque Rose, après les bandes dessinées et de là ça **(12)**___ à la Bibliothèque verte et de là ils **(13)**___ à lire des livres plus copieux. C'est ce que j'ai fait, moi, par exemple.

Mais, pourquoi est-ce qu'il y **(15)**___ tant d'adultes maintenant qui **(16)**___ ces BD en France?

Peut-être qu'il y a des BD pour adultes. Je ne **(17)**___ pas assez les BD, mais j'ai, j'ai des amis qui en lisent, qui **(18)**___ ça très bien, qui **(19)**___ ça, qui **(20)**___ des … j'ai un ami qui est historien, spécialiste de la Gaule romaine et qui adore les BD. Pas uniquement *Astérix* d'ailleurs, qui adore … qui adore les BD et qui, qui trouve que ça peut être très serieux. Après tout, il y a des films qui sont des films pour enfants, et puis, il y a des films qui sont pour adultes. Alors, peut-être que la même chose peut **(21)**___ avec les BD.

2.11 Le cinéma à 2€

Si la lecture ne plaît pas à certains, le cinéma, par contre, connaît une popularité grandissante.
À Nantes, le cinéma Apollo a connu un grand succès. La cause? Des entrées réduites à 2€.

A Écoute l'enregistrement, puis complète la transcription des phrases suivantes.

1 pour les jeunes comme moi ___ douze euros.
2 je ne pouvais pas y aller ___ voulu.
3 le directeur de l'Apollo ___ mon père.
4 Et ça, c'est ___ pour les jeunes comme moi
5 la plupart des spectateurs ___ et ça fait une ambiance sympa.
6 et qu'il fallait ___ suite
7 c'est plutôt ___ permanente.
8 C'est donc parfait pour ___ pour moi.

B 🎧 Écoute encore l'enregistrement, puis complète, en français, les phrases suivantes. Ne copie pas directement les mots que tu entendras.

1 Pour les jeunes, ça coûtait autrefois …
2 Récemment, le directeur de l'Apollo a décidé …
3 Il a fait ça parce qu'il n'y avait pas …
4 Ce sont maintenant des jeunes qui …
5 Au début les gens y sont allés parce …
6 Ils croyaient que …
7 La conséquence de cette mesure, c'est que beaucoup de gens …
8 En effet, il y va ce soir pour …

C 🖊️ En te mettant à la place du directeur/de la directrice de l'Apollo, tu écris une lettre au journal régional pour expliquer …

- pourquoi tu as lancé ce projet
- pourquoi tu es content(e)
- l'effet de la publicité sur le projet
- comment et pourquoi l'ambiance de l'Apollo a changé
- le choix que tu offres à tes clients
- la réaction des autres directeurs/directrices de cinémas, et ton opinion

2.12 Édith Piaf: la môme en noir

Une des plus grandes icônes de la musique populaire française, c'est Édith Piaf. Lis ce résumé de sa vie.

Peu après la naissance d'Édith en 1915, sa mère l'a abandonnée. La petite fille a été élevée (**1**) dans un hôtel de passe en Normandie. Le père d'Édith, acrobate de rue, l'emmenait quelquefois (**2**) avec lui.

Édith décide (**3**) de quitter son père pour être indépendante. Deux ans plus tard elle tombe enceinte, mais le bébé ne va pas survivre (**4**).

Un jour, un certain Louis Leplée, (**5**), l'a vue et l'a engagée (**6**). Elle a poursuivi son apprentissage difficile.

Et puis la gloire! Beaucoup d'argent et de nombreuses liaisons jusqu'au jour où elle rencontre l'homme de sa vie, Marcel Cerdan, (**7**).

Mais un jour, un événement tragique: l'avion du champion s'écrase

(**8**), alors qu'il allait la rejoindre. Le soir même, (**9**), elle s'écroule sur la scène. Elle n'échappera plus, (**10**), aux fantômes de l'alcool et de la drogue.

A 📄 L'éditeur du journal, jugeant l'article original trop long, en a enlevé les mots et les phrases suivantes. Remets-les dans le texte.

a directeur d'un cabaret chic
b champion du monde de boxe
c jusqu'à sa mort en 1963
d à quinze ans
e au-dessus des Açores
f par une grand-mère alcoolique
g à Versailles
h jusqu'à son troisième anniversaire
i sous le surnom de *la môme Piaf*
j en tournée

B 📄 L'article contient les réponses aux questions suivantes – mais dans chacune la forme interrogative est absente. Relis l'article, puis complète les questions. Écris chaque fois une forme interrogative différente puis traduis les phrases complètes en anglais.

1 _____ est-ce qu'Édith Piaf est née?
2 _____ l'a élevée?
3 _____ le père d'Édith gagnait-il sa vie?
4 _____ est-ce qu'elle a quitté son père?
5 _____ était la profession de Louis Leplée?
6 _____ de liaisons Édith a-t-elle eues?
7 _____ est-ce que l'avion de Marcel s'est écrasé?
8 _____ est arrivé à Édith le jour où son amant est décédé?

C 👥 En travaillant à deux, vous posez à tour de rôle les questions de l'exercice B. Ton/ta partenaire doit répondre sans regarder l'article!

2.13 Que feriez-vous si vous aviez plus de temps libre?

Thierry: Si j'avais plus de temps libre, je choisirais une formation, en anglais peut-être, ce qui me permettrait de progresser sur le plan professionnel. En plus, je voudrais consacrer plus de temps à mes passions, le VTT et le canoë-kayak. Mais en ce moment, ce n'est que métro – boulot – dodo!

Marie-Hélène: Ce qui me ferait vraiment plaisir, ce serait d'être libre un jour entier en semaine, pour ne plus avoir à bosser pendant six jours d'affilée. J'accepterais de gagner moins d'argent – à condition d'avoir une journée pour faire ce qui me plairait.

Henri: À mon âge, il est trop tard pour changer de métier. Mais je crois que, si c'était possible, je commencerais à apprendre une langue étrangère, mais juste pour le plaisir. Mon fils s'est marié avec une charmante fille qui est originaire de Barcelone, donc je pourrais parler avec elle dans sa propre langue.

Lucie: Je voudrais passer plus de temps avec mes petits-enfants. Ils habitent à Avignon, très loin de chez moi, malheureusement. Actuellement, je suis obligée de travailler le samedi, donc il y a peu de chances de descendre là-bas. Mais je crois que si je demandais un samedi de congé, je serais renvoyée.

A 📄 Qui …

1 est sportif/sportive?
2 voit peu souvent sa famille?
3 n'a pas d'idée précise pour profiter du temps libre supplémentaire?
4 a une belle-fille étrangère?
5 a de l'ambition?
6 a peur de perdre son emploi?
7 n'a qu'un seul jour de libre par semaine?

B 💬 Et toi – que ferais-tu si tu avais plus de temps libre? Parles-en aux membres du groupe pendant une minute, et sois prêt(e) à répondre à leurs questions.

2.14 **Le temps libre à Oran**

Dans cet extrait de *La Peste*, Albert Camus décrit les loisirs des habitants de la ville algérienne d'Oran pendant les années quarante du siècle dernier.

Une manière commode de faire la connaissance d'une ville est de chercher comment on y travaille, comment on y aime et comment on y meurt. Dans notre petite ville, est-ce l'effet du climat, tout cela se fait ensemble, du même air frénétique et absent. C'est-à-dire qu'on s'y ennuie et qu'on s'applique à prendre des habitudes. Nos concitoyens travaillent beaucoup, mais toujours pour s'enrichir. Ils s'intéressent surtout au commerce et ils s'occupent d'abord, selon leur expression, de faire des affaires. Naturellement, ils ont du goût aussi pour les joies simples, ils aiment les femmes, le cinéma et les bains de mer. Mais, très raisonnablement, ils réservent ces plaisirs pour le samedi soir et le dimanche, essayant, les autres jours de la semaine, de gagner beaucoup d'argent. Le soir, lorsqu'ils quittent leurs bureaux, ils se réunissent à heure fixe dans les cafés, ils se promènent sur le même boulevard ou bien se mettent à leurs balcons. Les désirs des plus jeunes sont violents et brefs, tandis que les vices des plus âgés ne dépassent pas les associations de boulomanes, les banquets des amicales et les cercles où l'on joue gros jeu sur le hasard des cartes.

A Note 'vrai' (V) ou 'faux' (F) pour chacune des phrases suivantes, selon l'extrait de *La Peste*.

1 Pour bien connaître une ville, il faut y travailler.
2 Le temps a une influence sur la vie des habitants.
3 On s'applique à gagner de l'argent.
4 Les passe-temps des citoyens n'ont rien d'extraordinaire.
5 On ne pense à se détendre que le week-end.
6 Après le travail, les gens rentrent vite chez eux.
7 Il y a beaucoup de violence chez les jeunes.
8 Les gens plus âgés sont dépassés par les événements.

B Les mots dans la grille se trouvent dans l'extrait. Utilise ton dictionnaire pour trouver la forme demandée.

Nom	Verbe
expression	(1) _____
(2) _____	s'ennuyer
habitude	(3) _____
(4) _____	aimer
plaisir	(5) _____
(6) _____	s'intéresser
bain	(7) _____
(8) _____	se promener
goût	(9) _____
(10) _____	mourir

C Maintenant, remplis les blancs dans les phrases suivantes, en utilisant chaque fois un mot différent choisi parmi ceux que tu as notés pour compléter l'exercice précédent. Attention: tu devras peut-être changer la forme du mot. Après avoir vérifié tes réponses, traduis les phrases en anglais.

1 Les vieux Oranais _____ leur goût pour les joies simples de la vie.
2 Le grand problème pour les jeunes, c'est l'_____, parce qu'il n'y a rien à faire.
3 Ce qui leur _____ surtout, c'est le cinéma.
4 Quand il fait chaud, il est agréable de _____ dans la mer.
5 L'_____ principal des vieux, c'est les jeux de cartes.
6 L'_____ de l'argent préoccupe les Oranais.
7 Le soir, on fait des _____ le long des boulevards.

Pratiques

1 Ponctue les phrases ci-dessous.

a nevousepuisezpasnevouslaissezpasnonplusenvahirparlaparesse

b jenetaispastresattireeparlalecturecontrairementamaintenant

c evidemmentmoijerepondsouialalecturecestirremplacableparcequetoutemavieaeteconditionneeparleslivres

d lalectureaccumulelexperiencedesautresonemmagasinedanssoninconscientdeschosesquiservirontplustard

e dansnotrepetitevilleestceleffetduclimattoutcelasefaitensembledumemeairfrenetiqueetabsent

2 Déchiffre les phrases suivantes.

a le âge quarante-quatre Camus Nobel littérature de à reçoit l' de ans prix

b littérature aider à comprendre la peut nous nous aussi

c d' votre profiter vous mieux minimum de aidera au temps un à organisation

d merveilleuse une s' des énergie nous le empare de vendredi

e le je ne fais beaucoup que je maintenant regrette plus le

3 Mets du, de l', de la, des, de où d' devant les noms suivants.

1	_____ musique	11	près _____ bureau
2	_____ jazz	12	au centre _____ ville
3	_____ opéra	13	la majorité _____ visiteurs
4	_____ écriture	14	loin _____ arène
5	_____ rap	15	loin _____ yeux
6	_____ art	16	en face _____ cinéma
7	_____ fête	17	pas _____ tickets
8	_____ audience	18	pas _____ argent
9	_____ spectateurs	19	au bord _____ lac
10	_____ auditeur	20	de l'autre côté _____ rivière

4 Cherche l'intrus!

a centre / fantasme / expérience / genre / poème

b ivre / paisible / bénéfique / comique / actrice

c déprimant / motivant / enthousiaste / agréable / relaxant

d attirée / épuisée / intéressée / passionnée / entrée

e s'adonner / s'ennuyer / s'offrir / se passionner pour / se payer

5 Dans chaque ligne trouve les mêmes deux lettres qui manquent à chaque mot.

a av_ _tures / comédie_ _ / r_ _dez-vous / s'_ _nuyer / _ _thousiasme / _ _

b _ _teur / cons_ _rer / ré_ _tion / _ _tivité / _ _te / _ _

c f_ _taisie / d_ _se / av_ _t-première / ambi_ _ce / passionn_ _t / _ _

d qu_ _ité / b_ _ader / music_ _e / v_ _eur / c_ _ories / _ _

e faire l'expérien_ _ de / _ _rtain / con_ _rt / gla_ _ / déli_ _ / _ _

6 Les tournures anglaises 'before ...ing' et 'after ...ing' sont simples en français: avant de + **infinitif**, et après avoir / être + **participe passé** du verbe. Regarde d'abord les exemples ci-dessous, puis traduis en français les expressions suivantes.

Exemple: Avant d'**aller** à la bibliothèque, Monique a fait du shopping. Après être **rentrée** chez elle, elle s'est installée pour livre son nouveau livre.

1 after arriving from Carcassonne
2 after reaching Canada
3 before visiting the South of France
4 before working for several weeks
5 after coming to improve her Spanish
6 before crossing the north-east of the country
7 after going from café to café

7 Les ordres ci-dessous sont déjà à l'impératif. Mets chaque ordre aux deux autres formes de l'impératif.

Exemple: (1) Établis/Établissez le programme de la semaine.

1 Établissons le programme de la semaine.
2 Ne mangeons pas toujours devant la télé.
3 Évitons la télévision dans la chambre.
4 Prenez le temps de regarder leurs émissions préférées.
5 Donnons le bon exemple.
6 Inscrivez-le à des activités.
7 Suggérez-lui d'inviter ses copains.
8 Renseignez-vous sur les activités proposées.

9 Autorisons-le plutôt à écouter la radio.
10 Imposons néanmoins des limites.

8 Mets les infinitifs entre parenthèses dans les formes correctes de l'imparfait et du présent du conditionnel.

1 Si nous (avoir) plus d'argent, nous (apprendre) à conduire.
2 Cela nous (permettre) d'être plus indépendants, si nous (aller) à l'université.
3 Nous (vouloir) y consacrer plus de temps, si c'(être) possible.
4 Si c'(être) faisable, nous n'(aller) plus au travail le samedi.
5 Si je (parler) italien, je (pouvoir) communiquer avec les gens.
6 La blessure lui (faire) très mal, s'il ne (prendre) pas ses médicaments.
7 Elle me (dire) tout le temps qu'elle n'(accepter) pas de les fréquenter.
8 Tu ne (pouvoir) jamais survivre, si Mathieu ne t'(aider) pas!
9 Si nous (travailler) un samedi sur deux, ça (aller)!

Unité 3

L'enseignement

Dans cette unité, nous mettons à ta disposition toute une variété de matériel qui se rapporte aux trois niveaux d'enseignement en France: primaire, secondaire, et supérieur. Ceci te donnera une vue d'ensemble, qui te mettra en voie vers une perspective globale de la scolarité en France.

In Unit 3, we will help extend your reading skills further, by showing you how to take sentences apart and to put them back together. You will also be shown how to build up a knowledge of the *fillers*, which pad out simple sentences without adding significantly to their basic meaning. You will also have practice in specific points of grammar, especially the perfect, pluperfect and conditional tenses.

Séminaire Help with reading French [2]

We are going to work on the first paragraph of the reading passage in section 2.1, on page 15. We've all had that experience: we're looking at a reading passage in a foreign language and we feel we're up against a brick wall. What we need to do is to take down that brick wall, brick by brick, piece by piece. So we are going to learn how to take sentences apart, word by word, and put them back together again. Once you can do that, you can face any reading test with confidence, provided you have worked on learning your vocab.

Taking the sentence apart

STEP 1

Find all the verbs which are the hubs of the sentences in this first section of the text. You will probably produce: *a ... s'empare ... va ... est ...*

STEP 2

Now, put them together with their subjects: *on a ...une énergie s'empare ... ça va ... l'essentiel est*

STEP 3

Now, find the object or complement of the verb, so that you end up with **subject** + **verb** + **object/complement**: *on a du mal ... une énergie s'empare de nous ...ça va être la fête ... l'essentiel est de ne plus avoir ...*

At this stage, you have the basic phrases, which are then padded out by the rest of the sentence. If you translate these phrases in your mind, you now have: 'One has/you have difficulty' ... 'An energy takes possession of us' ... 'it's going to be a ball' ... 'the main thing is that we won't have ...'

You may also have noticed that the verb *être* does not take an object. Put another way, the material on either side of *être* is equal and you can swap it round in English, though it may not sound very elegant: *ça va être la fête* = 'it's going to be a ball' = 'a ball it's going to be'.

STEP 4

So far, so good. Now, we look at the next part of the process, which is to identify all the extra bits and pieces which fill out the sentences and give them their full meaning. Once you have your **verb** + **subject** + **object**/**complement**, the fillers will normally be one or more of the following:

- adverbs or other expressions of time, place and manner

- link-words (prepositions, conjunctions)
- question-words (interrogatives)
- infinitive verbs (possibly linked to the main verb by a preposition)
- adjectives and adjectival phrases
- negatives

STEP 5

Let's now put all the fillers in our first section into their categories:

Time	Place	Manner	Link-words	Question-words	Infinitives	Adjectives	Negatives
le lundi					se lever		
dès le vendredi		avec				merveilleuse	
	en perspective		et				
puis							
dès							
midi							ne … plus
					supporter		

STEP 6

Look at what you are left with after removing all the fillers:
On a du mal à … Une énergie s'empare de nous … ça va être la fête … l'essentiel est … avoir à supporter les cours

STEP 7

Now you can translate the very bare bones of the section and drop in the fillers afterwards. Then, everything should make sense.

STEP 8

From now on, follow these steps for every (part-) paragraph you find difficult to understand, until your mind starts seeing the structure of a passage for itself. Before too long, it will be doing the job automatically, unless you come across a passage which is rich in unfamiliar vocab.

STEP 9

In such a case, you will do best to look up the difficult vocab you come across in a paragraph all at the same time, before sorting out the structure.

3.1 Jess compare la scolarisation en Angleterre et en France

Cette entrevue avec Jess pourra t'aider à comparer tes idées sur l'enseignement dans les deux pays. Considère ses propos pendant le reste de l'unité et décide si les opinions de Jess sont plutôt raisonnables ou un peu stéréotypées.

A 🎧 Listen to Jess as many times as you need to to complete the following table. The numbers in brackets show how many things there are to listen for. According to Jess, what is/are:

the advantages of the English system? (2)	
the origins of the French system? (3/4)	
the essence of the French system? (2)	
the marking system? (3)	
the faults of this marking system? (1)	
the problems for those who go on to bac level? (3/4)	
the system in England? (3)	
the situation for her cousin Vic? (4/6)	
the disadvantages of the English system? (6/8)	

B ✍ Fais une liste des remarques où tu es pour ou contre ce que dit Jess, et utilise cette liste comme base pour un commentaire écrit sur l'éducation dans ton propre pays. Apprends ton commentaire personnel et enregistre-le sur disque/vidéo/cassette.

3.2 L'enseignement secondaire: le bac

Le baccalauréat actuel en France est constitué de trois séries: une série scientifique, une série littéraire et une série économique et sociale. Pour le bac même, on étudie l'histoire-géo, le français, les langues, etc. Puis pour chaque série, il y a des matières spécifiques. Pour la série scientifique on étudie en plus la physique-chimie, la biologie, les mathématiques. Les littéraires étudient en plus des textes qui leur serviront pour des commentaires, des essais.

En France on passe le bac en deux temps. Il y a une première série d'épreuves, les épreuves anticipées, qui consistent en un écrit et un oral de français à la fin de la première. La seconde série vient à la fin de la classe de terminale où on passe toutes les autres matières, c'est-à-dire l'histoire-géo, les mathématiques, etc. Deux semaines après la fin des épreuves de terminale, nous avons les résultats. Cette correction rapide sert pour l'inscription dans les universités ou les grandes écoles qui recrutent très rapidement. En France, il y a à peu près 85% de réussite au baccalauréat. Le bac actuel n'est pas facile, mais n'est pas vraiment une fin en soi. C'est une clé qui permet d'ouvrir la porte aux études supérieures, à l'université et à toutes les grandes écoles.

A Lis ce que dit Anne-Laure sur le bac français. Cherche les mots suivants dans ton dictionnaire et note leur définition avec tes propres mots.

1 baccalauréat
2 épreuves anticipées
3 première
4 terminale
5 inscription
6 études supérieures
7 grandes écoles

B Tu envisages d'écrire un mail d'environ 150 mots à ton/ta correspondant(e) français(e) qui t'a demandé d'expliquer ton système d'examens. Fais une liste des aspects importants: matières, examens, système de notes, projets d'avenir, etc.

3.3 Carinne parle de son bac

Écoute Carinne, une jeune Française, qui parle de son bac.

A Avant d'interviewer Carinne, notre reporter lui a donné une liste de questions au sujet de ses études. Voici les questions auxquelles elle a répondu, mais elles sont dans le désordre. Écoute l'interview, puis range-les dans le bon ordre. Puis, après avoir vérifié l'ordre des questions, mets-toi à la place de Carinne et enregistre tes réponses.

1 Est-ce que tu seras obligée de redoubler?
2 Quel métier comptes-tu faire plus tard?
3 Quelles sont les conséquences de la grève des profs?
4 Quel bac prépares-tu?
5 Vers quelle carrière pourrais-tu t'orienter autrement?
6 Tu es en quelle classe?
7 Est-ce qu'il y a eu des problèmes cette année? Lesquels?
8 Quand est-ce que tu sauras ce que tu vas faire?

B Écris le résumé de l'interview avec Carinne, à la troisième personne. Commence avec «Carinne est en première et elle a choisi…»

C Voici le résumé de la première partie de l'interview, mais il y a des blancs dans le texte. Écris un mot approprié pour remplir chacun des blancs.

Ce sera **(1)** _____ la fin de l'année scolaire. J'ai **(2)** _____ d'étudier des **(3)** _____ scientifiques **(4)** _____ que je voudrais **(5)** _____ vétérinaire ou, **(6)** _____ , médecin. Mais mes **(7)** _____ ont été interrompues par la grève des professeurs **(8)** _____ , en refusant de nous donner nos notes, nous **(9)** _____ empêchés de **(10)** _____ évaluer.

3.4 Des cahiers pour le Sénégal

'ESC sans frontières' organise sa neuvième mission pour le Sénégal. Le vendredi 16 février, un groupe de onze étudiants de l'École supérieure de commerce de Rouen décollera pour Dakar avec, pour objectif, d'approvisionner en matériel scolaire une trentaine d'écoles primaires du pays.

C'est en 1993 que des élèves bénévoles ont eu l'idée de venir en aide aux enfants réfugiés mauritaniens qui peuplaient les écoles sénégalaises. Face à un besoin de matériel accru, cet élan ponctuel

est devenu une sorte de rouage important des projets de l'école.

Pour Nathalie Donnez, élève en deuxième année, c'est son second voyage. «L'année dernière, nous n'avons pas pu terminer le trajet prévu, faute de financements, mais cette année, grâce aux dons et aux subventions, tous les frais seront couverts. On se sent utile, on a les lettres des enfants qui nous remercient. Ils nous attendent avec impatience, c'est très chaleureux, tous les élèves nous accueillent en criant. Les villages nous hébergent» raconte Natalie.

Mais, selon cette étudiante, ce n'est pas un assistanat direct: «L'apport de livres permet d'ouvrir des bibliothèques ou de les agrandir. Ils établissent ensuite des systèmes de prêt afin d'alimenter la coopérative scolaire.»

A 📄 Les phrases suivantes font le résumé de l'article, mais elles ne sont pas complètes. Chacune a été coupée en trois parties. Écris les phrases complètes, en te servant des trois listes ci-dessous.

premières parties

1 'ESC sans frontières' est déjà allé …
2 Le groupe ira à …
3 Les étudiants ont l'intention d'équiper …
4 La première mission …
5 L'année dernière, ils n'ont pas terminé …
6 Les étudiants ont reçu …
7 Les enfants sont impatients de les voir …
8 En apportant des livres …

deuxièmes parties

a environ trente écoles primaires
b le trajet prévu
c des lettres des enfants
d et leur font
e Dakar
f on peut établir
g au Sénégal
h qui a eu lieu en 1993

troisièmes parties

i cherchait à aider les réfugiés mauritaniens.
j qui expriment leur reconnaissance.
k huit fois.
l des systèmes de prêt.
m un accueil chaleureux.
n du pays.
o parce qu'ils manquaient d'argent.
p en avion.

B 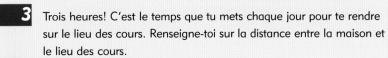 Cherche dans l'article le mot ou l'expression qui a le même sens que chacun des suivants.

1 but
2 que nous avions envisagé de faire
3 parce que l'argent manquait
4 les sommes que nous devons dépenser

5 pour
6 enthousiaste
7 d'après

3.5 Séjours linguistiques: quelles questions dois-je me poser avant de partir?

A 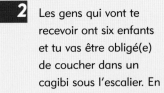 Dresse, en anglais, une liste de tous les problèmes éventuels cités dans l'article.

B 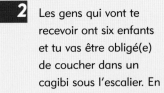 Fais correspondre les titres suivants aux paragraphes numérotés.

a L'encadrement
b Les transports
c En cas de problème
d Le voyage
e Les garanties, les assurances
f Les cours
g La famille d'accueil

1 Renseigne-toi sur le trajet: par qui et comment est-il organisé? Le trajet, est-il compris dans le prix du séjour, ou tes parents vont-ils devoir débourser plus?

2 Les gens qui vont te recevoir ont six enfants et tu vas être obligé(e) de coucher dans un cagibi sous l'escalier. En plus, on ne t'adresse pas la parole de la journée.

3 Trois heures! C'est le temps que tu mets chaque jour pour te rendre sur le lieu des cours. Renseigne-toi sur la distance entre la maison et le lieu des cours.

4 Tu pensais avoir seulement quatre heures de leçons par semaine. Combien d'heures sont prévues dans le programme? Et les profs: quelle est leur qualification, leur expérience?

5 L'animateur est gentil, mais il ne parle pas un mot d'anglais. À qui est-ce que tu pourras t'adresser en cas de problèmes avec la famille d'accueil?

6 Que se passe-t-il si tu blesses un copain au badminton? Pire, seras-tu rapatrié(e) si tu te casses une jambe? Quels risques l'organisateur couvre-t-il?

7 Malgré toutes les précautions que tu prendras avant de partir, tu n'es pas à l'abri d'éventuelles crises. Tu dois pouvoir joindre l'organisme 24h/24 en cas de nécessité.

C 📄 Dans un autre paragraphe de l'article, intitulé 'Les activités', il y a des mots qui manquent. Choisis parmi les mots ci-contre celui qui convient le mieux à chaque blanc.

achetées	avant
devant	éplucher
jouer	s'organise
devra	comprises
difficulté	faire
paraissait	sportives
apparaissait	détaillées
durée	faudra
s'engage	voilà

Vous croyiez **(1)**_____ du badminton, du cricket, visiter Madrid et ses monuments. Et vous **(2)**_____ , confiné dans votre chambre ou **(3)**_____ un puzzle dans les classes de cours. Vous auriez dû **(4)**_____ la brochure de l'organisme. Elle **(5)**_____ indigeste, mais plus elles sont **(6)**_____ , plus l'organisme **(7)**_____ . Attachez-vous à savoir comment **(8)**_____ une journée: activités linguistiques, activités culturelles et **(9)**_____ . Pour ces dernières, renseignez-vous sur leur nature, leur **(10)**_____ et leur fréquence. Surtout, sont-elles **(11)**_____ dans le prix ou est-ce qu'il **(12)**_____ payer pour en profiter?

D ✍ Écris environ 120 mots sur un séjour linguistique que tu as déjà fait ou que tu voudrais faire.

3.6 Philippe se souvient de ses séjours linguistiques

A 🎧 Écoute Philippe, puis note en français ce qu'il dit sur les points suivants.

	1er séjour	2e séjour
Le pays du séjour		
La famille d'accueil		
Les problèmes		
Les aspects positifs du séjour		

Philippe

B 🎧 Écoute Philippe encore une fois. Comment dit-il …?

1 it hadn't gone very well
2 I wanted nevertheless to go abroad
3 my parents regarded it as important
4 a girl who was almost as old as myself
5 of course the first few days are difficult

3.7 Séjours au pair

Séjours au pair: un excellent moyen de découvrir un pays et d'améliorer ses connaissances linguistiques en «immersion» à moindres frais.

Les jeunes «au pair» sont accueillis temporairement dans une famille, moyennant certaines prestations: ils doivent en général fournir entre 5 et 6 heures de travail journalier, plus quelques heures de baby-sitting, avec une journée de repos hebdomadaire.

Dans certains pays on demande 7 heures de travail quotidien, mais un repos d'une journée et demie est accordé. Les services rendus consistent à garder les enfants de la famille et à faire quelques petits travaux ménagers. En contrepartie, les intéressés sont logés, nourris et perçoivent de l'argent de poche; en général l'équivalent de 180 à 270€ par mois.

Le séjour au pair gagne à être complété par des cours de langue, financés par le ou la bénéficiaire, surtout en cas de séjour long. Les candidats au départ doivent accepter un séjour d'au moins 6 mois pendant l'année scolaire, mais souvent les familles d'accueil préfèrent 9 mois.

Quant à la période des vacances d'été, les durées des séjours varient entre 1 et 3 mois. Rares sont les placements pendant les vacances de Noël ou de printemps, faute de demandes de la part des familles. Il est conseillé de s'inscrire au moins 2 mois à l'avance, et dès février pour les séjours d'été.

A Trouve dans l'article un mot ou une expression qui a le même sens que chacun des mots suivants.

1 reçus
2 contre
3 faire
4 chaque semaine
5 donné
6 en échange
7 en ce qui concerne
8 il n'y a pas beaucoup de

B Fais correspondre les deux parties des phrases suivantes. Attention – il y a une deuxième partie de trop!

1 Les jeunes «au pair» doivent travailler
2 Ce sont des familles qui ont des enfants qui
3 Les jeunes «au pair» ne doivent pas payer
4 Si le/la jeune veut apprendre la langue du pays
5 La durée d'un séjour «au pair»
6 À certaines époques de l'année

a leur chambre ou leurs repas.
b n'est pas fixe.
c cherchent des jeunes «au pair».
d selon l'âge de la personne qui s'inscrit.
e il y a moins de chances de trouver un placement.
f six jours par semaine.
g c'est lui/elle qui doit payer.

C L'agence te demande d'écrire une lettre, en français, adressée à une famille éventuelle. Écris cette lettre, en donnant les renseignements suivants.

- pourquoi tu veux être au pair;
- expérience de travail avec les enfants;
- connaissance de français;
- disponibilité;
- scolarité – diplômes;
- passe-temps;
- description de ta personnalité.

3.8 Céline, jeune fille au pair

Céline passe chaque été en Angleterre comme au pair.

A 🎧 Écoute Céline, puis note 'vrai' (V), 'faux' (F), ou 'pas donné' (?) aux questions suivantes.

1 En arrivant à Manchester, elle a eu un accident.
2 Le fils de Joe et de Lucy a douze ans.
3 Fiona a neuf ans.
4 Rory ne pose plus tant de questions à Céline.
5 Il apprend le français depuis pas mal de temps.
6 Céline croit que Rory va bientôt parler couramment le français.
7 Les parents de la famille ne lui ont pas beaucoup appris.
8 Céline a beaucoup appris en écoutant les enfants.
9 Fiona a plus de patience que son frère.
10 Céline trouve facile de rester en contact avec sa famille en France.

B Comment Céline dit-elle:

1 in year 7/the first year.
2 from the very beginning
3 I quickly made friends with
4 he's very good at …
5 it's a great way to learn
6 you have to listen carefully
7 grammatical errors
8 I miss my family

3.9 À quoi bon, le redoublement?

A 🎧 Le redoublement soulève une controverse intense en France. Écoute les cinq personnes sur les photos, qui donnent leur opinion sur le redoublement, et remplis la grille, en cochant les bonnes cases.

Who …	Étienne	Françoise	Benoît	Anne-Laure	Annette
1 is the most against repeating a year?					
2 would accept it better if changes were made in the system?					
3 talks about the problems young students have adapting?					
4 owes his or her academic success to repeating the year?					
5 speaks about the success of most of the students in his or her school who repeated?					
6 thinks that those who repeat don't change their attitude?					
7 explains that the problems of the least gifted just get worse?					
8 would like to limit the number of times a year can be repeated?					
9 speaks a little about the responsibility teachers have for the situation?					

Etienne   Françoise   Benoît   Anne-Laure   Annette

B 🎧 Trouve dans les commentaires les équivalents français des phrases suivantes.

1 They need to do away …	
… with repeating the year.	
2 He has a tendency to …	
… repeat exactly what he did.	
3 Perhaps there should be …	
… alterations	
4 They will have even greater …	
… difficulties.	
5 I'm not convinced that …	
… repeating a year is necessary.	
6 We are obliged to treat …	
… students as more adult.	

C 🗨 Tu es en première. Tu as dû redoubler l'année dernière. Un conseiller pédagogique t'interviewe sur les bienfaits et les inconvénients du redoublement.

Personnages: un conseiller pédagogique (CP), toi.

Le CP parle
Toi [Say you repeated the 5th year]
Le CP parle
Toi [Say you were expecting it]
Le CP parle
Toi [Say you were ill for several months]
Le CP parle
Toi [Say you were weak in several subjects and the extra year gave you a springboard for your A-Levels]
Le CP parle
Toi [Say you lost contact with some of your friends and the work was boring sometimes, because it was exactly the same as the year before.]
Le CP parle
Toi [Say the number of people repeating a year could be reduced and certain students could be directed towards apprenticeships or more professional courses.]
Le CP parle
Toi Et merci à vous.

3.10 Topaze

TOPAZE: Supposons maintenant que par extraordinaire un malhonnête homme … ait réussi à s'enrichir. Représentons-nous cet homme, jouissant d'un luxe mal gagné. Il est admirablement vêtu, il habite à lui seul plusieurs étages. Deux laquais veillent sur lui. Il a de plus une servante qui ne fait que la cuisine, et un domestique spécialiste pour conduire son automobile. Cet homme a-t-il des amis?

L'élève Cordier lève le doigt. Topaze lui fait signe. Il se lève.

CORDIER: Oui, il a des amis.

TOPAZE (*ironique*): Ah? vous croyez qu'il a des amis?

CORDIER: Oui, il a beaucoup d'amis.

TOPAZE: Et pourquoi aurait-il des amis?

CORDIER: Pour monter dans son automobile.

TOPAZE (*avec feu*): Non, monsieur Cordier … Des gens pareils … s'il en existait, ne seraient que de vils courtisans … L'homme dont nous parlons n'a point d'amis. Ceux qui l'ont connu jadis savent que sa fortune n'est point légitime. On le fuit comme un pestiféré. Alors, que fait-il?

ÉLÈVE DURANT-VICTOR: Il déménage.

TOPAZE: Peut-être. Mais qu'arrive-t-il dans sa nouvelle résidence?

DURANT-VICTOR: Ça s'arrangera.

TOPAZE: Non, monsieur Durant-Victor, ça ne peut pas s'arranger, parce que, quoi qu'il fasse, où qu'il aille, il lui manquera toujours l'approbation de sa cons… de sa cons…

Il cherche des yeux l'élève qui va répondre. L'élève Pitart-Vergniolles lève le doigt.

PITART-VERGNIOLLES: De sa concierge.

A

1 What qualities does Topaze display here?
2 How does Topaze view the material world? What evidence is there in the extract?
3 Will his pupils be convinced by Topaze's argument? Why? Why not?
4 At the end of the extract, what word do you think Topaze is trying to get his pupils to say?
5 Do you find this extract humorous? Give your reasons.

B

(i) Les verbes suivants se trouvent dans l'extrait. Trouve le nom qui correspond à chacun.

1 réussir
2 (s') enrichir
3 jouir
4 habiter
5 conduire
6 connaître
7 savoir
8 manquer

(ii) Complète les quatre phrases suivantes en choisissant, chaque fois, un des mots que tu viens de noter, puis traduis les phrases en anglais.

1 La _____ des choses matérielles n'équivaut pas au bonheur.
2 Le _____ de respect envers les autorités est un signe de notre temps.
3 La _____ ne viendra pas sans effort continu.
4 La _____ de la littérature n'existe plus chez les jeunes.

3.11 Profs-élèves: ceux qu'on n'oubliera pas

Lis ces commentaires sur des profs faits par leurs anciens élèves.

Je me souviendrai longtemps de mon prof d'histoire-géo de 1re et Terminale. Il était tout petit, tout vieux, tout sec. Comme il ne notait jamais au-dessus de 12, il s'était mis parents et élèves à dos. Il était exigeant, mais c'est ce qui me donnait envie de bosser.

Fouad

En 1re année de Sciences-Po, je suis tombé sur un jeune prof d'histoire hyper brillant. Béat devant l'étendue de ses connaissances, je le craignais, car il me détestait sans que je sache pourquoi. Ce fameux prof a bien failli provoquer mon redoublement.

Adrian

Je n'ai jamais aimé les maths. Puis j'ai eu ce prof très pédagogue, qui sait expliquer à chacun selon son rythme et son tempérament. Bref, il respecte ses élèves, qui le lui rendent bien! Il est malheureusement parti faire un tour du monde. Il manque à tous!

Milena

En 1re S, mon prof de physique était tellement passionné que je le suis devenue moi-même. Il vivait sa matière, la racontait avec de grands gestes, des milliers d'anecdotes. On ne pouvait que l'écouter bouche bée. Si je dois trouver un modèle de la personne que je voudrais être plus tard, c'est lui!

Elizabeth

A ▤ Qui se souvient d'un prof …

1 qui était difficile à satisfaire?
2 qui ne s'entendait pas avec lui/elle?
3 qui s'adaptait aux besoins de chaque élève?
4 qui inspirait un(e) élève à vouloir l'imiter?
5 qui ne plaisait pas à tous?
6 qui a quitté son poste?
7 dont les notes n'étaient pas généreuses?

B ▤ Les verbes suivants se trouvent dans ces commentaires. Trouve le nom qui correspond à chacun.

1 se souvenir (de)	5 expliquer
2 répondre	6 décevoir
3 écrire	7 aimer
4 craindre	

● Vocabulary

sec (sèche) *dry*
se mettre à dos *to have (someone) against you, on your back*
bosser *(slang) to study*
béat *open-mouthed with admiration*
faillir (+ inf.) *to nearly…*
selon son rythme *at his/her own pace*
bouche bée *open-mouthed*

C ▤ Complète les phrases suivantes, en employant chaque fois un des noms que tu viens de noter. Après, traduis les phrases en anglais.

1 L'élève n'a pas compris la … à sa question.
2 J'ai éprouvé une profonde … quand j'ai eu 10 sur vingt.
3 Je garde de très bons … de mes années au lycée.
4 Les … du prof étaient toujours très claires.
5 On dit que mon … est impossible à lire.

3.12 Mixité

Garçons et filles ensemble dans la même classe, ça ne convient pas à tous. Écoute ces cinq étudiants qui racontent leur expérience de la mixité.

A 🎧 Qui est-ce qui ...

1 n'était pas content(e) avant de changer d'école?
2 a changé d'opinion, en ce qui concerne la mixité?
3 trouve les filles agaçantes?
4 admet qu'il reste des problèmes pour les filles?
5 regrette d'avoir été scolarisé(e) dans une école qui n'était pas mixte?

B 🎧 Toutes les phrases ci-dessous contiennent un détail incorrect. Écoute les cinq personnes puis écris la version correcte de chaque phrase.

Exemple: Marie-Hélène était scolarisée dans un collège mixte. (x)

Version correcte: Marie-Hélène était scolarisée dans un *lycée* mixte.

1 Marie-Hélène est en classe de seconde.
2 Éric trouve les garçons actuels peu ambitieux.
3 Aujourd'hui, Sandrine est mariée.
4 Patrick trouve les filles aussi compétitives que les garçons.
5 Jany avait pensé que les filles lisaient mieux que les garçons.

C 📻 Écoute encore une fois les opinions sur la mixité. Comment dit-on ...

1 That didn't suit me at all.
2 I'm totally in favour of co-education …
3 The atmosphere would have been more relaxed if there had been boys there …
4 Co-education, to be honest with you, doesn't work …
5 Sometimes, girls are shouted down when they want to speak up …
6 I changed my mind …

D ✍ Et toi, tu es pour ou contre la mixité? Écris entre 120 et 150 mots en français pour expliquer ton opinion.

3.13 À l'internat

La plupart des élèves en France sont externes – mais pas tous. Écoute Monique qui décrit sa vie à l'internat.

A 🎧 Dans ce monologue, Monique exprime autrement les notions suivantes. Comment les exprime-t-elle?

1 j'ai plus de mal à faire mes devoirs
2 pour la bonne raison que
3 il faut se coucher
4 en revanche, les demi-pensionnaires
5 quand on a envie de bosser à la maison
6 quant à moi, ce dont j'ai besoin, c'est
7 dans une certaine mesure, je suis favorable à

B 🎧 Écoute encore une fois Monique. Recopie en grand la grille suivante et notes-y les avantages et les inconvénients de rester chez soi ou d'aller à l'internat.

	Pour	Contre
L'internat		
Chez soi		

C 👥 🗣 Discutez, à deux ou à trois, les avantages et les inconvénients d'être interne. Après la discussion, préparez et enregistrez une présentation orale sur ce thème (deux minutes).

3.14 Sommes-nous obligés de financer ses études?

> Notre fils passe actuellement son bac. Il souhaite continuer ses études et parle de cinq ou six ans d'université. Pendant ce temps-là, il dit qu'il ne pourra pas travailler. Sommes-nous obligés juridiquement de financer ses études alors qu'il est majeur? Pouvons nous l'obliger à prendre une activité rémunérée pour qu'il finance lui-même ses cours?
>
> Mme. R.B., Clamart

Il n'est plus rare qu'un enfant de dix-huit ans, donc majeur, passe son bac. Il est également tout à fait normal que celui-ci désire prolonger ses études afin de mettre de son côté le plus de chances possibles pour bien démarrer dans la vie active. Le choix de faire des études signifie pour les parents qu'ils vont devoir entretenir financièrement l'enfant tout au long de ses études ou tout au moins le temps qu'il parvienne à subvenir à ses besoins par ses propres moyens.

La durée des études varie selon le type de cursus choisi et, lorsqu'il s'agit de cinq ou six ans, le financement des études par les parents peut poser de sérieux problèmes matériels, particulièrement lorsque les ressources des familles sont modestes.

L'obligation légale d'entretien du père et de la mère vis-à-vis de leur enfant ne comporte aucune limite dans le temps. De plus, ce n'est pas parce que l'enfant est majeur que les parents doivent se croire dispensés de contribuer à l'entretien et à l'éducation de celui-ci.

A 📄 Lis la lettre et l'article. Puis, fais correspondre les deux parties des phrases suivantes. Attention! Il y a une deuxième partie de trop.

1 Il y a de plus en plus de jeunes adultes
2 Ce choix veut dire que les parents ont toujours la charge de leurs enfants
3 Si les études poursuivies durent assez longtemps
4 Le fait qu'un enfant a plus de dix-huit ans ne veut pas dire

a les parents pauvres auront de gros ennuis d'argent.
b qui choisissent de faire des études supérieures.
c on risque de ne pas trouver un emploi plus tard.
d jusqu'à ce qu'ils gagnent assez d'argent pour être indépendants.
e que les parents n'ont plus d'obligations envers lui.

B 📄 Lis la suite de l'article, puis choisis le mot le plus approprié dans la liste à droite.

Cependant, pour **(1)**____ les parents à assurer ce **(2)**____ d'entretien au-delà de la **(3)**____ de l'enfant, il faut tenir **(4)**____ des éléments suivants: en premier **(5)**____ , il convient de s'assurer des **(6)**____ de l'enfant: motivation, **(7)**____ scolaire, assiduité au **(8)**____ .

café	chances	compte
comte	contraindre	contrarier
devoir	distinction	échec
lieu	majorité	place
possibilités	réussite	travail

C Fais la comparaison entre le système de financement français et celui qui existe dans ton pays. Dis si tu es d'accord ou pas que les parents devraient financer tes études supérieures.

Pratiques

1 Traduis en français les phrases suivantes.

1 I had finished too early.
2 You (*tu*) had done some, but too late!
3 It was the secret we had discovered last year.
4 I've forgotten everything I had learnt there.
5 Before they arrived, we had always enjoyed ourselves a lot!
6 It would do us good to relax.
7 Would you (*vous*) come to see them?
8 I'd buy it again, another year.

2 Complète les phrases suivantes avec les éléments entre parenthèses.

1 Elle a parlé avec nous. (ne … jamais, en)
2 Il a compris. (ne … rien, en)
3 J'ai donné régulièrement. (le, lui)
4 Tu as compris le sens. (ne… pas, en)
5 J'ai vu au cinéma. (la, régulièrement)
6 Nous les avons vus. (ne … jamais, plus)
7 J'ai trois occasions de le voir. (ne… que, en)
8 Va. (personne … ne, y)

Unité 4
Manger et boire

Dans cette unité, nous allons regarder les habitudes alimentaires des Français et l'importance culturelle de leur cuisine. Nous allons aussi pénétrer sous la surface pour déchiffrer en quelque sorte les raisons de leur bonne santé. Mais, nous allons voir aussi comment les temps évoluent, surtout par rapport au phénomène croissant de la malbouffe chez nos cousins français.

In the *séminaire*, we will begin to help prepare you for the oral role-play, starting with the compulsory questions. We'll try to remove any anxieties you may have about these, so you should be able to tackle the main body of the role-play with greater confidence and success. You'll also have the opportunity to extend your grammatical knowledge and competence by practising comparative expressions, infinitive expressions, and the perfect and imperfect tenses again.

Séminaire The rôle-play [1]

I need some help, please. I get stuck when I have to ask the examiner questions.

Right, I'll do my best to help. What sort of questions do you struggle with?

All of them? I just seem to go to pieces.

You don't, you know. But, I do know what you mean.

Oh, thanks. So, how do I start off?

The first thing to do is to look at your candidate's sheet. You're given a clear indication of the questions you're supposed to ask.

So, I can use exactly what's on the candidate's question-paper?

Well, yes and no. You can use what's there, but you'll often have to change it slightly, so that you use the *tu* or *vous* verb form, not *il/elle*.

Please can you explain that in depth?

To start with you'll get a sign-post such as *vous vous renseignerez sur* … Because you're going to talk directly to the examiner, you'll have to change some of the question material into the *tu* or *vous* form. Just read out some examples from these exam papers and I'll give you the basic questions you could ask.

OK, so here are the first couple of information bites: *Les choses à voir et à faire à Dax; Ce qu'il/elle voudrait faire pendant le séjour chez vous.*

Right. So your basic questions would be *Quelles sont les choses à voir et à faire à Dax?* and *Que voudrais-tu faire pendant ton séjour chez nous?*

Can we do some more? What should I do with *Les types d'achats qu'il/elle voudrait faire* and *Les types de magasins où il/elle fait ses courses normalement en France?*

Those would be *Quel type d'achats voudrais-tu faire? Quels sont les types de magasins où tu fais normalement tes courses en France?*

So, it's as straightforward as that?

Well, it is, but you get extra credit for trying to vary your language from what is written in the prompts on the paper.

Can you show me what you mean with the four questions we've just done?

Of course. You could manage things like, *Qu'est-ce qu'il y a comme distractions à Dax? Qu'aimerais-tu faire pendant ton séjour ici? Il y a des achats particuliers qui t'intéressent? D'habitude, tu achètes où en France?*

I suppose I see what you mean, but the French doesn't seem to me to be really any better than what's on the exam paper.

We're not talking about your own language being better here – just different. It shows people like me that you can be a little bit independent of the question prompts, by using your own language.

I can see that now. Thanks.

4.1 Jess parle de ses expériences de la restauration en France

A 🎧 Écoute autant que nécessaire la première moitié de la conversation entre Jon et Jess et trouve l'équivalent français des phrases suivantes.

1 our way of eating
2 so many things
3 to be honest
4 the increase in junk food
5 the healthiest people in Europe
6 what did you notice?
7 the contrast in eating habits
8 you would know, if you lived with us
9 you almost never see that
10 you don't nibble in between

B 📄 Corrige la faute dans chacune de ces phrases qui figurent dans la deuxième moitié.

1 Mais, tu sais que tous change maintenant.
2 Tu voudrais que je fasse une liste des bons choses?
3 Les Français tendent à achete leurs produits alimentaires chaque jour.
4 Autrement dit, ils achètent fraîche.
5 Aussi, mettent-ils énormément de ton à choisir.
6 Vous donnez la priorité à la qualité de la buffet.
7 Vous préférez payer un petit plus.
8 Vous pensez moins pour les fringues et les voitures.
9 Puis, vous passé beaucoup de temps à manger.
10 Vous faites attention à ta digestion.

4.2 Quel mangeur es-tu?

A 📄 Avant d'établir ton profil alimentaire, fais correspondre les groupes de réponses (1–6) aux situations (a–f).

a En vacances
b Au fast-food
c Les repas de famille
d Les jours de sport
e Le petit déjeuner
f Le grignotage

Après avoir vérifié tes réponses, fais le test! Quel mangeur es-tu?

1 ▲ Chocolat chaud et tartines les jours où je fais du sport, sinon, il m'arrive de le sauter.
   ● Thé, céréales, yaourt, jus d'orange – pas question de changer.
   ■ En vacances, c'est jamais avant 14 heures, avec croissants, pains au chocolat, etc.

2 ● Mon pire cauchemar: ça dure des heures et on mange comme quatre.
   ▲ Ça permet de faire un vrai repas, avec de bons petits plats.
   ■ Je les zappe dès que c'est possible, c'est vraiment du temps perdu.

3 ● J'évite au maximum mais, parfois, c'est plus fort que moi, je dérape.
   ▲ Ça m'arrive quand j'ai un creux.
   ■ Au lycée ou chez moi, je ne peux pas résister à la tentation!

4 ● Je fais attention car j'ai toujours peur de rentrer avec trois kilos en plus!
   ■ Je mange ce que je veux, quand je veux.
   ▲ Je garde le rythme, trois repas et un goûter.

5 ▲ Je mange comme d'habitude, en essayant d'équilibrer au maximum.
   ■ Je mange ce qui me plaît, même si ce n'est pas très diététique.
   ● Je mange des gâteaux, puisque je vais dépenser beaucoup d'énergie.

6 ● Je prends juste une salade et une boisson light.
   ■ Je choisis le menu avec le nouveau sandwich «série limitée».
   ▲ J'opte pour le menu classique + glace.

B 📄 Jean a un maximum de ●. Pour bien comprendre son profil, remplis les blancs dans le texte en choisissant dans la liste le mot le plus approprié.

> Bien inform(é) sur l'équilibre alimentaire, tu sais qu'une alimentation **(1)_____** te permet d'être en bonne **(2)_____** . Mais n'hésite pas à **(3)_____** de temps en temps! Quand tu manges avec des amis ou en famille, fais-toi **(4)_____** . N'oublie pas que l'équilibre alimentaire ne consiste pas à manger le **(5)_____** possible mais le mieux possible.

adéquate	générale	jeûner	plaisir
santé	déraper	humeur	moins
	plus	vomir	

● **Vocabulary**

zapper *to skip, miss*   **avoir un creux** *to feel peckish*
déraper *to weaken*

C 📄 Sylvie a un maximum de ■. Lis son profil, puis traduis-le en anglais:

> Pour toi, l'équilibre alimentaire est loin d'être une priorité! Indiscipliné(e), tu manges ce qui te fait plaisir sur le moment (si possible avec des copains, c'est plus sympa). Mais fais attention au grignotage: plus tu grignotes, moins tu as envie de faire de vrais repas. Limite la fréquence et la quantité des consommations en dehors des repas.

Si tu as un maximum de ▲ – félicitations! Et bon appétit!

4.3 Comment on mange en France

A 🎧 Écoute ce que dit Chantal Dubois, une ménagère française, à propos de la cuisine dans son pays. Pour chaque phrase, écris 'vrai' (V) ou 'faux' (F).

1 En France, on survit malgré ce que l'on mange.
2 Manger, ça ressemble souvent à une fête.
3 Chantal trouve intéressante l'origine du mot «copain».
4 On arrive souvent pour manger à midi.
5 Le repas du dimanche dure souvent deux heures.
6 On s'intéresse surtout à ce que l'on mange.
7 Les Français recherchent des ingrédients de haute qualité.

B 🎧 Écoute encore Chantal, puis écris les mots qui manquent dans les phrases suivantes.

1 Je pense que la nourriture _____ une façon de survivre.
2 En France, on aime _____ ou avec ses copains.
3 Il arrive souvent _____ cinq heures de l'après-midi.
4 Remarque, ça ne _____ ce que l'on mange!
5 On échange des recettes _____ à cuisiner!

C 🗨 Les repas de famille, qu'est-ce que ça signifie pour toi? C'est une nécessité ennuyeuse, ou ça n'arrive presque jamais? Ou c'est peut-être un des grands plaisirs de la vie? Écris ton opinion, en expliquant pourquoi, en environ 150 mots.

4.4 Marie-Hélène Schnebelen parle de la gastronomie alsacienne

🎧📄 Cette entrevue est pleine de vocabulaire-clé au sujet de la nourriture et du vin. Pour t'aider à l'apprendre, écoute le passage autant que nécessaire et remplis tous les blancs.

Q Marie-Hélène, quand tu penses à la nourriture et aux vins alsaciens, tu penses à quoi, exactement?

MH Tout d'abord, j'aimerais souligner que la ___ alsacienne est d'une ___ . À l'origine, la cuisine alsacienne se faisait avec du ___ et plus récemment, le beurre et la margarine ont été privilégiés, suite aux diverses campagnes de prévention contre ___ . Les plats de notre région sont ___ , bien ___ et extrêmement ___ . On y retrouve, évidemment, la ___ alsacienne, le baeckaoffa, le ___ d'Alsace, et le coq ___ ou au riesling.

Q Dis-moi, quels sont les facteurs qui ont ___ le développement de cette cuisine?

MH Il est important de mentionner que l'Alsace est une région ___ en agriculture et ___ en quelque sorte, de par ce fait, d'avoir des terres très ___ en fruits, légumes et céréales, d'où il résulte une ___ de viande de ___ , inclus le ___ .

Q Et est-ce que la proximité de l'Allemagne et les diverses invasions par les Allemands ont ___ un ___ sur votre cuisine?

MH Incontestablement, les deux occupations allemandes ont ___ jusqu'à un certain point la culture alsacienne et en particulier sa ___ . Ce sont en fait les Allemands qui ont enseigné aux Alsaciens l'art de ___ la diversité des ___ , appelée aujourd'hui la ___ alsacienne. On y trouve de la saucisse de porc et de veau, de boeuf et de poulet, ___ de ___ , des ___ de viande, et cetera.

Q Et le vin alsacien? Est-ce que vos vins très ___ sont exclusivement des vins blancs?

MH La plupart de nos vins sont des vins blancs, mais nous avons aussi une ___ de pinot noir. Pour les ___ , je ___ à l'___ un Gewürztraminer, qui est un vin ___ avec un ___ très ___ et ___ . Comme vin pour le ___ ___ , je recommanderais un Tokay Pinot Gris, ___ si possible et, encore mieux, de ___ ___ . Ceci rajoutera à son ___ et à son ___ .

Q Et pour le dessert?

MH Et pour le dessert, n'hésitez pas à ___ pour un Muscat d'Alsace, sucré et ___ . Même le plus simple de ces Muscats accompagnera avec ___ un bon Kougelhof et n'importe quel autre dessert.

Q Je te remercie beaucoup. J'ai hâte de me retrouver en Alsace.

MH Moi aussi!

4.5 Combien de calories y a-t-il dans ton déjeuner?

Tu déjeunes sur le pouce, au café, à la cantine, au resto. Mais au fait, sais-tu ce que contiennent tes repas? Trop de calories, pas assez, ou juste ce qu'il faut? Nous avons choisi les huit formules les plus courantes.

a Sandwicherie
- jambon beurre
- pomme
- café + 1 sucre
- ¼ Badoit

c Restaurant chinois
- nems
- poulet aux pousses de bambou
- bol de riz blanc
- coupe de lychées
- thé sans sucre

e Terrasse de café
- salade niçoise
- tranches de pain
- crème brûlée
- bière

g Fast-food
- cheeseburger
- 1 portion de frites
- 1 dose de ketchup
- 1 Coca-Cola

b Pizzeria
- tomate mozzarella
- pizza reine
- ¼ de rosé
- café + sucrettes

d Cantine
- hors d'œuvres variés
- veau marengo
- purée
- fromage, deux tranches de pain
- ¼ de vin rouge

f Repas «régime»
- carottes râpées
- steak
- haricots verts
- fromage blanc à 0% + sucre
- thé sans sucre

h Café-bistrot
- tarte salée
- salade verte
- salade de fruits
- jus de tomate

A Regarde bien ces repas typiques, a–h. Lequel choisis-tu? Pourquoi? Après avoir décidé, explique ton choix en 30 secondes aux autres membres du groupe.

B 📄 Maintenant, essaie de classer les huit repas selon leur contenu calorique.

Exemple: 1: repas c et d

1 1000 calories	**4** 720 calories
2 980 calories	**5** 550 calories
3 930 calories	**6** 530 calories

Demande à ton prof si tu as bien choisi.

C 📄 Regarde encore les formules et compose, par écrit, un repas de quatre plats qui soit le meilleur possible pour la santé, en servant les plats montrés. Tu ne peux pas choisir plus d'un plat/ingrédient dans chaque formule. Lis ton choix/formule aux autres membres du groupe. Est-ce qu'ils/elles sont d'accord?

4.6 L'obésité est en pleine croissance

A 📄 Trouve dans l'article un mot ou une locution qui a le même sens que chacun des suivants.

1 considérés
2 à jamais
3 de l'ouest
4 protégés contre
5 identique à
6 décennie
7 riches

B 📄 Voici des titres possibles (1–6) pour chaque paragraphe de cet article (a–e), mais ils sont dans le désordre. Range-les selon l'ordre du texte. Attention – il y a un titre de trop.

1 Mauvaises habitudes
2 Petits gestes
3 Un politique s'y intéresse
4 On s'est trompé
5 Autrefois, c'était le contraire
6 La faute, ce n'est pas à nous

a Député et médecin, Jean-Marie le Guen mène le combat contre le nouveau mal du siècle, l'obésité. Il veut que cette épidémie soit reconnue comme maladie. Et que les obèses ne soient plus stigmatisés.

b La France a longtemps pensé être à l'abri de «ce fléau», dit-il. Erreur. «20% d'une classe d'âge sera obèse d'ici dix ans.» 70% le resteront toute leur vie, «avec une espérance de vie réduite d'une dizaine d'années.»

c Comment lutter contre un phénomène lié à nos modes de vie modernes? Il propose quelques mesures simples, telles que trente minutes d'exercice physique chaque jour pour chaque enfant, et pesée et mesure de chaque élève une fois par an.

d Des facteurs sociaux doivent aussi être pris en compte. Il y a un siècle, la surcharge pondérale était plutôt synonyme de prospérité. Aujourd'hui, les gens aisés mangent diététique. Dans tous les pays occidentaux, on observe

une relation entre pauvreté et obésité.

e Apports excessifs en calories et le développement du grignotage demeurent les grandes causes du surpoids. Le petit déjeuner est bâclé ou inexistant. Le repas du midi englouti à toute vitesse, et le repas du soir, beaucoup trop lourd.

C 📄 Lis le dernier paragraphe de l'article où, comme tu le vois, il y a des mots qui manquent. Choisis dans cette liste un mot approprié pour remplir chacun des blancs.

> Quant aux **(1)**___ des *fast-food*, ils doivent savoir qu'un hamburger, une portion de **(2)**___, un soda et une **(3)**___, correspondent aux **(4)**___ d'une journée **(5)**___. Ajoutez biscuits, chocolat et petites **(6)**___, et le surpoids est **(7)**___.

adeptes	frites
calories	garanti
carottes	gâteaux
complète	glace
confiseries	pomme
désirable	repas
entière	restaurants

D ✍️ Quelles mesures est-ce que tu proposes pour combattre ce problème? Écris 150 mots en français.

4.7 Non, non, les Françaises ne grossissent pas!

A 📄 Les phrases suivantes font le résumé de cet article mais les deuxièmes parties sont dans le désordre. Remets les fins de phrase selon le sens de l'article.

1 Trois Américains sur dix …
2 En suivant les conseils de Mireille Guiliano, les Françaises …
3 Ses conseils …
4 Son livre a connu …
5 Ce n'est pas qu'aux États-Unis …
6 Où qu'elle aille, …

a que le livre se vend.
b ne prennent pas trop de poids.
c elle attire un grand public.
d un succès fou.
e pèsent trop.
f n'ont rien d'original.

Mireille Guiliano, PDG de Cliquot (qui commercialise le champagne Veuve-Cliquot) se propose d'expliquer à une nation qui compte 30% d'obèses les secrets de la ligne de nos compatriotes, «qui mangent pourtant du pain et des pâtisseries, boivent du vin et prennent souvent entrée, plat et dessert».

Réduire les portions, manger varié, acheter des produits frais, préférer la cuisine maison à celle du restaurant, prendre le temps de faire de vrais repas: Mireille Guiliano n'a, certes, rien inventé mais le public américain avait sans doute besoin qu'on lui rappelle ces règles de base d'une alimentation à la fois saine et savoureuse.

Son livre en est à sa cinquième réimpression. Il est aussi en cours de traduction dans une dizaine de langues. Les lecteurs trouvent

l'ouvrage «spirituel et amusant», et son auteur «tout à fait charmante». Beaucoup se déplacent pour la rencontrer; de Los Angeles à Miami, ses séances de dédicaces (où l'on déguste un verre de Veuve-Cliquot, bien sûr) font salle comble.

B 📋 Les adjectifs suivants sont utilisés dans cet article. Trouve le nom qui correspond à chacun.

1 mauvais
2 vrai
3 sain
4 savoureux
5 varié
6 frais

C 📋 Complète ces phrases en écrivant chaque fois un des noms que tu as trouvés, puis traduis les phrases complètes.

1 À mon avis, la cuisine moderne manque souvent de ____ .
2 La ____ des ingrédients est d'une importance capitale pour qu'un plat soit réussi.
3 La ____ de produits dans les supermarchés est étonnante.
4 Aujourd'hui, de plus en plus de gens s'occupent de leur ____.
5 Certains régimes risquent de faire du ____ à ceux qui les suivent.
6 Si tu veux savoir la ____ , je crois que tous les régimes sont inutiles!

D 🖋 Parmi les best-sellers, il y a souvent des livres de cuisine et des livres de régimes. À ton avis, pourquoi le public s'y intéresse-t-il tellement? Écris 130 mots pour donner ton opinion.

4.8 Pourquoi pas manger du cheval?

Il y a certaines spécialités gastronomiques qui ne sont pas encore bien connues hors de la France. On pense, par exemple, aux cuisses de grenouille et aux escargots. Mais en France on trouve également dans chaque ville l'enseigne de la boucherie chevaline, soit dans la rue, soit au marché.

À cheval sur les principes!

Si manger du cheval pose des problèmes d'éthique pour certains, ne pouvant imaginer un instant ce noble animal dans l'assiette, d'autres s'en accommodent très bien, puisque la viande de cheval est très saine.

Michel Bonnard, dont le métier est de préparer et de vendre de la viande de cheval sur les marchés de Bourges et d'Henrichemont, insiste sur la qualité de ce produit: «Les clients adeptes de la viande de cheval préfèrent celle-ci au bœuf, parce que c'est meilleur à consommer et on est au moins sûr que lorsqu'on en consomme, la bête n'a pas subi d'apport d'hormone! Elle est au pâturage, un point c'est tout.»

Auparavant, semble-t-il, on consommait beaucoup plus cette chair; maintenant elle est considérée comme une viande de luxe car son prix est élevé.

Gustativement parlant, son goût n'est pas si éloigné du bœuf et on peut l'accommoder de la même façon: «Cette viande, précise Michel Bonnard, est plus sucrée et surtout plus maigre que la viande de bœuf.»

La fraîcheur est de rigueur. Chaque jour, il «épluche» les quartiers de viande, et fabrique lui-même les produits, les saucisses, de manière artisanale.

A 📋 Réponds en français aux questions suivantes.

1 Quels avantages M. Bonnard trouve-t-il à la viande de cheval?
2 Quel inconvénient constate-t-il?
3 Et toi, quelle est ton opinion en ce qui concerne la consommation de la viande de cheval? Écris des notes pour et contre.

> ● **Vocabulary**
>
> **accommoder** *to prepare (food)*
> **s'accommoder de** *to come to terms with*
> **adepte de** *fan of*
> **un apport** *(here) additive*
> **de rigueur** *of the essence*
> **un point c'est tout** *and that's that*

B 🖉 Traduis en français ce petit texte.

Some people cannot get used to the idea of eating horse meat. However, it has many advantages and, as far as taste is concerned, is not unlike beef. But nowadays it is a luxury product and is very expensive.

C 🗣 Tu es chez ton/ta correspondant(e) français(e). Un soir, sa mère apporte un plat sur la table. Écoute-la et enregistre tes réponses à ce qu'elle dit.

La mère parle…
Toi [Say it looks good and ask what it is.]
La mère parle…
Toi [Say you've never eaten horse meat before and you're not sure about it …]
La mère parle…
Toi [Say that in your country horses are thought of as domestic animals and that people don't eat them.]
La mère parle…
Toi [Respond appropriately but say you prefer chicken or steak.]
La mère parle…
Toi [Agree to try it, but ask for a very small piece.]
La mère parle…
Toi [Reply appropriately.]

4.9 Des goûts simples

Dans l'extrait suivant de son roman *La Place*, Annie Ernaux, dont on a parlé à la page 20, décrit la façon dont mange son père.

Pour manger, il ne se servait que de son Opinel. Il coupait le pain en petits cubes, déposés près de son assiette pour y piquer des bouts de fromage, de charcuterie et pour saucer. Me voir laisser de la nourriture dans l'assiette lui faisait deuil. On aurait pu ranger la sienne sans la laver. Le repas fini, il essuyait son couteau contre son bleu. S'il avait mangé du hareng, il l'enfouissait dans la terre pour lui enlever l'odeur. Jusqu'à la fin des années cinquante, il a mangé de la soupe le matin, après il s'est mis au café au lait, avec réticence, comme s'il se sacrifiait à une délicatesse féminine. Il le buvait cuillère par cuillère, en aspirant, comme de la soupe. À cinq heures, il se faisait sa collation, des œufs, des radis, des pommes cuites et se contentait le soir d'un potage. La mayonnaise, les sauces compliquées, les gâteaux, le dégoûtaient.

A 📄 Réponds par écrit aux questions suivantes.

1 Comment le père réagissait-il quand sa fille ne mangeait pas tout?
2 Pourquoi laissait-il toujours son assiette très propre?
3 Qu'est-ce qu'il mangeait, le matin, qui sortait un peu de l'ordinaire?
4 Comment sait-on que, dans sa jeunesse, il n'avait pas eu l'habitude de boire du café?
5 Quelle sorte de cuisine lui plaisait?
6 À ton avis, quelle sorte de cuisine préférait sa fille?

B 📄 Les expressions suivantes ont le même sens que d'autres utilisées dans le texte. Écris la forme originale.

1 une espèce de couteau
2 petits morceaux
3 l'assiette du père
4 après avoir mangé
5 avec hésitation
6 il en avait horreur

C 📄 Dans un dictionnaire monolingue, trouve le sens des mots suivants, puis explique-les en anglais. Fais bien attention au contexte.

1 déposer
2 piquer
3 saucer
4 faire deuil à quelqu'un
5 un bleu
6 enfouir
7 collation
8 se contenter de

4.10 Le bio séduit mais ne remplit pas les assiettes

Ces quatre personnes ont exprimé leur avis sur le bio dans un blog en ligne lancé par un journal.

Valérie	Il est dommage que le prix mette les produits bio hors de la portée de pas mal de bourses. Le goût, les qualités nutritives du bio sont indiscutables! Je mange bio autant que possible et j'ai vu ma peau, mes cheveux et mes ongles retrouver vie.
Karo	En tant qu'étudiante, je n'ai malheureusement pas un budget assez important pour concilier ce type de consommation et mes ressources. Pour moi, l'achat bio reste l'achat plaisir, c'est-à-dire celui que je m'offre quand mes finances me le permettent.
Johann	Les dépenses supplémentaires pour une alimentation de meilleure qualité sont contrebalancées par des économies indirectes et à long terme. Par exemple, moins de pesticides donc moins de frais de traitement des eaux, moins de «cochonneries» avalées donc moins de frais médic aux.
Jacqueline	Après un problème de santé je me suis mise à consommer des produits bio. Nous sommes bien sûr les victimes de la pollution et la culture biologique élimine bon nombre de produits chimiques. La qualité des aliments est supérieure à tous les produits que vous trouvez dans les grandes surfaces.

A 📄 Écris le nom de la personne qui …

1 a acheté des produits bio à la suite d'une maladie.
2 achète des produits bio quand elle en a les moyens.
3 constate que sa santé s'est améliorée.
4 dit qu'à la longue manger bio aide à économiser de l'argent.
5 déplore le coût élevé des produits bio.
6 trouve moins bonne la nourriture que l'on achète dans le commerce.

B 📄 Utilise les avis que tu viens de lire pour t'aider à traduire en français les phrases suivantes.

1 For quite a lot of people, organic foods are too expensive.
2 For me, organic products are a treat.
3 Their quality and taste are superior to the rubbish sold in many supermarkets.
4 In the long term, you spend less on doctors because you aren't poisoned by chemicals.

C 🖋 Manger bio, qu'est-ce que ça te dit? Ajoute ton avis au blog en 150 mots, environ.

4.11 Est-ce que boire du vin est bon pour la santé?

A 🎧 Listen as Carole, Abdelhaziz and Jean-François give their opinions on this question. Who:

1 is not allowed to drink wine?
2 is convinced that red wine is good for the health?
3 says that we shouldn't drink too much wine?
4 doesn't think about the beneficial effects of red wine?
5 warns against bad-quality wine?
6 has doubts about the therapeutic effects of red wine?

Carole　　　　*Abdelhaziz*　　　　*Jean-François*

B 🎧 Écoute encore les trois interviewés. Comment dit-on …

1 une partie du pays où l'on fait du vin
2 il y a l'unanimité
3 ça favorise l'entente
4 on ne doit pas en consommer trop
5 pourvu que l'on ne devienne pas alcoolique
6 je suis tout à fait convaincu
7 le vin de qualité inférieure

C 📄 Maintenant, lis ce que pense sur ce sujet une quatrième personne, Martine. Comme tu le vois, il y a des mots qui manquent. Choisis dans la liste de mots celui qui convient le mieux pour remplir chaque blanc.

affaires	du	effet
mal	malade	pas
plutôt	qu'	que
soigner	soûler
souvent	uniquement

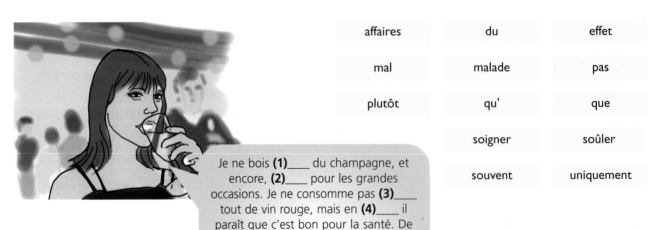

Je ne bois **(1)**____ du champagne, et encore, **(2)**____ pour les grandes occasions. Je ne consomme pas **(3)**____ tout de vin rouge, mais en **(4)**____ il paraît que c'est bon pour la santé. De toute façon, ce n'est **(5)**____ une question de quantité. Regardez-moi, je suis **(6)**____ en bon état! Le bon vin ne peut pas faire de **(7)**____ . Je crois même que le bordeaux est recommandé. Mais de là à se **(8)**____ , je n'en suis pas sûre.

4.12 Le thé s'impose en France

NOUVELLES 〉〉〉〉〉〉〉〉〉〉〉〉〉〉〉〉〉〉〉〉〉〉〉〉〉〉〉

Les salons de thé fleurissent dans Paris et dans les grandes villes françaises. Mais, conformément à la tradition française du gourmet, les Français dédaignent les vulgaires sachets pour rechercher les thés de qualité. Pour les vrais amateurs, le thé devient un art de vivre, un produit que l'on savoure, bon pour la santé et la ligne, et excellent pour faire une pause.

«En France nous sommes très attentifs à toutes les questions de sécurité alimentaire et de santé et nous faisons attention à tout ce que nous achetons», résume le journaliste Gilles Brochard, un buveur de thé devenu spécialiste.

Ce passionné a découvert les plaisirs du thé quand il était étudiant. Quinze ans après, il s'est mis à voyager en Chine pour goûter les nombreuses variétés de thé.

Il y a en France deux types de consommateurs: des jeunes qui veulent savourer quelque chose de différent et qui sont très attentifs aux effets sur la santé du thé vert, et puis les connaisseurs toujours à la recherche de la qualité et de la rareté.

Chez Fauchon, le magasin le plus cher de Paris, on peut payer 320 euros pour un kilo du thé Dung Ding provenant de Chine. Ceux qui recherchent les «grands crus», comme les amateurs de vin, peuvent dépenser encore davantage.

A 📝 Trouve dans l'article un mot ou une locution qui a le même sens que chacun des suivants.

1 in line with
2 are on the increase
3 look down their noses at
4 to have a break
5 to sample
6 looking for

B 📝 Dans chacune des phrases suivantes, basées sur l'article, il y a plusieurs mots qui manquent. Complète chaque phrase selon le sens de l'article en choisissant la locution appropriée dans la liste ci-dessous. Attention – il y a une locution de trop.

1 Les salons de thé _____ en province.
2 Les Français _____ acheter le thé en sachet.
3 Les Français, qui _____ , apprécient les qualités thérapeutiques du thé.
4 Les grands amateurs de thé _____ de nouvelles variétés.
5 Les gourmets _____ fournisseurs spécialisés pour acheter du thé.

a se réjouissent d'en découvrir
b se multiplient
c se rendent chez des
d s'ennuient du café
e se préoccupent de leur santé
f ne s'intéressent pas à

C 📄 **(i)** Les verbes et les noms dans la grille sont utilisés dans l'article. Trouve la forme qui correspond à chacun.

Verbe	Nom
(1)_____	amateur
fleurir	(2)_____
(3)_____	produit
découvrir	(4)_____
(5)_____	plaisir
provenir	(6)_____
(7)_____	variété
savourer	(8)_____
(9)_____	consommateur
goûter	(10)_____

(ii) Choisis deux numéros – un pair, l'autre impair – entre 1 et 10. Chaque numéro correspond à un des mots que tu viens de trouver. Ton/Ta partenaire doit formuler une phrase qui contient ces deux mots. Puis renversez les rôles. Combien de phrases peux-tu inventer en dix minutes?

4.13 Eau de source – ou du robinet?

Au cours des dix dernières années, le marché des eaux en bouteille s'est étendu énormément. Comment expliquer ce phénomène? Écoute ces trois personnes qui donnent leur avis.

A 🎧 Écoute ces trois interviewées; comment dit-on …

1 completely natural
2 it's inexpensive
3 all you've got to do is
4 it's free
5 what will become of them?
6 in my opinion
7 it doesn't matter
8 You've got to hand it to the admen!

Séverine

Christine

B 🎧 Écoute encore; écris le nom de la personne qui…

1 croit que toutes les eaux sont pareilles.
2 est pleine d'ironie.
3 défend les qualités thérapeutiques de l'eau minérale.
4 pense que l'on porte une bouteille d'eau pour avoir l'air cool.
5 privilégie l'eau de chez elle.
6 signale l'aspect environnemental.

C 👥 Laquelle des trois interviewées exprime une opinion qui est la plus différente de la tienne? Enregistre ton avis – parle pendant environ deux minutes.

Émilie

4.14 Jeu de rôles

Scénario: You are being interviewed on the Paris streets for a vox-pop radio-programme on French eating-habits. When the interviewer hears that you live in an English-speaking country, she is delighted and asks you to compare the patterns of eating and drinking in France and your own country.

Personnages: 1 une intervieweuse 2 Jo(e), dont tu interprètes le rôle.

L'intervieweuse parle
Jo(e) [Say 'don't mention it'.]
L'intervieweuse parle
Jo(e) [Say which country you come from.]
L'intervieweuse parle
Jo(e) [Say you are a native of the country.]
L'intervieweuse parle
Jo(e) [Say that the meat and particularly the fish seem fresher and better presented.]
L'intervieweuse parle
Jo(e) [Say the French seem much more prepared to pay more for good quality produce.]
L'intervieweuse parle
Jo(e) [Say your country has been heavily influenced by the USA and its attitude to fast-food, and France less so.]

L'intervieweuse parle
Jo(e) [Say that it depends on your point of view. Burgers and chips are not particularly good for you. But they are quick and cheap and the restaurants are cheerful. Also, both adults in a family have to go out to work to pay for the home and there is not always a lot of time.]
L'intervieweuse parle
Jo(e) [Say you think people are becoming more pressured, with more stress at work.]
L'intervieweuse parle
Jo(e) [Say, people should eat traditional French food and drink traditional French wine.]
L'intervieweuse parle
Jo(e) [Say thank you, too. Try «Et merci à vous!»]

Pratiques

1 Tous les mots ci-dessous, sauf un, ont des accents qui manquent. Trouve-les!

cereales	rape	fete
gateau	obese	cuillere
yaourt	specialite	gouter
pate	digerent	diabete
theiere	creme	bacteries

2 (Basé sur 4.10 Le bio séduit, mais ne remplit pas les assiettes)

Utilise les expressions de comparaison dans l'article pour t'aider à traduire en français les courtes phrases suivantes:

1 as much as ever
2 interesting enough to watch
3 less fat
4 fewer calories
5 more calories
6 more obesity
7 superior to junk-food
8 inferior to organic

3 (Basé sur 4.2 Quel mangeur es-tu?)

Utilise des expressions qui figurent dans le sondage pour t'aider à exprimer les phrases suivantes en français.

1 I happened to go to McDonald's.
2 Not a question of dieting.
3 That didn't allow me to lose weight.
4 I wasn't able to resist the opportunity.
5 I'm never afraid of snacking between meals.
6 How? By trying to avoid fatty food!

4 (Basé sur 4.7 Non, non, les Françaises ne grossissent pas)

Mets les verbes entre parenthèses au passé composé (P) ou à l'imparfait (I), selon l'indication.

1 Cliquot (commercialise) _____ le champagne. (P)
2 Guiliano (se propose) _____ d'expliquer les secrets. (P)
3 Nos compatriotes (mangent) _____ du pain. (I)
4 Tu (bois) _____ du vin. (P)
5 Je (prends) _____ souvent un dessert. (I)
6 La balance (penche) _____ du mauvais côté. (I)
7 On n'(a) _____ en réalité que soif. (P)

Les dépendances

Dans cette unité, nous allons examiner le phénomène de la dépendance, des goûts immodérés. Il y a des gens qui ont besoin de drogues, d'autres qui ne veulent que manger – ou le contraire. Toutes ces choses ont des implications au niveau social. Et si quelqu'un devient dépendant de quelque chose, c'est généralement qu'il y a une raison sous-jacente. On va examiner ça.

In the *séminaire*, we will continue to look at ways of maximising your confidence with and performance in the rôle-play. Then, you will have considerable time to implement the strategies discussed, by working through the past papers which your teacher(s) will give you. You will also have extensive language exposure within the unit and specific grammatical practice with the partitive article, reflexive verbs and a short dictation in the *Pratiques* at the end.

Séminaire The rôle-play [2]

Any more tips to help me with the rôle-play?

Quite a few, really. All of them pretty easy, once you put your mind to it. First of all, it's not like doing a presentation or a discussion. Once you've answered a question from the examiner, start anticipating one or two of the other questions and supplying the information. If you show willing, this raises your credit under the 'response to the examiner' section.

So, I can go on giving info, after I've finished answering the examiner's question?

Yes, but try to make sure it's *relevant* information, closely linked to the bullet points telling you what information will be required.

Alright, I'll do that. Tell me, what happens if I forget to ask one of the questions?

Nothing bad! The examiner will say something like *Tu as encore des questions?* Asking the questions is not supposed to be a memory test.

Great! That makes me feel a lot better.

Good. The next thing is to remember that the rôle-play is the beginning of the test. Try to sound as cheerful as you can. This will give the impression that you're reasonably confident, even if you're quaking in your boots!

And sounding confident sounds as if I've got something to be confident about. Whereas sounding dead nervous suggests I don't know much?

In a nutshell! Now, let's clear up some of the little things which lose people credit, when they're really quite easy to put right. Let's start with French telephone numbers.

Oh, I know that one: in French you divide the number into pairs of digits, with possibly a single digit on its own at the end, or at the beginning, if it makes the numbers easier. Like: 01894 279645, that's 0/18/94/27/96/45.

Well done, you've got it! Another time you need to use numbers, which causes difficulties for some students, is giving opening or closing times plus a.m. or p.m. Just give the hour, plus the number of minutes, plus *du matin/de l'après-midi/du soir.*

Like: *On ouvre à neuf heures trente du matin et on ferme à six heures du soir.*

Exactly. Now a few more things to do with numbers. There's an easy rough way of converting from miles to kilometres and from pounds to euros. Just multiply the English figures by 1½ and there you are. Remember that it's *une livre* for a pound. *Un livre* is a book.

So £5 would be *7 euros 50* and 10 miles would be *15 kilomètres?*

Yes, that's it. It's approximate, but it's as near as you need it. With the *7 euros 50,* you can even round up to *8 euros.* Shops do!

Well, sorting out the numbers is easier than I thought. Any other tips?

Just two. If you've got a price in English such as £13.99, round it up to £14. And, finally, if you have to give the measurements of a machine, a tool or a room, 'X times Y times Z' is the same idea: *X cm par Y par Z!*

5.1 Jess et Jonathan parlent des dépendances

A 🎧 Listen to the discussion as many times as you need and find the French equivalent of the short phrases below.

1 some bright ideas
2 all ears
3 soft drugs
4 hard drugs
5 So what?
6 much wider
7 if you want
8 on which one depends
9 or the opposite

10 when you think about it
11 when all's said and done
12 which I hate
13 enough to make you think
14 according to my father
15 it would be better
16 we need ways of
17 a generation ago
18 that's all to the good

B ✍ Summarise in English the main ideas expressed by Jon in the discussion with Jess (80 words).

C 👥 Travail à deux.

- Votre prof/assistant(e) vous donnera une copie de la transcription de la discussion. A aura le droit de regarder, B non.
- Votre prof/assistant(e) passera le disque avec la discussion, phrase par phrase. B doit essayer de répéter la phrase chaque fois que votre animateur/animatrice appuie sur le bouton pause.
- A corrigera *d'une façon encourageante* si besoin est.
- Au point milieu de la discussion (marqué par deux **) A et B changeront de rôle.

5.2 Les Français sondés sur leur santé

Huit personnes sur dix déclarent souffrir d'au moins un trouble de santé dans l'année, selon la dernière enquête décennale réalisée par l'INSEE. Plus d'une personne sur deux souffre de troubles de la vue ou de problèmes dentaires. À l'exception de ces deux troubles bénins, 67% souffrent d'autres problèmes. Les plus fréquents sont les maladies nutritionnelles, surtout l'obésité, et les maladies cardio-vasculaires qui touchent, chacune, environ une personne sur cinq.

Les femmes déclarent plus de problèmes de santé que les hommes et souffrent plus qu'eux. La nature des maladies évolue avec l'âge. À partir de 40 ans, les maladies cardio-vasculaires sont prédominantes. Si l'on observe les catégories socioprofessionnelles, ce sont les agriculteurs qui déclarent le plus de maladies, suivi par les ouvriers, puis les artisans commerçants. En moyenne, les cadres souffrent moins.

A 📄 Les phrases suivantes font le résumé du texte. Les premières parties sont dans le bon ordre – mais pas les deuxièmes parties. Fais correspondre les deux parties des phrases.

1 20% des Français ...
2 Plus de 50% des Français ...
3 Les deux tiers des Français ...
4 Une des maladies les plus courantes ...
5 Les hommes ...
6 Il y a plus de problèmes de cœur chez ceux qui ...
7 Ceux qui exploitent la terre ...
8 Les gens plus éduqués ...

a c'est l'obésité.
b ont d'autres soucis de santé.
c ont dépassé la quarantaine.
d ont la vue faible ou les dents en mauvais état.
e sont les plus malades.
f sont les plus sains.
g sont en bonne santé.
h consultent le médecin moins souvent que les femmes.

5.3 Tabac, alcool, drogue: enquête sur les jeunes Européens

Quelles sont les habitudes des jeunes européens en ce qui concerne la consommation du tabac, de l'alcool et de la drogue? Écoute ce reportage radiophonique.

A 🎧 Réponds en français aux questions suivantes. Tu n'as pas besoin d'écrire des phrases complètes.

1 Combien de personnes a-t-on sondées?
2 Quel âge ont les personnes sondées?
3 Combien de pays ont participé au sondage?
4 Pourquoi les jeunes Français fument-ils moins aujourd'hui?
5 Quel est le pourcentage approximatif des jeunes Français qui fument aujourd'hui?
6 Dans combien de pays européens est-ce qu'il y a plus de jeunes buveurs d'alcool qu'en France?
7 Dans quels pays européens est-ce que les jeunes boivent le plus?
8 Qu'est-ce que le Danemark, l'Irlande, le Royaume-Uni et la Suède ont en commun?
9 Dans combien de pays d'Europe est-ce qu'il y a plus de jeunes fumeurs de cannabis qu'en France?

B 🎧 Écoute encore une fois. Comment est-ce que l'on dit:

1 as much
2 mainly
3 amongst
4 daily
5 scarcely
6 regularly
7 in contrast
8 that is to say; i.e.
9 at the top of the list
10 on the other hand

C 💬 Pensez-vous que les jeunes dans ce dessin sont typiques des jeunes européens?

5.4 Ils sont accros aux jeux vidéo

Mon fils, qui a 15 ans, joue depuis quelques années déjà aux jeux vidéo. Au début je n'y ai pas fait attention, ce n'était qu'un passe-temps comme tous les autres. Mais je me suis inquiétée quand il a commencé à sécher les cours, et à prétendre qu'il n'avait pas de devoirs. Le soir, en rentrant, il s'enfermait dans sa chambre – il s'occupait avec des jeux en ligne, souvent jusqu'à 2, 3 heures du matin.

Quand je me suis décidée à lui enlever sa console, parce que ses notes étaient devenues catastrophiques, ça a été affreux. Il a crié que je le punissais. Il s'est révolté, il disait que les jeux vidéo étaient pour lui sa seule «détente» … c'est ainsi que je me suis rendue compte que mon fils y était devenu accro… il était incapable de s'occuper autrement.

Actuellement mon fils n'habite plus chez moi, il est parti vivre chez son père. Lui aussi, est obsédé par

ces sacrés jeux vidéo qui ont fait échouer notre mariage. Mon ex-mari en était devenu complètement dépendant. Nous nous étions isolés de tous nos amis qui finissaient par refuser de venir chez nous, parce qu'ils trouvaient insupportable de le voir devant sa console, avec une manette qu'il était incapable de lâcher.

A Phrases sandwich: ce résumé de l'article n'est pas complet. Choisis, pour le compléter, le bon milieu de phrase dans la liste qui suit, puis traduis en anglais toutes les phrases. Attention – il y a un milieu de phrase en trop!

1 Les progrès scolaires _____ ont été compromis.
2 Il ne disait pas la vérité _____ aux jeux video.
3 Il était tellement accro _____ au lieu de dormir.
4 Il ne s'intéressait plus _____ en dehors de sa chambre.
5 Quand sa mère est intervenue _____ en l'accusant de le punir.
6 Il n'habite plus chez lui _____ par sa mère.
7 Le mari de Nathalie, lui aussi _____ par les jeux vidéo.
8 Avant leur divorce, l'effet sur _____ était catastrophique.

a à ce qui se passait
b afin de pouvoir s'adonner
c du fils de Nathalie
d la vie sociale du couple
e qu'il restait éveillé
f est obsédé
g parce qu'il avait des problèmes
h il a réagi très mal
i à la suite des mesures prises

B Les jeux vidéo: passe-temps anodin ou dépendance nocive? Contribue ton opinion au blog en une centaine de mots.

5.5 Gare aux alcopops!

La consommation de l'alcool reste une tradition en France et l'initiation des jeunes se fait souvent au départ dans un contexte familial. Entre douze et dix-neuf ans, huit adolescents sur dix ont l'occasion de boire au moins une fois dans l'année. L'absorption régulière de bière et/ou d'alcools forts augmente, de même que celle des boissons à base de vodka, rhum ou tequila déguisées en cocktails très sucrées.

Ces «prémix» ne sont pas considérés comme dangereux par les jeunes, mais leur teneur en alcool est importante! Les spécialistes s'alarment car la consommation des jeunes tend à se focaliser sur la fin de la semaine, avec des excès parfois importants: au moins cinq verres en une seule occasion, soit une recherche de beuverie.

D'après l'Organisation mondiale de la santé, l'alcool est la première cause de décès chez les jeunes Européens, provoquant la mort d'un jeune sur quatre entre 15 et 29 ans. De plus, la diminution de la vigilance est à l'origine de nombreux accidents de la route. Et la perte de contrôle de soi peut déboucher sur des actes violents, ou des tentatives de suicide. Sans oublier, bien sûr, les risques d'une dépendance à l'alcool à l'âge adulte.

A 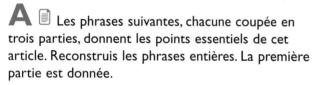 Les phrases suivantes, chacune coupée en trois parties, donnent les points essentiels de cet article. Reconstruis les phrases entières. La première partie est donnée.

i   En France on commence …
2   La plupart des jeunes …
3   Ce n'est pas …
4   Les jeunes ne se rendent pas compte …
5   Le vendredi et le samedi …
6   Beaucoup de jeunes …
7   C'est l'abus de l'alcool …
8   Beaucoup d'autres problèmes sociaux …

a   les jeunes boivent le plus
b   la mort de 25% des jeunes
c   avec l'intention de devenir ivres
d   ce phénomène
e   qu'ils consomment
f   de ce qu'ils boivent
g   très jeune
h   font l'expérience
i   sont les soirs où
j   que la bière
k   à boire de l'alcool
l   se mettent à boire
m   de la teneur d'alcool
n   qui est responsable de
o   sont dus à
p   de l'alcool

B Dans le résumé suivant de l'article, il y a des mots qui manquent. Avant de remplir les blancs, lis très attentivement – chaque mot demandé est étroitement lié à un autre utilisé dans cette section.

Il est **(1)**____ en France de **(2)**____ de l'alcool et les jeunes commencent souvent au sein de leur **(3)**____.
Au cours de leur **(4)**____ , quatre-vingts pour cent d'eux achètent **(5)**____ des «prémix», des boissons fortes qui contiennent du **(6)**____ , qui **(7)**____ leur puissance.
C'est surtout le **(8)**____ que les jeunes ont tendance à boire de l'alcool, et souvent ils en boivent **(9)**____ . En Europe, le décès de beaucoup de ceux qui **(10)**____ jeunes est **(11)**____ par l'abus de l'alcool. D'ailleurs, quand on a bu de l'alcool, on est moins **(12)**____ au volant, ce qui mène souvent à des accidents **(13)**____ .
Il y a aussi d'autres dangers, tels que la **(14)**____ et même le **(15)**____ .

5.6 L'alcool: le fléau des femmes fragiles

A 📄 Les titres suivants correspondent aux sept paragraphes de l'article, mais ils sont mal rangés. Remets-les dans le bon ordre. Attention – il y a deux titres de trop.

a causes courantes
b acceptation de la vérité
c la bouteille donne du courage
d mari au chômage
e trois raisons personnelles
f maladie cachée
h découverte d'un phénomène
i manque d'argent
j boissons innocentes

B ✍ Imagine la suite de l'histoire de Solange. Écris environ 150 mots.

1 Troisième cause de décès en France, l'alcoolisme féminin est un phénomène que beaucoup veulent nier. Pourtant, les femmes consomment de l'alcool de plus en plus jeunes (moins de 20 ans).

2 Chômage, précarité de l'emploi, situation familiale difficile ne sont pas les seuls facteurs qui conduisent à l'alcoolisme.

3 On a remarqué que les femmes actives sont victimes d'un mal nouveau: l'alcoolisme d'affaires – ce verre de trop que l'on boit pour surmonter une vie professionnelle surchargée.

4 La soixantaine coquette, Solange a osé s'avouer un jour qu'elle avait un «problème».

5 Jusqu'à l'âge de 40 ans, cette directrice d'école ne connaissait de l'alcool que les verres pris entre amis le samedi soir.

6 Une conjonction de facteurs a changé sa vie. «Mon fils est parti de la maison, raconte-t-elle. Gérer des adultes en permanence me pesait, mon mari a commencé à me tromper avec une jeune fille …

7 Un jour, j'ai pris un remontant. La fatigue a disparu d'un coup. J'ai alors pris l'habitude du verre d'apéritif pour affronter mon mari, les problèmes de l'ècole …»

5.7 Dépendance? Mais c'est comme ça que je me décontracte!

On a demandé à trois ados français leur opinion sur les cigarettes et les gens qui fument.

A 🎧 Écoute bien ces trois jeunes interviewés. Écris le nom de la personne qui …

1 reconnaît les dangers mais fume quand même.
2 ne va pas recommencer à fumer.
3 a commencé à fumer pour faire comme ses amis.
4 a peur des conséquences.
5 reconnaît que c'est un plaisir coûteux.
6 n'est pas d'accord avec ce que l'on dit.

B 🎧 Note en français les raisons pour lesquelles on fume ou ne fume pas, selon ces trois jeunes.

● **Vocabulary**

clope (f) *(slang) ciggy, fag*
pour la frime *just for show*
se donner de la contenance *to look cool*

C 👥 Travail à deux: L'un(e) de vous fume, l'autre ne fume pas. En utilisant le vocabulaire noté pour l'activité B, faites une conversation sur la cigarette, en ajoutant vos propres idées. Servez-vous des phrases que votre professeur vous aura données pour vous aider à exprimer vos opinions.

5.8 Libérées et … tabagiques

Au Maroc, la nouvelle cible des fabricants de cigarettes, ce sont les jeunes femmes, branchées de préférence. Le message sous-jacent d'une nouvelle marque de cigarettes, «Fine Slims», c'est que la cigarette libère la femme, l'aide à s'émanciper et la rend plus féminine.

Pour séduire les femmes, les sociétés productrices de tabac dépeignent un monde fictif où les gens sont en bonne santé et en pleine forme physique, beaux, svelteset débarrassés du stress. Les produits du tabac sont préconisés comme un moyen d'avoir confiance en soi, et de maîtriser son destin.

Alors, la cigarette, flambeau des femmes libérées? Ne souriez pas, cela s'est déjà vu. Si, en France, de plus en plus de femmes meurent de cancers liés au tabagisme, c'est le résultat de la propagande des années 1960–1970, qui a surfé à l'époque sur la vague de la libération des femmes.

C'est exactement ce qui se passe actuellement au Maroc. Les industriels présentent la cigarette comme l'un des accessoires de la liberté nouvelle des femmes marocaines. Bref, les cigarettiers perdant partout du terrain dans les pays développés, où de strictes lois antitabac ont été adoptées, s'efforcent d'en regagner ailleurs.

A Lis l'article puis choisis l'adjectif le plus approprié pour compléter chaque phrase selon le sens du texte. Attention – il y a un adjectif en trop.

1 Les fabricants de cigarettes veulent que les jeunes femmes marocaines soient …
2 Celles-ci veulent se montrer …
3 Elles veulent montrer qu'elles ne sont pas …
4 Les images créées par les sociétés productrices de tabac sont …
5 Ces images ne sont pas …
6 Beaucoup de Françaises sont mortes à la suite de campagnes …
7 Les industriels marocains présentent leurs produits comme …
8 Dans les lieux publics, au Maroc, les cigarettes ne sont pas …

a stressées
b nouvelles
c mondiales
d publicitaires
e indispensables
f influencées
g interdites
h libérées
i fausses

B En utilisant l'article pour t'aider, traduis en français le texte suivant.

Currently, in Morocco, the accessory of choice for the trendy young emancipated woman is the cigarette. But the image depicted by the tobacco companies of the healthy, beautiful and confident woman smoker is fictitious. During the 1960s, there were no anti-tobacco laws. The result? Attracted at the time by new brands of cigarettes, an increasing number of women have since died from smoking-related cancers.

5.9 Véronique et la marijuana

Véronique fume de la marijuana depuis longtemps. Écoute son histoire.

A 🎧 L'histoire que raconte Véronique répond à beaucoup de questions. Mais il y en a plusieurs, dans la liste suivante, auxquelles elle ne donne pas de réponse. Lesquelles? Écris les numéros.

1 Quels aspects positifs la marijuana avait-elle pour toi?
2 Tu avais quel âge quand tu as recommencé?
3 Où est-ce que tu as fait tes études supérieures?
4 Quand tu étais plus jeune tu pensais aux conséquences de ce que tu faisais?
5 Combien d'argent dépensais-tu en marijuana quand tu étais en fac?
6 Quand est-ce que tu fumais de la marijuana en fac?
7 Comment s'appelait ta copine?
8 Pourquoi fumais-tu la marijuana?
9 Il y avait d'autres gens chez ta copine?
10 Où étais-tu quand tu as fumé de la marijuana pour la première fois?
11 Comment est-ce que tu te sentais le lendemain matin?
12 Qui t'a proposé de fumer la marijuana pour la première fois?

B ✍ Après avoir vérifié tes réponses à l'exercice précédant, écoute encore le compte-rendu de Véronique. Puis écris/raconte son histoire à la troisième personne. Tu vas commencer: «La première fois que Véronique a essayé, elle avait …». Utilise les questions à gauche pour t'aider. Mais attention – rappelle-toi qu'elles ne sont pas dans le bon ordre.

5.10 Drogue: trois témoignages

Ces trois ados ont été interviewés par le magazine *Salut!* On leur a demandé de parler des effets de la drogue sur leur vie.

B 🎧 Écoute encore ces trois jeunes et complète les phrases avec les mots qui manquent.

David

1 C'est pas ____ assez fort.
2 J'ai déjà ____ de mon lycée.

A 🎧 Écoute-les. Qui …

1 ne poussera pas plus loin son expérience de la drogue?
2 préfère se débrouiller sans drogue?
3 trouve difficile de résister à la tentation?
4 n'a essayé qu'une seule fois?
5 a fait une découverte écœurante?
6 a été profondément touché(e) à la suite d'une tragédie?

Marianne

1 Pendant une boum ____ un joint.
2 J'ai accepté ____ grand-chose.
3 Je préfère ____ ce genre de trucs.

Antoine

1 Cela ____ des joints.
2 Je ne veux pas ____ choses.

5.11 Le dopage: la gangrène du sport

Aujourd'hui, la lutte contre le dopage est devenue l'une des priorités des fédérations et des organismes internationaux. Des contrôles inopinés sont pratiqués dans la plupart des sports, et jouent un rôle préventif considérable. De plus, les vainqueurs des grandes compétitions doivent systématiquement se soumettre à ces contrôles pour obtenir l'homologation de leurs performances.

Aux jeux Olympiques, un examen supplémentaire est pratiqué pour limiter les risques de tricherie: le test de féminité! Par le passé, certains hommes ont en effet eu recours à la chirurgie pour changer de sexe, et ainsi concourir dans les catégories féminines. Mariel Goitschel, célèbre skieuse française dans les années 60, s'est vu remettre une médaille perdue il y avait plus de vingt ans. La skieuse qui l'avait battue était un homme!

Lors des jeux Olympiques, également, des contrôles sont effectués sur les quatre premiers de chaque épreuve, et sur certains autres athlètes, tirés au sort. Les examens d'urine sont effectués par un laboratoire choisi par le Comité international Olympique. En cas de litige, une deuxième étude est pratiquée. Si elle confirme le résultat positif de la première, la commission médicale du CIO propose des sanctions. La sanction finale peut aller jusqu'à la suspension à vie.

● Vocabulary

contrôles *(drug) tests*
inopinés *random*
homologation (f) *ratification*
tirée au sort *drawn by lots*
litige (m) *dispute*

A 📄 Les phrases suivantes donnent les points principaux de l'article, mais elles ne sont pas dans le bon ordre. Range-les correctement. Mais attention! Il y a trois points qui ne sont pas mentionnés dans l'article.

a Si le résultat d'un test est contesté, on le refait en utilisant un deuxième échantillon.

b Dans le passé, on a cherché à aller contre la nature.

c Dans les cas extrêmes, on peut mettre fin à la carrière d'un(e) athlète.

d La peur de perdre est maintenant toute-puissante.

e Des tests pratiqués au hasard ont réussi à décourager des athlètes de tricher.

f On a rendu tardivement justice à une athlète.

g C'est le comité des jeux Olympiques qui s'occupe d'effectuer des contrôles sur des athlètes.

h Les vitamines supplémentaires sont considérées comme des drogues.

i Avant d'être couronné(e)s, les gagnant(e)s sont obligé(e)s de subir un test.

j La présence de la drogue dans le sport préoccupe les organisateurs.

B 👥 Fais avec un(e) partenaire le jeu de rôles suivant, en t'inspirant du troisième paragraphe de l'article.

Personne A Tu es le chef du comité Olympique contre le dopage.

● Fais savoir à un(e) athlète le résultat positif d'un contrôle qu'il/elle a subi.

● Dis-lui la peine (disqualification – suspension – durée).

● Explique les raisons de la décision du comité.

Personne B Tu es l'athlète en question.

● Explique ton innocence, ton opposition absolue à toute drogue.

● Trouve une raison pour expliquer le résultat positif du contrôle.

● Proteste contre la décision du comité.

C ✍ Au choix: écris une de ces deux lettres, 1 ou 2.

1 Tu es l'athlète (la personne B dans l'activité B). Tu écris une lettre aux autorités pour protester contre l'injustice de l'accusation faite contre toi.

2 Tu es un spectateur/une spectatrice qui trouve dégoûtant tout dopage. Tu écris une lettre au journal *France Sportif* expliquant pourquoi tu es favorable à un contrôle extrêmement rigoureux.

5.12 Marc, héroïnomane

Marc, architecte d'une quarantaine d'années, est héroïnomane depuis 20 ans. Voici un extrait de son histoire.

Un an auparavant, la femme et la petite fille de Marc étaient mortes dans un accident d'avion. Puis Marc a rencontré une jeune femme qui lui a proposé d'essayer de l'héroïne. D'abord, il n'a éprouvé aucun problème, mais …

Peu de temps plus tard, j'étais bel et bien 'accro'. Je ne prenais jusque-là de l'héroïne que le week-end, en tout cas jamais en travaillant, car je ne pouvais pas réfléchir avec de l'héroïne dans les veines. Et puis, brutalement, les choses ont basculé: tout à coup, je ne pouvais plus travailler sans héroïne. L'héroïne a des effets contradictoires: elle calme, mais peut aussi donner de l'énergie. Désormais, pour me mettre au travail, j'avais besoin de ce coup de fouet qu'elle me procurait.

Quelques semaines après, pour la première fois, j'ai compris que c'était le manque. J'étais parti en vacances en Corse, avec la ferme intention d'arrêter provisoirement ma consommation de drogue. Je m'étais fait ma dernière «ligne» le matin, sur le ferry. Dès l'après-midi, j'ai commencé à me sentir mal. Je suis rentré me coucher. Crampes, mal au ventre, diarrhée, les heures qui ont suivi ont ressemblé à une descente en enfer.

L'héroïne, insensiblement, grignotait toute ma vie. J'arrivais de plus en plus tard au travail. Je m'éloignais de mes anciens amis et je fréquentais de plus en plus les toxicos.

A 🗐 Trouve dans le texte un mot ou une expression qui a le même sens que chacun des suivants.

1 complètement
2 la situation a empiré
3 à partir de ce moment
4 il me fallait
5 résolu à
6 pour quelque temps
7 été comme

B 👥 Travail à deux. Relisez l'histoire de Marc puis, sans plus consulter le texte, vous allez à tour de rôle raconter son histoire à la troisième personne. L'un(e) de vous commence: «Marc était bel et bien 'accro' …»

C ✍ Et Marc, qu'est-ce qu'il va devenir? Raconte par écrit, à la troisième personne, la suite de son histoire. Écris environ 150 mots.

5.13 Drogues douces: la dépénalisation en débat

Qu'est-ce que tu penses des drogues dites «douces»? Qu'est-ce que cela veut dire, «douces»? Le débat continue: y a-t-il une solution juste et réaliste? Informe-toi un peu en lisant l'article ci-dessous.

La France autorisera-t-elle un jour la consommation de certaines drogues douces?

Qu'ils soient médecins ou magistrats, tous partent d'un même constat: l'application de la loi actuelle, **(1)**____ , est inefficace.

Résultat, les ravages **(2)**____ s'amplifient tandis que les politiques de prévention manquent leurs cibles. «Il faut être clair: on ne peut plus dire aujourd'hui à un jeune de seize ans qu'il risque de devenir toxicomane en fumant un simple joint **(3)**____», témoigne Éric Fabres, responsable de prévention à Nîmes. «Ils connaissent tous **(4)**____ quelqu'un qui a touché à ces produits. À nous de leur expliquer que le problème **(5)**____ n'est pas forcément lié à leur usage mais à l'abus qui en est fait. Avec la loi actuelle, c'est impossible: elle nous oblige à marteler que tout est dangereux **(6)**____ , haschisch comme héroïne.»

Il ne s'agit évidemment pas de dépénaliser les drogues douces **(7)**____ . La voie préconisée envisage plutôt une réévaluation des risques, en prenant en compte aussi bien les stupéfiants, **(8)**____ que les produits autorisés bien que dangereux pour la santé: tabac, alcool, anxiolytiques.

A Dans cet article, il y a certains mots et expressions qui manquent. Choisis dans la liste ci-dessous le mot ou l'expression qui convient à chaque blanc dans le texte.

a dans leur entourage
b ou en prenant une pilule d'ecstasy
c du jour au lendemain
d avec ces substances

e qui condamne tout usage de stupéfiant
f qui sont tous interdits,
g liés à la toxicomanie
h au même degré

B Travail à deux. Les mots sur les dés se trouvent dans l'article. L'un de vous roule un dé pour choisir un verbe, l'autre pour choisir un substantif. En travaillant ensemble, créez une phrase d'au moins dix mots, ayant un rapport avec le sujet de l'article, et qui contient les deux mots. Essayez d'inventer trois phrases.

C Est-ce que tu crois que l'on devrait dépénaliser les drogues douces? Écris environ 200 mots.

5.14 J'ai grandi avec le sida

Écoute Bibiche, 21 ans, mère de famille.

A 🎧 Comment Bibiche dit-elle:

1 I was a carrier
2 I had to take medicine
3 they got angry
4 tablets
5 HIV positive
6 AIDS
7 while she was pregnant
8 I'm in good health

B 🎧 Listen to Bibiche one more time, then reply in English to the following questions.

1 What did Bibiche discover when she was 12?
2 If you were Bibiche, what two questions would you have put to your parents?
3 Why did she consult a medical dictionary?
4 Who told Bibiche the name of her illness?
5 How did she react?
6 At the hospital, why did Bibiche not want to see her family?
7 When had she been infected?
8 For how long did she undergo medical treatment?
9 What is Bibiche's weight?
10 What is her state of health now?

Pratiques

1 Complète les phrases coupées.

1 Le journal *Ouest-France* a lancé un blog où il s'agit de jeux vidéo.

2 Je me suis inquiétée quand il a commencé à moins travailler à l'école.

3 Il se refermait dans ce monde virtuel avec plus aucun regard tourné vers l'extérieur.

4 Mon fils était devenu incapable de s'occuper autrement, si je l'en privais.

5 Aujourd'hui, il a préféré quitter la maison et vivre chez son père cette passion dévorante.

2 Tous les mots ci-dessous, sauf un, ont des accents qui manquent. Trouve-les!

determination	soul
relacher	pression
precoce	degats
betement	maitrise
s'integrent	surete
biere	reticent
resister	xeres
alcometre	

3 Mets la forme correcte du partitif *d' / de / de la / du / des* devant les noms suivants.

1 ____ nicotine
2 ____ cigarettes
3 ____ suicidés
4 pas ____ alcool
5 ____ tabac
6 une bouteille ____ apéritif
7 ____ tabagisme
8 ____ eau
9 un verre ____ eau
10 pas ____ mortalité

4 Complète cette grille de verbes réflexifs.

je ...	tu ...	il ...	nous ...
me suis inquiétée			
		s'enfermait	
		s'occupait	
me suis décidée			
			nous étions isolés

5 Dictée

Écoute l'enregistrement et écris le dernier paragraphe de «Ils sont accros aux jeux vidéo» depuis «Actuellement mon fils» jusqu'à la fin.

Unité 6

Le sport

Dans cette unité, nous allons parler du sport. Nous prendrons un point de vue plutôt personnel, pour que tu puisses personnaliser le langage et les idées des personnes qui figurent dans les textes. Ça t'aidera si tu penses préparer un sujet sportif pour ton oral. Nous avons essayé de couvrir le maximum de domaines sportifs.

In Unit 6, you will gain the help necessary to maximise your performance in the oral topic discussion. You will also have practice in specific points of grammar, particularly revision of verb tenses and adjectival endings.

Séminaire To guide you through the oral topic discussion

Lots of students choose a sport topic. Not always a good idea!

I was pretty confident. Now, you've got me worried.

Oh no, you don't need to be worried. It's a topic you can do well in, if you avoid the traps.

Tell me how to do well. I play tennis for the school and the town. I thought I'd just talk about that.

To maximise your potential, don't just talk about yourself. Instead, perhaps you could start by talking about your own tennis and then widening it out into a francophone context.

Now, you've lost me! What's a francophone context?

Well, it's looking at things to do with your topic in a country or countries where French is spoken as the first or second language.

Why should I do that, instead of talking about what I know through my own personal experience?

That's exactly it. Our own personal experience tends to be a bit limited. But if you talk about tennis-players and the tennis structure in France, you can go deeper.

You mean, sort of go below the surface, look at issues and that sort of thing?

Exactly. You could maybe compare the tennis set-up in France and our own country. Perhaps look at why France has produced so many more good players, of both sexes, than we have over the last twenty years.

Well, I know why that is. The government and the regions invested a lot of money. They built covered tennis-halls in major towns, developed a large youth training programme and passed a law so that schoolchildren had to have two hours a week of physical education.

See what I mean? You're analysing causes and effects. This will help you get high marks for thought content. You don't need me anymore – you're working it out for yourself!

I am, aren't I? What about if I just wanted to talk about a French player, how do I go deep and get analysis into that?

A good question to ask. What about looking at what brought him or her into the game, what help they got?

How family, home issues and things affected their careers, that sort of thing?

Well done! You're doing it again. You've taken on board the need to analyse, make comparisons, parallels. Just one more bit of advice. Try to look for a balance of facts and ideas.

That's what I'll do then: find plenty of facts and use them to justify my ideas and opinions.

6.1 Jess et ses expériences sportives

Comme d'habitude, nous commençons l'unité avec une conversation entre Jess et l'un de ses intervieweurs.

A 🎧 ✍️ Écoute l'enregistrement et trouve les idées et expressions de Jess que tu pourras adapter à ta propre situation. Écris-les dans dans ton carnet/classeur, les ayant adaptées à ton propre cas.

> Exemple: Je fais toujours beaucoup de tennis et de footing, mais je ne fais plus de sport organisé. C'est quand même dommage, parce que les profs dans mon lycée s'intéressaient énormément à moi, et ont fait de gros efforts.
>
> Alors, j'ai fait du tennis et du footing pendant toute ma scolarité. Je n'y suis pas trop moche. J'ai continué, et j'apprécie la détente que ça me donne. Ça m'a donné un intérêt pour le tennis et je suis les exploits des stars françaises.

B 👥 Travail à deux. Décidez qui est A et qui est B, et mémorisez ce que vous avez écrit. A enregistre sa présentation en s'adressant à sa/son partenaire qui note les bons points et quelques petites choses à améliorer.
Puis, vous changez de rôle.

6.2 Sport et culture

Puisque les nombres et les chiffres français causent des difficultés pour les élèves de première et de terminale, tu trouveras dans cette unité des exercices d'écoute qui t'aideront à reconnaître les nombres.

A 🎧 Écoute ce rapport d'une étude, diffusée par *Radio Hexagone* de la part de l'INSEE (L'Institut national de la statistique et des études économiques), sur les combinaisons des intérêts sportifs et culturels des Français. Remplis les chiffres qui manquent.

Sport et culture en attelage

____% des Français à partir de ____ ans ont pratiqué une activité physique ou sportive l'année dernière. ____% de ce même groupe sont allés à un spectacle quelconque, une visite au cinéma, concert, etc. Et, chose surprenante, ____ % ont rendu visite à une exposition de musée ou à un monument historique. ____% ont fait quelque chose de créatif comme de la peinture, du théâtre ou de la musique.
Quant aux sports les plus pratiqués: ____% ont fait du vélo, ____ % de la natation, ____% de la marche, ____% de la pétanque, ____ % de l'athlétisme ou de la course et ____% du ski.
En ce qui concerne les préférences culturelles, le cinéma est en tête avec ____ % de ce groupe, suivi des visites de monuments avec ____%, des expositions ____ %. ____ % sont allés aux musées, ____ % aux concerts et ____ % au théâtre.

B 👥 Exercice de mémoire

Travaille avec un(e) partenaire. Vous avez chacun(e) dix minutes de préparation. Apprenez pendant ce temps n'importe quelle dizaine de statistiques données dans le texte. Échangez vos données à tour de rôle. La personnne qui gagne est celle qui se rappelle correctement le plus de nombres. Faites de vos statistiques une mini-présentation.

6.3 Latifa parle du football

Ma passion est le foot. Je m'appelle Latifa, j'ai dix-sept ans et je joue dans l'équipe de femmes de Montalban depuis deux ans. Au collège, j'ai représenté la mini-région de Montalban pendant quatre ans aux niveaux moins de treize, quatorze, quinze et seize ans.

Avec l'équipe de femmes, j'ai voyagé un peu partout et j'aime bien le contact avec les joueuses des autres régions, qui sont normalement très sympas. Bien sûr que c'est compétitif sur le terrain et il y a des adversaires qui sont archi ... disons ... archi butées, archi déterminées.

Avec l'équipe du lycée Victor Hugo, où je prépare mon bac, c'est différent pour notre équipe et aussi pour la région que je continue à représenter. Car, au niveau des élèves de moins de dix-neuf ans, c'est moins relax après le match qu'avec les adultes.

A 🗣 Tu joues au foot pour l'école/la ville/la région. Adapte un petit peu les paroles de Latifa pour décrire ton cas.

B 🖉 Compose une série de questions pour obtenir les commentaires donnés par Latifa dans le texte original.

Exemples:
Pour quel sport est-ce que tu te passionnes?
Et tu joues pour qui exactement?

C 👥 Avec un(e) partenaire, décidez qui est A et B. A interviewe B sur sa carrière de football. Puis, on change de rôle. Maintenant, vous enregistrez vos interviews sur disque. Pour commencer, B interviewe A.

L'après-match est tout à fait différent, surtout au niveau des adultes, où je joue maintenant. C'est très amical et il y a presque toujours de la bonne bouffe dans une mairie ou dans une salle polyvalente avec de bonnes choses à manger et à boire.

Tandis que, au lycée, on avale rapidement des jus de fruits ou des sirops, plus un peu de restauration rapide dans un café quelconque: une salade niçoise, plus une purée de patates avec une viande. Puis, on se casse.

6.4 Comment on joue au football

A 🎧 Latifa décrit le jeu de football. Écoute-la plusieurs fois et utilise la case ci-dessous pour remplir la transcription avec les moitiés de phrase qui manquent.

Comment on joue au football

Expliquer le jeu? Ben, bien sûr. Il y a deux équipes composées de **(1)**___ . On a deux mi-temps d'entre **(2)**___ et l'objectif est de mettre le ballon dans le but de **(3)**___ . Le gardien ou la gardienne de but est la seule personne qui a le droit de **(4)**___ . Tous les autres utilisent leurs pieds **(5)**___ . C'est un jeu très rapide, où vous changez constamment de position, même si **(6)**___ .

Une équipe est divisée principalement en deux sections: **(7)**___ . Les avants sont l'attaque et les **(8)**___ . Moi, je suis l'aile gauche de l'équipe et j'ai marqué ma position sur le petit plan que tu m'as **(9)**___ . Dans le jeu moderne, les arrières et les avants **(10)**___ , plutôt que de rester séparés ou isolés. Il y a plusieurs formations de **(11)**___ . Celle que vous voyez est la forme utilisée **(12)**___ .

arrières la défense	onze joueurs/joueuses chacune	trente et quarante-cinq minutes
ou leurs têtes	attaque et défense	toucher le ballon avec ses mains
se combinent tout le temps	vous êtes loin du ballon	demandé d'esquisser
l'autre équipe autant de fois que possible	par notre équipe de femmes	joueurs/joueuses possibles

B 🗣 Si le foot ou le hockey est ton jeu, lis la transcription complète de l'explication de Latifa, et tâche d'en mémoriser autant que possible en un quart d'heure. Enregistre sur disque ce que tu auras mémorisé.

6.5 Le rugby

🎧 🗣 Écoute l'enregistrement de cet interview avec Didier Berrabi, jeune rugbyman. Si tu es joueur/joueuse de rugby à XIII ou à XV, trouve les phrases où Didier décrit ton expérience aussi. Puis, adapte à ta propre situation autant du reste de l'interview que possible. Mets 20–30 minutes à mémoriser ton script, puis enregistre-le sur disque.

Exemple: J'ai mon surnom 'Speedy Gonzales', parce que je suis assez rapide. Je suis le centre droite de notre équipe. Les centres sont les deux joueurs rapides au milieu des arrières …

Tuyau: Regarde ce que dit Latifa sur le football aux pages 76 et 77, et utilise les expressions appropriées dans ton enregistrement.

6.6 Comment jouer au rugby

🎧 Écoute encore une fois Didier Berrabi, qui parle du jeu.

A 📄 Lis ce que dit Didier sur la nature du rugby et note 'vrai' (V), 'faux' (F), ou 'pas donné' (?) après chaque phrase.

1 Le foot n'est pas un jeu très naturel.
2 Le rugby est très facile à comprendre.
3 Les règles du jeu sont une défense contre la violence excessive.
4 Pour marquer un essai il faut simplement franchir la ligne de l'équipe opposée.
5 Pour le pénalty et le drop, le rugby à XV est plus généreux que celui à XIII.
6 Le rugby est plus rapide que le football.
7 Tous les avants du rugby à XIII sont plus rapides que leurs homologues du jeu à XV.
8 Il faut être super fit pour jouer au rugby à XIII.

6.7 Le basket féminin

🎧 Plusieurs détails dans cette transcription d'une discussion sur le basket féminin sont faux. Écoute l'enregistrement autant que nécessaire et corrige les erreurs.

Alors, nous passons à notre basketteur. Pourquoi est-ce que tu me fais cette moue-là?

Si vous voulez savoir, je suis Anouk et mon surnom est *Aimée*. Pas de commentaire, s'il vous plaît. Mes parents m'ont faite surnommer Anouk, en souvenir de la célèbre actrice française, qu'ils ont vue dans son film le moins connu, *Un homme et une femme*. Ça n'a pas du tout me rendu service et m'a plutôt gênée parce que je ne suis pas nullement si bonne que l'actrice.

Bah, non! Ça, ce n'est pas vrai du tout!

Au circuit du basket féminin de l'Île-de-France, on m'a surnommée *Bien*, c'est-à-dire, *bien-aimée*, ce que j'apprécie encore moins, car je n'ai pas de beau-frère. Je me concentre plutôt sur mon sport ... pardon, j'ai blagué, mais, devoir me présenter avec mon nom bizarre a toujours cet effet sur moi, donc je suis embarrassée. Passons à mon sport!

D'accord. Pourquoi est-ce que tu as choisi ces baskets?

Vous voulez dire, pourquoi le basket féminin et non pas le football comme au Royaume-Uni? Alors, il n'existe pratiquement pas de netball chez nous et de toute façon ce ne serait pas mon jeu. Pour moi, il est trop antique. Tandis que le basket féminin est le même jeu que celui des hommes. Il est très rapide et tout le monde se place constamment. On peut même y jouer un peu d'agressivité, ce que j'aime bien.

Et tu joues pour qui?

J'ai oublié, pardon. Je suis nâtive de Mantes-la-Jolie, une ville satellite de Paris, et une partie de ce qu'on appelle de nos jours, *le bon lieu*, où il y a énormément de problèmes sociaux. Le basket est ma soupe de sûreté et ce sera peut-être mon débouché plus tard.
Ça me donne pas mal de statues sociales, car je suis une assez bonne joueuse. J'ai représenté mon collège et mon lycée pour toutes les tranches d'âge, et puisque je suis française, je représente maintenant l'Île-de-France aux niveaux moins de dix-huit et de vingt-et-un ans. Mes grand-parents sont mes meilleurs supporteurs. Ils insistent à tous mes matchs régionaux. Voilà, c'est comme ça.

Merci à toi!

Et à vous!

6.8 Interview à la radio avec un agent de sportifs professionnels

🎧 Écoute l'interview avec Émilie Chicheportiche aussi souvent que nécessaire.

A 🖊 Tu es un(e) jeune apprenti(e) journaliste avec le mensuel *Eurosportif*. Ton rédacteur-en-chef veut un résumé en anglais de cette émission, pour voir si cela serait d'un intérêt général pour un magazine équivalent au Royaume-Uni. Les questions qui suivent t'aideront à organiser ton résumé. Le nombre d'éléments à trouver est indiqué entre parenthèses.

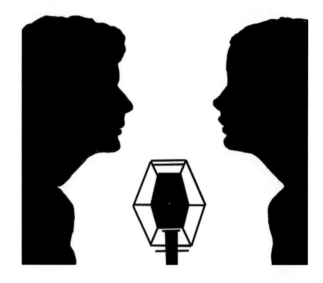

How Émilie began in the profession (4)
The first clients after Marc (6)
The difficulties faced by professionals (8)
How Émilie sets out to protect her clients (4)
Advice from Émilie (3)

B 💬 Invente une star sportive française, dont tu es l'agent. Utilise la transcription de l'interview avec Émilie pour t'aider à décrire sur CD/vidéo tes expériences professionnelles avec ton client/ta cliente.

6.9 Un match tragique

📄 Un intérimaire dans notre rédaction a eu des problèmes avec la mise en page du reportage suivant. Mets les images dans l'ordre correct.

A Soyez les bienvenus au Stade Français. Aujourd'hui, Laurent Delacroix fête sa cinquantième sélection pour l'équipe nationale de France.

B Avec cette reprise des deux buts de Laurent Delacroix dans son dernier match pour les Bleus, nous terminons cette émission. Merci d'avoir assisté au tribut de cet homme incroyable, qui nous manquera beaucoup.

C Ça y est, qui d'autre que Laurent Delacroix aurait marqué le premier but du jeu après seulement quatre minutes?

D Laurent sera mort après un coup de tête accidentel avec son homologue de l'équipe hongroise.

E Pas pour la première fois, félicitations, Laurent. J'ai l'honneur de vous présenter ce jeroboam de champagne, plus un chèque de 50 000 euros, en tant qu'homme du match.

F Pour rendre hommage à Laurent Delacroix, après les publicités nous allons vous montrer l'intégralité de son dernier match dans le maillot No 7 de l'équipe des Bleus.

G Je souhaite une bonne fin de soirée à tous nos téléspectateurs et à toutes nos téléspectatrices. Ce petit hommage à un des héros de l'équipe de France, malheureusement parti dans la fleur de l'âge, vous a été apporté par *Programmes Canal 7*.

H Comme vous le saurez, Laurent Delacroix, le célèbre numéro 7 de l'équipe de France, aimé partout dans le monde pour son football, sa sportivité et son travail pour les démunis de la Terre, est décédé avant-hier.

I Il a fallu attendre encore 83 minutes pour le deuxième but, encore une fois de la botte de Laurent Delacroix, trois minutes avant le coup de sifflet pour terminer le match.

J Si vous voulez rester en forme, prenez *Fitazade*, la boisson énergétique, préférée par quatre-vingts pour cent des professionnels du foot, et la boisson officielle de l'équipe de France. Allez les Bleus, avec *Fitazade*!

6.10 Un commentaire sur une course de chevaux à Auteuil

Ici encore, tu pourras travailler les nombres.

A 🎧 Écoute autant que nécessaire le commentaire pour remplir la grille ci-contre.

1 L'heure de la course:	
2 La longueur de la course:	
3 Le nombre de champions de plat:	
4 Les cotes de Métèque, Louis Braille et Delikatessen:	
5 Le vide entre les leaders et le reste:	
6 Les positions à la fin de Crépuscule et Métèque:	
7 La cote de Danger d'Amour:	

B 🎧 Donne des informations pour chaque nom sur la liste.

1 Chevaux sur la Sept [2]
2 Auteuil [2]
3 Métèque [2]
4 Crépuscule [2]

5 General Nuisance [2]
6 Étienne Leclerc [2]
7 Danger d'Amour [3]

6.11 Cherche sur Internet

A 💬 Cherche sur Internet des informations générales sur une star sportive française que tu connais un peu. À l'aide de l'organigramme à droite, rassemble les informations nécessaires pour compléter une biographie de la star que tu as choisie. Utilise les divers temps du passé et du futur, plutôt que le présent.

B 💬 Enregistre la biographie que tu as rédigée et décide si ce que tu as fait forme la base d'un projet pour ton examen oral.

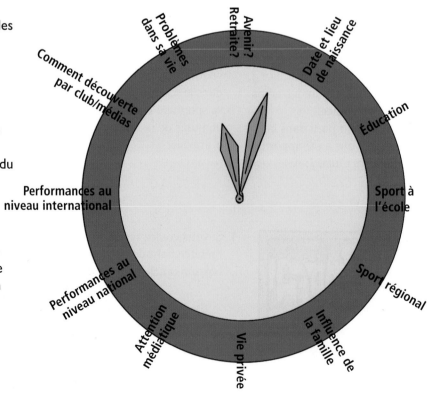

6.12 Jeu de rôles

🏢 **Scenario:** You are being interviewed in your capital for a work-experience placement in a French-speaking country. You are at that part of your interview where the conversation turns to what you do in your spare time. Your interviewer will now ask you questions about your sporting interests. Work with a partner and take turns at reading the interviewer's role.

Personnages

1 un intervieweur
2 Jo(e) dont tu interprètes le rôle.

Q *Vous avez fait du sport organisé?*
Jo(e) [Say you used to play hockey for your school.]
Q *Et vous avez peut-être représenté votre ville ou votre région?*
Jo(e) [Say you played for the district side.]
Q *Et vous jouez toujours?*
Jo(e) [Say you gave up when you joined the Sixth Form.]
Q *Pour quelle raison n'avez-vous pas continué?*
Jo(e) [Say it's the pressure of work.]
Q *Alors vous ne faites plus de sport?*
Jo(e) [Say you do, but nothing organised. You play street-hockey with local young people.]
Q *Et quels sont les avantages de ça?*
Jo(e) [Say you can play when you like and spend twenty minutes or hours at it. You also make a lot of new friends.]

Q *Et, est-ce qu'il y a des concours?*
Jo(e) [Say there are, but your friends and you don't want to compete.]
Q *Vous faites encore quelque chose de pas trop organisé?*
Jo(e) [Say you sometimes play five-a-side football in the local sports-centre.]
Q *Pourquoi est-ce que vous continuez le sport?*
Jo(e) [Say you try to keep trim and it helps you keep in contact with your friends.]
Q *Je vous remercie de tout ce que vous avez dit. Attitude très positive.*
Jo(e) [Thank the interviewer.]

6.13 La petite reine

Écoute Jean-Paul qui parle de sa passion pour le vélo.

A 🎧 Comment Jean-Paul dit-il …

1 one of the most rated sports
2 travelling along the French roads …
3 because it'a bit like skiing …
4 loads of cyclists …
5 They look very professional.
6 something which is very popular …

B 📄 Le sport de nos jours est étroitement lié à l'économie. Lis l'article et réponds aux questions suivantes.

1 Toi, tu as déjà cassé ta tire-lire? Quand? Pourquoi?

2 Donne un exemple d'une occasion où on peut être victime de la société de consommation dans le domaine du sport. Cela t'est-il déjà arrivé?

3 Quels exemples trouves-tu dans les médias de l'exploitation commerciale dans ce domaine? Note-les.

Économie et sport! Choquant?

Non! Car le sport est en fait une activité hautement économique. Vous qui faites du football, du tennis, de la natation ou tout autre sport, vous le savez. Pour pratiquer un sport, il faut commencer par «casser sa tire-lire»: achat de chaussures, de maillots, de shorts, de raquettes, de maillots de bain, etc. Il y a donc d'un côté des entreprises qui produisent des articles de sport et de l'autre des consommateurs qui achètent ces produits pour s'adonner à leur pratique. D'un côté encore, il y a la production, de l'autre la consommation: les maîtres-mots de l'économie. Mais, tout est économique, direz-vous! Oui, bien sûr, et le sport plus que certains autres secteurs car il est devenu par les médias (presse, télévision, radio) un spectacle lu, regardé et entendu par des millions de personnes.

6.14 La passion du Tour

Lis le texte ci-dessous et recherche les réponses aux questions qui suivent.

> LE PARISIEN EN LIGNE

> LES SPORTS

Aimé Jacquet: «Cet amour remonte à mes toutes jeunes années»

Chaque jour, une personnalité raconte sa passion pour le cyclisme et le Tour de France. N'essayez pas, c'est mission impossible. Aimé Jacquet est incollable sur le Tour de France, son palmarès, ses exploits, ses à-côtés.

L'ancien sélectionneur des Bleus est un amoureux fou de la petite reine. «Cet amour remonte à mes toutes jeunes années dans mon petit village de Sail-sous-Couzan, dans la Loire. Je ne me déplaçais alors qu'avec mon vélo pour aller à l'école ou, plus tard, à l'entraînement du foot. C'est un objet mythique. Le sport cycliste est le plus beau et le plus exigeant de tous, avec la natation sans doute. Il symbolise pour moi le courage, la volonté, l'audace et aussi la souffrance.» Le nouveau roi de l'édition – «Ma vie pour une étoile» va

bientôt atteindre les 400 000 exemplaires vendus – a tant de souvenirs du Tour de France qu'il ne sait pas par où commencer. «Mon tout premier est lié, au début des années cinquante, au café de Sail où on venait consulter le résultat de l'étape et le classement général sur des ardoises, raconte-t-il. Puis il y a eu le transistor que j'écoutais avec le sentiment de vivre un moment un peu magique.»

Ensuite, ses rendez-vous avec la Grande Boucle s'enchaînent, le laissant chaque fois émerveillé. «J'ai des images en tête. Louison Bobet en jaune ou encore et surtout la fameuse étape du Puy de Dôme avec l'empoignade formidable Anquetil-Poulidor. J'étais sur le bord de la route et je revois l'attaque de Poulidor qui a dû se dérouler à quinze mètres de l'endroit où je me trouvais.»

A 📄 À répondre/rechercher:

1 Qui sont «les Bleus»?
2 Qu'est-ce que c'est que la petite reine?
3 Qu'est-ce que la Grande Boucle?

B ✍ Est-ce qu'il y a un événement sportif que tu n'oublieras jamais? Raconte-le par écrit en environ 150 mots, en français.

Pratiques

1 Les verbes dans cette grille sont tous tirés du vocabulaire dans le reportage du *Parisien en ligne* (p. 84). Complète pour chaque verbe les formes qui manquent.

Present	Future	Perfect	Imperfect	Pluperfect	Conditional Present
Elle remonte					
		tu as raconté			
vous essayez					
			je me deplaçais		
	il symbolisera				
on ne sait pas					
			il y avait		
					nous aurions
	vous vous enchaînerez (fpl)				
			on venait		
j'ai					
		elle a dû			
			ils étaient		
			j'écoutais		
nous revoyons					
je me trouve (f)					
		tu as eu			
			elle devenait		
	il faudra				
vous savez					
		elle a fait			
	vous direz				
					elle produirait
		ils ont acheté			

2 Ponctue correctement le paragraphe suivant.

alorsjaifaitdelanatationpendanttout
montempsàmonlycéedefillesetj'aico
ntinuéàmonautrelycéegreenheadsixt
hformcollegemaisilmesemblequej'en
aifaitpresqueautantenFrancequenan
gleterreparexempleàmasevauxchezm
esgrandsparentsenalsacejaifaitdesmi
lliersdelongueursdanslapiscinemuni
cipaleparfoisavecjonquinesemoqueja
maisdemoimanagefavoriteestlabrass
emaisjaimeaussifaireducrawletdupap
illon

3 Décrypte chacune des phrases suivantes.

1 le qu' moins après adultes avec match c' les est relax
2 constamment rapide un changez de c' très vous est position jeu où
3 de existe pas chez il n' nous netball pratiquement
4 chance une à qui aucune c' ne gardien était position leur laissait

4 Pratique de révision

Without looking at your grammar notes, complete the following adjective box.

Masc. sing.	Fem. sing.	Masc. pl.	Fem. pl.
		favoris	
sportif			
	aménagée		
			technologiques
professionnel			
	nationale		
			proches
		approfondis	
normal			
		facultatifs	
natal			
		chaleureux	
	fidèle		
			principales
vertigineux			
			associatives
			diverses
informel			

5 Complète les phrases coupées ci-dessous.

1 Tout d'abord, ne me compare pas avec mon ami, Jon.

2 J'ai fait du tennis et des footings pendant toute ma scolarité.

3 Mais, l'après-match est tout à fait différent, surtout au niveau des adultes.

Unité 7

Les médias

Dans cette unité, on va examiner les médias depuis les anciens et les moins techniques, jusqu'aux plus modernes et plus sophistiqués.

This will enable you to tackle AS papers on the topic of the media with confidence, especially when discussing their influence on society, both positive and negative.

Séminaire **Learning vocabulary [1]**

My teacher said we could ask you anything we liked about the exams. What would you say are the most important things I should do to maximise my potential?

There are two things, which we can't really separate as far as importance is concerned:
1 – doing all your homework and revision;
2 – learning all your vocab, whether you've got a test or not.

Homework, okay, fine. Revision, yes, I suppose so. But why vocab? We've got dictionaries!

Not in the exam, you haven't! The reason for learning all your vocab is really very simple. You understand everything you hear and read so much better. Which enables you to speak and write so much better, too.

I'd like to be convinced, but … could you perhaps show me a concrete example?

OK. Just imagine the text you're going to see is part of a reading or listening exam. This is how your mind would see it, if you hadn't learnt your vocab over the AS course:

Little or no attempt made to learn the course vocabulary

Dans l' …………., c'est comme cela que ça devrait être, mais bien souvent les choses se …….. Les parents ……………. …….. le samedi après-midi avec toutes les courses à faire dans les magasins…….. ………. le soir, ils ne diront pas ………. oui pour la ……., la ………., ou le bal où vous aviez l'intention de ………. avec votre bande. Et puis, vous n'avez pas pensé à ……… Noémie, Florence ou Bruno et alors que vous ….. de les ……… par téléphone, personne ne…………..

A moderate attempt at learning key vocabulary

Dans l'………., c'est comme cela que ça devrait être, mais bien souvent les choses se …. Les parents s'énervent ……… samedi après-midi avec toutes les courses à faire dans les magasins bondés……. le soir, ils ne diront pas ……… oui pour la boum, la …… ou le bal où vous aviez l'intention de vous rendre avec votre bande. Et puis, vous n'avez pas pensé à ………… Noémie, Florence ou Bruno et alors que vous……. de les ……… par téléphone, personne ne décroche.

Vocabulary learnt regularly and thoroughly

Dans l'ensemble, c'est comme cela que ça devrait être, mais bien souvent les choses se gâtent. Les parents s'énervent dès le samedi après-midi avec toutes les courses à faire dans les magasins bondés. Épuisés le soir, ils ne diront pas forcément oui pour la boum, la boîte, ou le bal où vous aviez l'intention de vous rendre avec votre bande. Et puis, vous n'avez pas pensé à prévenir Noémie, Florence ou Bruno, et alors que vous tentez de les joindre par téléphone, personne ne décroche.

The *séminaire* at the beginning of Unit 8 (p. 102) gives you more specific and detailed help with learning vocabulary.

7.1 Jess et les médias

🎧 Pour entamer l'unité, écoute Jess qui parle de ses appareils informatisés et numériques. Cela devrait t'aider à parler et à écrire toi-même au sujet des machines qui rendent ta vie plus intéressante et facile.

Quand tu auras écouté plusieurs fois le texte, remplis les blancs, qui sont tous des mots de vocabulaire-clé, que cet exercice t'aidera à mémoriser.

Q Jess, parle-moi un peu de _____ et tout ça. Qu'est-ce que tu as comme trucs _____ ?

Jess Les choses normales, je suppose. J'ai un _____ et un _____ et je _____ le Net sur _____. On a _____ et je passe des heures à bavarder avec mes copines, la famille en France, et bien sûr, avec Jon.

Q Et tu as d'autres machines _____ ?

Jess Eh bien, j'ai un _____ et je partage un _____ avec ma soeur.

Q Et laquelle de toutes ces choses est la plus importante pour toi au quotidien ?

Jess Difficile à dire. Mais, ça doit se situer entre _____ et le _____. J'ai un _____ assez sophistiqué. Je paie les _____ avec une carte que je _____ dans les grandes surfaces comme Tesco et Sainsbury.

Q Mais, si tu devais préciser ?

Jess Alors, dans ce cas-là, puisque tu insistes, je devrais dire mon _____ avec _____ , ce qui pour moi est une partie intégrante de la machine. Et ça, à cause de mes devoirs, pour lesquels les _____ comme _____ sont indispensables dans la recherche des _____ essentielles pour mes petites _____ .

Q Ça, je comprends. Tu as parlé de ta famille en France. Est-ce que tu as remarqué des différences quant à _____?

Jess Oui, puisque tu le demandes, oui. Les Français ont démarré tard avec les ordinateurs et avec Internet, et, même maintenant, ils s'en servent moins que nous. Mais, ils rattraperont rapidement le temps perdu, je te le promets.

Q C'est tout?

Jess Pas tout à fait. Comme avec leur cinéma et leur télévision, ils sont, dirais-je, un peu plus laxistes côté sexualité à _____ que nous. Autre pays, autre mœurs.

Q Intéressant. Alors, tu dis que la _____ est moins stricte en France?

Jess Je ne sais pas vraiment. Tout ce que je sais, c'est qu'il est très difficile de _____ Internet à cent pour cent. Même impossible.

Q Là, il y a de quoi réfléchir, n'est-ce pas?

7.2 Les journaux: qu'est-ce que tu en penses?

Lis ce que pensent ces quatre jeunes au sujet de la presse.

Pendant la semaine j'ai trop de choses à faire pour lire les journaux. Le dimanche, pourtant, j'aime passer la journée à me renseigner sur ce qui se passe dans le monde, surtout en ce qui concerne les affaires étrangères. Mais il faut se garder de ne pas se laisser influencer par les opinions des journalistes!

Serge

Je me souviens que, quand j'étais très jeune, il y avait plein de journaux chez moi. D'ailleurs, on m'interdisait la télévision. Ça ne me plaisait pas du tout mais aujourd'hui je reconnais que mes parents avaient raison. Lire les journaux vous aide à réfléchir et à former vos propres opinions.

Amélie

La presse, je ne la lis jamais. Je crois que les journalistes ne s'intéressent pas du tout à la vérité. Tout ce qu'ils veulent, c'est faire lire leurs mensonges par le public. Les journaux, c'est une perte d'argent – et de ressources naturelles, en plus!

Thierry

Pour me mettre au point sur l'actualité, je trouve aujourd'hui la télévision et Internet plus utiles que la presse. Ce qui paraît à la une, c'est forcément ce qui est arrivé la veille. Donc, pour être au courant, il vaut mieux regarder TF1 ou une des chaînes câblées.

Solange

A Écris le nom de la personne dont l'opinion correspond aux phrases suivantes. Attention! Une des opinions ne correspond à aucun des interviewés!

1 Je n'ai pas le temps de lire les journaux.

2 Je me méfie des journaux.

3 Je suis reconnaissant(e) à mes parents.

4 Je préfère me renseigner par d'autres médias.

5 Je trouve les journaux anti-écolos.

6 Je pense que les journaux, c'est surtout pour les vieux.

7 Je trouve la presse utile.

8 Je m'intéresse aux événements dans d'autres pays.

B i. En te mettant à la place du journaliste, écris quatre questions en français (une pour chacun des interviewés), au sujet des journaux. Pour chaque question utilise une forme interrogative différente.

ii. À tour de rôle pose tes questions à ton/ta partenaire. Commence chaque question avec le nom de la personne que tu interroges. Sans regarder le texte, ton/ta partenaire doit répondre en se mettant à la place de cette personne.

C Laquelle des quatre personnes exprime l'opinion la plus proche de la tienne? Écris environ 150 mots où tu donnes ton avis sur la presse.

7.3 La presse ado: quelle influence exerce-t-elle sur les jeunes?

Écoute Céline, 21 ans, qui donne son opinion sur les magazines :

A For each of the following phrases, put 'vrai' (V), 'faux' (F) or 'pas donné' (?).

1 Céline reads only magazines.
2 Readers shared their problems.
3 All Céline's friends were interested in the tests.
4 The tests were all about boys.
5 Céline didn't understand the toxic effect of some articles.
6 Her friends found some articles absurd.
7 Magazines helped readers feel better about things that worry them.
8 Céline longs for her childhood.
9 Her friend was older than she was.

B Maintenant, lis la suite de l'interview avec Céline. Complète le texte, en choisissant le mot le plus approprié dans la liste en bas.

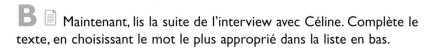

«En plus, les magazines **(1)**___ beaucoup de filles en ce qui concerne leur **(2)**___ . Moi, j'ai la **(3)**___ d'être mince. Mon amie, par contre, ne l'est pas et elle en a beaucoup **(4)**___ . Les autres filles se **(5)**___ d'elle. Elle s'est **(6)**___ de manger afin de pouvoir maigrir. Elle a même commencé à **(7)**___ parce qu'elle éprouvait le besoin de se **(8)**___ à un certain stéréotype prôné par ces magazines. Aujourd'hui, sa **(9)**___ est très précaire. Elle ne s'est pas encore **(10)**___ de cette expérience.»

arrêtée	influencent	santé	copain
fumer	remise	contentée	moquaient
obligée	conformer	limiter	taquinaient
chance	ligne	souffert	

C 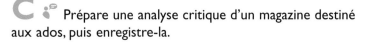 Prépare une analyse critique d'un magazine destiné aux ados, puis enregistre-la.

7.4 Les mots ou les ondes?

Si la lecture ne te dit rien, ce sont peut-être les ondes qui te captivent? Mais la radio, ce n'est pas que la musique. Dans la banlieue parisienne, un groupe d'élèves a fondé sa propre station de radio.

«Il est onze heures et deux minutes sur FCDR. Vous écoutez Étienne – Étienne de Guesh Patty!» Depuis six heures du matin, FCDR – Fréquence Collège du Rondeau émet sur 99.4. Et en cette fin de matinée, la station, nichée dans les 310 mètres carrés d'un ancien dortoir de la cité scolaire de Rambouillet, est en effervescence.

Dans l'un des trois studios, des élèves de 3e technologie se succèdent au micro. Juste à côté, au local de production, Béatrice, Caroline et Delphine, toutes trois élèves de 1re A, enregistrent leur émission théâtrale. Seize heures d'antenne par jour, 112 par semaine, la grille de programmation est impressionnante: plusieurs flashes d'infos chaque jour, une revue de presse, des dizaines d'émissions hebdomadaires, littéraires ou musicales, sur le cinéma ou la mode, sur la mécanique ou la musique, sur le sport ou les sciences et techniques.

Pour réaliser toutes ces émissions, plus d'une centaine d'élèves, techniciens, journalistes ou animateurs réguliers, montent à la station dès qu'ils ont une heure de perm, à moins que le programme ne soit fabriqué par des classes entières qui prennent en charge des tranches horaires.

A 📄 Lis l'article pour trouver les détails suivants; recopie et remplis la grille.

Nom de la station	
Lieu	
Fréquence	
Durée des programmes	
Types d'émissions	
Participants	
Disponibilité	

B 💬 Imagine que l'on te demande de présenter sur Fréquence-Collège ta propre passion. Prépare ton émission, longue de deux minutes, enregistre-la, puis passe-la au groupe.

C 🎧 Écoute la femme qui parle de la radio privée. Trouve les trois stations mentionnées et le nombre d'auditeurs pour chacune.

7.5 Mme Desfarges, prof de lycée

Écoute Marie-Hélène Desfarges, prof de lycée, qui a des opinions plutôt arrêtées en ce qui concerne la télévision et Internet.

A 🎧 Les phrases suivantes, qui ont été coupées en deux parties, font le résumé de ce que dit Mme Desfarges. Seules les premières parties sont dans le bon ordre. Fais correspondre les deux parties, puis traduis les phrases complètes en anglais.

1 Quand Mme Desfarges a commencé sa carrière …
2 Selon elle, la télé joue le même rôle …
3 Grâce à la télé, on a vu une baisse …
4 Lorsqu'ils voulaient savoir quelque chose …
5 Ceux qui éprouvaient des difficultés reconnaissaient …
6 Les jeunes d'aujourd'hui ont perdu l'habitude …
7 Le goût de la lecture a été remplacé par…

a de faire un effort.
b les élèves cherchaient dans les livres.
c celui de la haute technologie.
d la télé n'avait pas de rôle dans l'enseignement.
e dans la salle de classe que chez eux.
f que leur effort aboutirait au succès.
g dans le niveau intellectuel des élèves.

B 🎧 Écoute encore une fois. Comment Mme Desfarges dit-elle …

1 about thirty years ago
2 TV was only for entertainment
3 what worries me
4 it was worthwhile
5 to concentrate for a long time
6 at the moment

C 🖊 Es-tu d'accord avec Mme Desfarges? Écris-lui un mail où tu donnes tes raisons. Écris environ 200 mots.

7.6 Comment survivre sans télé?

Trois jeunes auditrices participent à un forum radiophonique au sujet de la télévision. Écoute ce qu'elles disent puis réponds aux questions.

Josyanne

Érica

Élise

A 🎧 Who …

1 doesn't live in France?
2 finds the objections to television unfair?
3 doesn't approve of what their friends do?
4 stresses the educational role of television?
5 believes that television gets in the way of other activities?
6 wouldn't be able to do without television?
7 says that television is an aid to relaxation?

B 🎧 Écoute encore les trois auditrices. Comment disent-elles:

1 I can hardly do without TV
2 after working all day
3 I don't agree completely
4 my friends seem to spend all their time watching
5 I don't have a television
6 huge amounts of crisps
7 they don't dub the conversations

C 🎧 Dans ce commentaire d'une autre auditrice, il y a des mots qui manquent. Choisis dans la liste en bas le mot le plus approprié pour remplir chaque blanc.

> La télé n'est **(1)**___ pas indispensable, d'ailleurs je ne la regarde presque **(2)**___ . Je ne comprends pas ces gens qui restent **(3)**___ devant leur boîte à **(4)**___ toute la journée, au **(5)**___ de lire un bon bouquin, d'aller faire une grande **(6)**___ dans la forêt, ou de **(7)**___ sur la plage. S'il n'y a rien d'intéressant à regarder, j'**(8)**___ et je fais autre chose.

allume	balade	cloués	consulter	debout	éteins	excursion	images
jamais	lettres	lieu	pêcher	peut-être	rien	se promener	vraiment

D 🗣 Enregistre ton avis sur les aspects positifs et négatifs de la télévision. Essaie de parler, sans trop hésiter, pendant deux minutes.

7.7 Les dangers d'Internet

A ✍ Imagine que tu es journaliste pour un magazine et que tu vas écrire un article pour le prochain numéro. Tu as interviewé une mère qui est très inquiète à cause du comportement de sa fille. Voici ce que tu as noté:

- Amélie, 13 ans; description: petite, timide, élève douée
- Internet pendant des heures
- amies abandonnées
- 'chatrooms' visités
- mails douteux reçus et envoyés
- fille refuse de parler; se dispute avec sa mère
- accusations mutuelles
- coups de téléphone mystérieux
- inquiétude de la mère
- mère: avertir la police?

Pour obtenir ces renseignements, tu as dû bien sûr poser des questions à la mère. Écris six questions possibles, en utilisant pour chacune une forme interrogative différente.

B ✍ Maintenant, en te servant des renseignements à gauche, écris un article d'environ 200 mots intitulé «Internet: l'inquiétude d'une mère». Si tu veux, mets-toi à la place de la mère.

7.8 La nouvelle bibliothèque d'Auxerre

Au moment de la rentrée littéraire, tout le monde a envie des mêmes livres. Dans les bibliothèques, beaucoup de lecteurs veulent lire tout de suite les romans dont on parle dans les médias. Et souvent quand ils viennent, l'ouvrage tant désiré n'est pas dans les rayons. Rares sont les abonnés de la bibliothèque municipale qui, dans ce cas, repartent sans un autre livre. Nombreux sont ceux qui téléphonent avant de se déplacer.

Malgré tout, à ceux-là le nouveau site web va éviter des déplacements ou des coups de téléphone. Désormais en se connectant sur www.bm-auxerre.fr, les lecteurs pourront savoir si celui des 200 000 ouvrages qu'ils ont envie d'emprunter est bien dans les rayons. Mieux: s'il est sorti, ils sauront à quelle date il doit rentrer et pourront même le réserver.

Le nouveau logiciel a permis de mettre en ligne le catalogue intégral de la bibliothèque municipale (250 000 titres dont 10 000 CD) pour tous les internautes. Et pour les abonnés ayant ouvert un compte, il permet aussi de réserver un livre, consulter leurs prêts, ou encore sauvegarder les références. d'ouvrages qui les intéressent. La navigation au sein du nouveau site web est d'autant plus aisée qu'elle est identique à celle en place sur les nouveaux écrans plats de la bibliothèque.

A 📄 Les phrases suivantes racontent l'essentiel de l'article, mais les deuxième parties sont en désordre. Fais correspondre les deux parties, selon le sens de l'article.

1 Tous veulent des livres …
2 Il y a peu de lecteurs …
3 Il y a beaucoup de gens …
4 C'est grâce au nouveau système …
5 Il n'y a pas que des livres …
6 Ce sont les abonnés …

a qui passent un coup de fil pour se renseigner.
b que l'on peut emprunter.
c qui sortent les mains vides.
d qui peuvent profiter de beaucoup d'autres services.
e qui viennent de paraître.
f que l'on pourra obtenir des renseignements précis.

B 📄 🗨 Utilise l'article pour t'aider à traduire en français les phrases suivantes:

1 There are not many readers who leave without a book.
2 From now on, internet users will be able to log onto a new website.
3 Subscribers can consult the complete catalogue on line.
4 The new software will allow people to find out if a work is on the shelves.
5 Many people have a flat screen, just like the ones in the library.

C Maintenant, lis la suite de l'article et remplis les blancs en choisissant chaque fois dans la liste en dessous le mot le plus approprié.

L'ancien site de la bibliothèque d'Auxerre **(1)** _____ moins de cent **(2)** _____ par jour. Depuis sa **(3)** _____ en ligne, 2000 pages web du nouveau site ont été **(4)** _____ . Selon l'avis du service **(5)** _____ de la mairie, ce sont les **(6)** _____ de la discothèque qui vont le plus **(7)** _____ ce nouveau service: «Ils sont souvent les plus **(8)** _____ au **(9)** _____ technologique et viennent souvent chercher un CD bien **(10)** _____».

connexions	coups	domestique	empruntait	enregistrait
fermées	ignorants	informatique	mise	niveau
ouvertes	parution	plateau	pointus	précis
propriétaires	souvent	sûr	usagers	utiliser

7.9 Téléphoner avec Internet? Rien de plus simple!

> Boris, tu peux m'aider? J'ai un petit problème.

> Rien de plus simple! Tu tapes http://www.n0.chtu/asn.hds.fr

A Certains trouvent difficile d'utiliser Internet. Regarde ce dialogue inspiré du dessin entre le vieillard (A) et l'ado (B). La première et la dernière ligne sont déjà données, mais les autres éléments sont dans le désordre. Écris le dialogue en les remettant dans le bon ordre.

A Boris, tu peux m'aider? J'ai un petit problème.
B Rien de plus simple! Tu tapes
  http://www.n0.chtu/asn.hds.fr
B Je vais te montrer.
B Et tu veux téléphoner d'ici?

B Dans ce cas-là, utilise mon ordinateur.
A Oui, comme j'ai dit, je dois téléphoner à mon ami à Asnières.
B Certainement, Alex. Qu'est-ce qu'il y a?
A Mais la cabine téléphonique est en panne.
A Oui, s'il te plaît, d'ici.
A C'est que je dois téléphoner …
B Alors, je comprends, tu dois téléphoner à Asnières.
A L'ordinateur! Comment est-ce que je fais ça?
B Oui, tu dois téléphoner?
A Alors, pour le 22 à Asnières?

B 👥 Inventez des phrases!

Tu jettes un dé deux fois: la première fois, c'est pour choisir un nom dans le tableau, et la deuxième fois pour choisir le verbe. Ton/ta partenaire doit essayer de construire oralement une phrase d'au moins huit mots qui se rapporte à l'histoire que vous venez de lire. Ensuite, changez de rôle. Combien de phrases appropriées est-ce que chacun(e) peut composer?

Nom	Verbe
1 téléphone	1 devoir
2 ordinateur	2 utiliser
3 cabine	3 téléphoner à
4 problème	4 faire
5 numéro	5 comprendre

7.10 Le téléphone portable: pour ou contre?

Écoute Céline…

A 🎧 Les dix phrases suivantes font le résumé de ce que dit Céline, mais elles ne sont pas dans le bon ordre. Range-les dans l'ordre du texte.

a Elle ne nie pas les arguments favorables au portable.

b Le portable pourrait provoquer d'éventuels problèmes de santé.

c On lui envoie plus ou moins le même nombre.

d Le portable, ce n'est pas seulement pour faire des coups de fil.

e Beaucoup de gens n'utilisent pas toutes les possibilités de leur portable.

f Les coups de fil par portable reviennent cher.

g Elle compose tous les jours environ 20 textos.

h Certains sont trop dépendants de leur portable.

i Sa copine dépense beaucoup d'argent en envoyant des messages.

j On dépense beaucoup d'argent inutilement.

B 🎧 Complète cette autre version de l'enregistrement, en écrivant un mot pour remplir chaque trou dans le texte. Choisis dans la liste en bas.

Bien que je ne **(1)** _____ pas accro du portable, j'accepte qu'il y ait des cas **(2)** _____ celui-ci puisse être d'une certaine **(3)** _____ . Mais le grand **(4)** _____ par rapport au portable, c'est le **(5)** _____ très élevé des **(6)** _____ . Voilà donc pourquoi je **(7)** _____ envoyer des textos. Ce que je ne **(8)** _____ pas, c'est pourquoi tant de gens sont **(9)** _____ à payer très cher le dernier **(10)** _____ quand ils ne vont jamais en **(11)** _____ 50% des fonctions. Et **(12)** _____ à ces scientifiques qui disent que c'est dangereux pour la **(13)** _____ , je crois qu'ils ont **(14)** _____ .

acheter	où	suis
inconvénient	santé	difficulté
quant	coût	prêts
appels	peur	utilité
modèle	sois	fixe
raison	déteste	quand
comprends	préfère	utiliser

C 👥 Pour ou contre le portable? À deux: une personne prépare une liste de points en faveur du portable, l'autre note des arguments contre. Défends ton opinion et attaque la sienne. Après trois minutes, changez de rôle!

7.11 L'explosion du e-commerce

L'évolution du e-commerce est une véritable explosion. Pour des entreprises de vente à distance, il est impensable de rater le train du e-commerce avec les particuliers. Avec le développement des logiciels qui facilitent les systèmes de paiement sécurisé, les ventes en ligne deviennent de plus en plus courantes.

Ce phénomène peut s'expliquer par le fort taux de connexion des Français au haut débit, par la confiance grandissante envers les paiements électroniques, mais aussi par la démocratisation du commerce en ligne.

D'abord réservé aux jeunes citadins, surtout aux hommes, le e-commerce s'adresse aujourd'hui à un public plus large, plus féminin, la clientèle traditionnelle de la vente par correspondance. Du secteur des voyages et des produits culturels, l'offre s'est étendue au textile, à la grande distribution et au luxe: Jean-Paul Gaultier, Louis Vuitton et Gucci s'y sont mis.

Dernière innovation en date: le mobile-commerce. Avec le développement des téléphones portables de troisième génération (3G), les clients peuvent faire leurs courses n'importe quand, de n'importe où.

A Complète les phrases suivantes, selon le sens de l'article. Écris chaque fois un mot seulement.

1 Le e-commerce a beaucoup …
2 Les nouveaux logiciels ont rendu les systèmes de paiement sécurisé plus …
3 De plus en plus de Français se sont … au haut débit.
4 Ils se montrent plus … en ce qui concerne les paiements électroniques.
5 La clientèle traditionnelle de la vente par correspondance, c'était les …
6 Les téléphones portables se sont beaucoup …
7 Les clients peuvent faire leurs courses quand ils …

B Les noms suivants sont utilisés dans l'article. Note pour chacun le verbe correspondant.

1 paiement
2 vente
3 produit
4 offre
5 distribution
6 innovation

C Travail à deux. D'abord, vérifiez que vos réponses à l'exercice précédent sont correctes! À la maison, chacun(e) utilise ses réponses pour composer trois phrases sur le e-commerce: la personne A s'occupe des numéros pairs (2, 4, 6) et la personne B des numéros impairs. Puis, en classe, vous dictez à tour de rôle à l'autre les phrases que vous avez composées. Finalement, chacun(e) traduit en anglais les phrases qu'il/elle a écrites en français.

7.12 Sanctionnée pour avoir téléchargé de la musique

Une Rennaise de 27 ans a comparu devant le tribunal de sa ville natale pour avoir illégalement téléchargé de la musique. Elle avait mis à la disposition du public 1747 fichiers musicaux par l'intermédiaire du logiciel installé sur son ordinateur, dont la police a saisi le disque dur.

La jeune femme a insisté en disant qu'elle avait voulu tout simplement découvrir de nouveaux chanteurs. Elle a avoué qu'elle savait que le téléchargement était illégal, mais elle avait pensé qu'il existait une tolérance quand on agissait à titre privé.

Le tribunal l'a en partie entendue, reconnaissant sa bonne foi. Mais elle devra quand même verser une somme de 2 225€ en dommages et intérêts – un euro pour chaque chanson qu'elle a téléchargée – plus les frais d'avocats. Le tribunal a déclaré: «Aujourd'hui, un internaute pourrait difficilement prétendre ignorer la loi.»

A 📄 Complète les phrases suivantes en écrivant **un** mot seulement pour remplacer chaque blanc.

1 La jeune femme _____ à Rennes.
2 Elle a accepté que ce qu'elle avait fait est _____ la loi.
3 Elle croyait qu'il était permis de _____ des fichiers si on ne cherche pas à en _____ .
4 Le tribunal a _____ qu'elle disait la _____ .
5 _____ le tribunal, ne pas _____ la loi n'est pas une _____ légitime.

B 👥 Travail à deux. Personne A défend la jeune femme; personne B trouve des arguments pour la condamner. Après trois minutes, changez de rôle!

7.13 Internet + télé + téléphone: comment s'y retrouver?

Avec le développement phénoménal des accès Internet à haut débit, les Français sont de plus en plus nombreux à utiliser le réseau pour surfer sur le Web, téléphoner gratuitement ou regarder la télévision. Et tout cela, grâce à un seul abonnement: ce sont les fameuses offres «triple play», des offres multiservices que proposent désormais à tour de bras les différents prestataires.

Il y a pour les Internautes non seulement la connexion rapide à Internet, mais aussi la téléphonie illimitée vers les fixes, laquelle permet chez certains opérateurs d'appeler gratuitement vers … 41 pays! Sans même parler des offres de bouquets télévisés, avec une centaine de chaînes gratuites à la clef, et les services de location de films à la demande.

Cette richesse d'offres s'accompagne d'une formidable baisse des prix. Concurrence oblige; les forfaits «triple play» aujourd'hui proposés sont à peine plus que ce que coûtait il y a peu de temps encore le seul accès à Internet.

A 📄 Dans l'article comment dit-on …

1 broadband
2 the Net
3 service providers
4 Web users
5 landlines
6 channels
7 package deals

B 📄 Dans chacune des phrases suivantes, qui font le résumé de l'article, il y a quelques mots qui manquent. Choisis dans la liste en bas la phrase qui convient le mieux. Attention – il y a deux phrases de trop.

1 Le nombre d'abonnés à Internet haut débit ____

2 Un seul abonnement ____ à trois services.

3 ____ vers de nombreux pays ne coûte rien.

4 Il existe ____ beaucoup plus de possibilités.

5 ____ ces services coûtent de moins en moins cher.

a passer un coup de fil
b pour les Internautes
c à cause de la concurrence
d sans payer le prix de l'appel
e suffit pour accéder
f a beaucoup grandi
g autant de temps qu'ils veulent

C 📄 Lis la suite de l'article, puis choisis dans la liste en bas le mot le plus approprié pour remplir chaque trou dans le texte.

En matière d'(1)____ , pourtant, il reste quelques offres de mise en place, car tous les (2)____ ne sont pas équipés pour recevoir les nouveaux services. De nombreuses zones rurales et montagneuses (3)____ à l'écart. Par ailleurs, bien des (4)____ sont encore rebutés par la complexité technique et l'opacité de certaines (5)____ . Leur crainte: abandonner leurs (6)____ de services (7)____ pour se retrouver finalement avec une installation qui ne (8)____ pas.

consommateurs	fonctionne	accès	habitent
historiques	logiciels	maisons	offres
ordinateurs	paie	prestataires	problèmes
demeurent	foyers		

7.14 Activité d'interprète

A ▦ Travail à trois. À tour de rôle, jouez les trois personnages de la scène suivante.

Personnages:

1 Toi: un(e) jeune employé(e) d'une maison de publicité dans ton pays anglophone qui prend la place d'un manager francophone retardé, qui arrivera plus tard.

2 Ton chef de section, qui ne parle pas français.

3 Claude Laroche, un visiteur / une visiteuse qui représente une société médiatique française qui désire à explorer le marché dans votre pays.

La scène:

2 Will you welcome our French visitor to the office, please, and explain that the manager who speaks French will soon be here?

1 [Interpret for the visitor]

3 Pas de problème. Il en aura pour très longtemps?

1 [Interpret for your section manager]

2 S/he will be with us in just a few minutes. There's a traffic problem. Can you let our visitor know that we really like the look of their new video-phone?

1 [Interpret for the visitor]

3 Je suis très content(e) d'apprendre ça. Qu'est-ce que vous envisagez comme publicité?

1 [Interpret for your section manager]

2 Say you'd recommend an initial TV campaign of eight twenty-second spots on Channels 3 and 4, followed by a fortnight's exposure in the national and regional press.
I [Interpret for the visitor]
3 Qu'est-ce que vous anticiperiez comme dépenses télévisuelles?
I [Interpret for your section manager]
2 Say that that would depend on whether you could use the original clips from their French advertising.

I [Interpret for the visitor]
3 Là, je n'y vois pas d'inconvénients.
I [Interpret for your section manager]
2 That's helpful. Ah, look who's just walked through the door! OK, Jo(e), you've done a good job, thank you. Our technical manager will take over now.
I [Say something appropriate in English and French and take your leave]

Pratiques

1 Ponctue correctement les phrases suivantes.

I jaimemerenseignersurcequisepassedanslemondesurto utlesaffairesetrangeresatildit
2 maintenantjemerendscomptequ'acetagelaonestenplei necrisedadolescence
3 connaissezvouslatelefrancaiserenseignezvoussurinter net
4 onengraissebeaucoupaforcedemangerdesquantitesind ustriellesdechipsetdebonbons
5 lenouveaulogicielapermisdemettreenlignelecataloguei ntegraldelabibliothequemunicipale

2 Cherche l'intrus!

a analogue / allumer / crypté / nocif / thématique
b mensuel / quotidien / journalier / illustré / hebdomadaire
c calculatrice / ordinateur / long-métrage / caméra / portable
d rédactrice / chercheur / cadre / réalisatrice / comité
e clavier / souris / zappeur / pile / laptop / logiciel

3 Complète le dernier mot de chaque ligne.

a publique, privée, payante, visuelle, câblé…
b accèdent, commentent, décryptent, dirigent, diffus…..
c divertissait, intégrait, fonctionnait, naviguait, rédig…..
d réalisera, se passionnera, présentera, tournera, embauch…..
e s'abonnerait, s'afficherait, commercialiserait, critiquerait, télécharg…..

4 Tous les mots ci-dessous, sauf un, ont des accents qui manquent. Trouve-les!

chaine, emission, television, quotidien, maitre, scene, ingenieur, cinematheque, crypte, enquete, decodeur, systeme, cable, boite, generaliste

5 Mets la bonne forme de ce / cet / cette / ces devant chacun des noms ci-dessous.

____ an, ____ année, ____ années, ____ ami, ____ amie, ____ problème ____ problèmes, ____ page, ____ pages, ____ thème, ____ thèmes, ____ époque, ____ époques, ____ âge, ____ magazines.

6 Les verbes entre parenthèses sont du vocabulaire-clé côté médias. Donne la forme appropriée de chaque verbe au passé composé et au futur.

Exemple: *je (s'abonner): Je me suis abonné(e), je m'abonnerai*

I Je (s'abonner)
2 tu (accéder) à
3 il (s'afficher)
4 on (allumer)
5 nous (commercialiser)
6 vous (composer)
7 elles (crypter)
8 on (diffuser)
9 je (embaucher)
10 elle (enregistrer)
11 il (fonctionner)
12 tu (naviguer)
13 ils (modifier)
14 je (se passionner) pour
15 tu (présenter)
16 on (programmer)
17 nous (réaliser)
18 elle (rédiger)
19 ils (révéler)
20 je (tourner)

Le travail

Dans cette unité, on verra les divers aspects du travail en France, depuis les petits jobs jusqu'aux métiers les plus stressants. Cet aperçu devrait t'aider à comprendre les similarités et les différences dans les attitudes envers le travail et les manières de travailler. Peut-être qu'il te donnera aussi des idées pour un stage de travail en francophonie.

The *séminaire* in this unit gives further concrete help with the learning of vocabulary. Many of you may well have looked at and implemented the strategies below, towards the beginning of your course. With perhaps a couple of months to go to the public exams, now is the time to soak up as much key vocab as you can. The *pratiques* give specific practice in the following grammar points, which arise out of the various passages in the unit: adjectival endings, further infinitive expressions, the use of *ce / cet / cette / ces*.

Séminaire Learning vocabulary [2]

I'm beginning to understand! You're showing me that if I don't learn my vocab, I don't give my brain the chance to understand what's going on in the text!

Exactly. You put it very well. So, learning the vocab helps you feel fairly confident at exam times, because you know you should be able to cope reasonably with what's on the papers.

That's fine and I promise I'll get down to learning it regularly. But there's another problem. I find learning the words so hard. Any tips?

Don't worry, we can help you learn more quickly and easily. Firstly, we all have a mix of visual and aural memory, in other words: seeing and listening.

In other words, I've got to use my eyes and ears? So, I've got to speak the words as well as read them on the page?

Yes. Saying them out loud underpins the silent reading. But, you can also record your vocab and play it back when you're tidying your room, making the beds, washing the dishes!

Oh, I do all that regularly!

Thought you might! Am I right in thinking that, like a lot of people, you often find it difficult to see a link between the original French word and the English equivalent?

That's exactly my problem when it comes to learning what I call the *hard* words!

Alright then. Try this: look at page 88, where the blanked-out vocab came from, and give me a few of the words you would find hard to learn.

Hmmm. There are quite a few! Here goes: *forcément … décroche … ennuyer … braillements … souhaiter.*

So let's think about those words. There are people with a photographic memory, but many others develop sort of photographic techniques to help them memorise words they are learning.

What exactly do they do, then?

They make word-pictures, the bigger and the more colourful the better. In other words, they make hooks to hang the words on in their memory. We'll put your words in the box below, and see what pictures we could come up with. Yours would be different. But neither of us would be more right than the other. Your own word-pictures belong to you.

Types of word-pictures

[1] **Forcément** *inevitably, bound to*

We could think of someone kidnapped, arms bound, being forced by kidnappers to speak on the phone, linking the two languages.

English–French language-links

[2] **Décrocher** *to disconnect, unhook*

Here, we use our knowledge of how words are formed. You already know **accro** meaning *hooked*, from **accrocher**. **Dé-** means *de-* or *dis-* or *un-* + the basic verb. So décrocher is *unhook,* or, in the case of the telephone, *take the phone off the hook.*

word-formation

[3] **S'ennuyer** *to be/get bored*

With the next type of word-picture needing a memory-hook, look at the sound of the word. **Ennuyer** sounds like the English *annoy* and that is actually one of its meanings. This time, I think of a pair of male twins, side by side, one looking bored, the other annoyed and both with the notice **ennuyé** hanging round their necks.

sounds like

[4] **Braillements** *yelling, howling*

Here, I find I can think of another word in English, related in sense to *yelling* and *howling*. It is *braying* and, again, the sound is almost identical with the French. So, I make myself a picture of children *howling,* next to a *braying donkey.*

related sound and sense

[5] **souhaiter** *to wish, want*

For this last picture, I use a process called *deformation*. We *deform* the pronunciation of **souhaiter**, ending up with «*Sue et thé*» and imagine ourselves wanting to have *tea* with a person called *Sue in a French café.*

deformation

You will find you can almost always make a mental picture using one of these five ways. These pictures are all quite colourful and that is the key. The more colourful the picture, the less difficulty the mind has in remembering it.

Practise these five little ways of remembering words and you will soon become expert.

8.1 Le stage de travail de Jess à Belfort

A 🎧 Écoute autant que nécessaire l'interview de Jess et finis toutes les phrases, en utilisant les fins de phrases en face.

Q Jess, quand est-ce que tu as fait ton stage de ____ ?

Jess Il y a un mois, pendant la dernière semaine du trimestre et les ____ .

Q Alors, tout récemment. Cela a été une expérience positive?

Jess Super positive. Je la recommanderais à ____ .

Q Pour quelles raisons? Parce que c'était une sorte ____ ?

Jess Tu rigoles! J'aurais bien voulu te voir balayer dans le salon à huit ____ !

Q Tu as raison, je n'ai pas l'étoffe pour faire ce que tu as fait.

Jess C'est toi qui l'as dit. De toute façon, j'ai bien profité de mes trois semaines comme stagiaire dans le salon de ____ . C'est un salon moderne au milieu des boutiques chez Cora à Danjoutin dans la ____ . Cora est une grande surface un peu comme Leclerc ____ .

Q Et comment est-ce que tu as obtenu ____ ?

Jess Grâce à ma tante, Martine, qui travaille là-bas, et qui a été manager ____ .

Q Alors, Martine est coiffeuse et elle aura arrangé tout ton ____ ?

Jess Oui à ta première question. Non à ta deuxième. Ma tante est bien coiffeuse mais j'ai dû arranger tout ça ____ . Ou plutôt, Greenhead a dû remplir toutes sortes de formulaires et le salon aussi. Nous avons même reçu une inspectrice de la part de la municipalité ____ . Pour vérifier certains aspects de la sécurité ____ .
Quant à ma tante, Martine, elle a étudié longtemps pour être si qualifiée et elle a une maîtrise en coiffure, ce qui lui permet d'enseigner

le métier et l'art … être une super bonne coiffeuse comme elle c'est ____ . Elle participe toujours aux cours de formation professionnelle à Paris, disant qu'elle veut ____ . Voilà son secret.

Q Voudrais-tu l'accompagner à Paris ____ ?

Jess Mais, je l'ai déjà fait. J'ai eu énormément ____ . J'ai eu le bonheur d'être au salon St Karl au bon moment et je suis montée à Paris avec elle pour assister à un ____ .

Q Assister? Dans quel sens?

Jess Regarder, bien sûr. Pas ____ . Tout ce que j'ai fait comme travail à St Karl était de balayer le carrelage, faire du café pour les clients, remplir les rayons et finalement, vers la fin de mes trois semaines, ____ ! Mais, j'ai appris énormément de choses: comment travailler pendant dix heures, comment parler avec les adultes dans un lieu de travail, comment rester polie et souriante quand j'étais ____ !

Q Chapeau!

stage pour toi	pendant mon stage
participer	du local etc
vacances de Pâques	toujours apprendre
de veine	travail à Belfort
heures du soir	cet emplacement
coiffure St Karl	pour moi-même
banlieue de Belfort	un jour
assurément un art	de ses cours
de congé	faire des shampooings
tellement fatiguée	ou Mammouth
dans le temps	n'importe qui

B 🎙 Maintenant, utilise la transcription que tu as complétée pour t'aider à écrire une description de ton propre stage de travail (réel ou inventé) dans n'importe quelle partie de la francophonie. Puis enregistre ta description.

8.2 Le travail temporaire

Avoir un travail permanent ne convient pas à tous. Écoute l'histoire d'Éric.

A 🎧 Comment Éric dit-il…

1 I've lost count of the number of part-time jobs I've had.
2 I like a change.
3 I soon got fed up with it.
4 I was taken on.
5 You can always manage to find a job somewhere.
6 I'm starting to think about the future.

C ✍ À ton avis, quels sont les avantages et les inconvénients du travail intérimaire? Écris environ 200 mots.

B 🎧 Fais correspondre les trois parties des phrases suivantes selon le sens de l'enregistrement. La première partie de chaque phrase est donnée. Après avoir vérifié tes réponses, traduis les phrases complètes en anglais.

1 Éric a poursuivi …
2 Il n'avait pas d'idée claire …
3 Il n'aime pas …
4 Il a eu très rarement …
5 Bien qu'il ait eu des problèmes …
6 Actuellement …

a à cause de sa situation domestique
b pendant longtemps
c sans succès
d de temps en temps
e de mal à
f faire les mêmes choses
g se faire embaucher
h de ce qu'il voulait faire
i il n'a jamais perdu son optimisme
j des études secondaires
k dans la vie
l Eric se ravise maintenant

8.3 Étudiants: travailler à côté pour pouvoir étudier

Pour poursuivre tes études supérieures, tu es dans l'obligation de travailler en marge de tes études. Le nombre d'étudiants concernés par les petits boulots à l'année est de plus en plus important.

Durant ma première année, j'ai travaillé pendant les vacances dans un centre aéré, travail intéressant mais peu rémunéré, et maintenant je travaille les week-ends, les vacances et les jours fériés et pendant mon temps libre, en grande surface. Cela me donne un coup de pouce afin de régler toutes mes dépenses d'étudiant. De même, ça me permet de mettre un peu de côté pour une éventuelle poursuite d'études en Espagne.

Grégoire

Il y a 25 ans, les jobs d'étudiants n'existaient pas à Brest. Pas de Macdonald ni autres Quick. Résultat: j'ai dû m'arrêter à la maîtrise de droit, alors qu'un diplôme genre DESS m'aurait ouvert bien des portes. Aujourd'hui, je suis enseignante vacataire à la CCI de Brest et comme j'ai un mari notaire bien des portes sont restées fermées. Normal? Non, si on considère que mon mari, lui aussi, en a 'bavé' pour en arriver là.

Lisa

Il me semble essentiel de trouver un emploi afin de pouvoir vivre de façon digne. Serveur dans un fast food, distributeur de journaux, employé en télémarketing … il m'aurait été possible de trouver un job. Or, j'ai eu la chance de pouvoir bénéficier d'un travail comme assistant maternel dans une école primaire. Voulant être enseignant, cette expérience m'a permis de pouvoir mettre ma théorie en pratique et pouvoir passer de l'autre côté du tableau.

André

De nombreux étudiants travaillent dans les centres d'appels; c'est une main d'œuvre peu coûteuse, jeune, majoritairement féminine et peu revendicative du fait de la quasi absence des syndicats dans ce secteur. Au Maroc ou en France, travailler pour payer ses études est devenu la norme, un avant-goût de l'exploitation avant d'affronter le marché du travail.

Mohammed

Comme beaucoup de jeunes, je me suis engagée dans la voie tortueuse du travail pendant les études. À la différence des emplois saisonniers, je suis devenue 'pionne', soit surveillante. D'abord à temps partiel, puis à plein temps. Et là, je suis devenue une paria! Ces étudiants salariés sont mal vus des autres étudiants, qui nous prennent de haut et rechignent à nous donner leurs cours, afin de rattraper ceux auxquels on ne peut assister.

Chantal

A Fais en anglais une liste des petits jobs mentionnés par ces interviewés.

B Qui …

1 a l'ambition d'être prof?
2 n'a pas pu pousser ses études plus loin?
3 a été mal vu(e) par ses collègues?
4 a des collègues dont la plupart sont des femmes?
5 a aimé son travail mais a été mal payé(e)?
6 aurait aimé travailler à côté?
7 a augmenté ses heures de travail?
8 fait des économies pour aller à l'étranger?
9 travaille avec de jeunes enfants?
10 n'est pas né(e) en France?

C À l'aide de l'article, traduis en français le texte suivant.

Today, it has become normal for many students to find a part-time job in order to pay for all their expenses. Very often, the work that they do is poorly paid and not very interesting. At weekends and on public holidays, supermarkets and call centres are full of young people who are spending their free time working to earn a bit of money. Are they exploited? Perhaps, but this experience will give them a foretaste of the world of work which will await them when they have finished their studies.

D Serveur dans un fast-food, distributeur de journaux, baby-sitter: raconte une aventure, réelle ou imaginaire, qui t'est arrivée en faisant un de ces petit jobs. Écris environ 150 mots.

8.4 Simone, hôtesse de l'air

Écoute Simone qui parle de son travail comme hôtesse de l'air.

A 🎧 Le journaliste avait posé les questions suivantes à Simone, mais elles sont dans le désordre. Écoute Simone, puis remets les questions dans le bon ordre.

a Au début, vous avez fait des vols de courte durée?
b Vous avez des destinations préférées?
c Quelles qualités personnelles sont nécessaires pour faire ce métier?
d Avez-vous changé d'opinion en ce qui concerne votre carrière?
e Qu'est-ce que vous avez fait pour augmenter vos chances d'être acceptée?
f Qu'est-ce qui vous déplaît?
g Quelles sont vos responsabilités?

B 🎧 Écoute Simone encore. Comment dit-elle ...

1 the day I started
2 whatever happens
3 as head of the cabin crew
4 to improve my English
5 I worked as an au pair for six months
6 after I was taken on
7 during my career
8 before going back to work

C ✍ Le métier de journaliste t'intéresse, peut-être? Écris un article d'environ 150 mots sur le métier de Simone. Les questions à gauche et les renseignements fournis par Simone vont t'aider.

8.5 Interview avec Magali, 22 ans, assistante

Écoute Magali qui parle avec enthousiasme de son emploi.

A 🎧 Are these statements true (T) or false (F)?

1 Magali works part time.
2 She wasn't sure that she liked her old job.
3 Her boss gives her lots of work.
4 Before starting her current job, Magali didn't understand much about communications.
5 She doesn't like to disturb her boss, because she's very busy.
6 Magali doesn't know if she will be hired.

B 🎧 Écoute encore. Comment Magali dit-elle …

1 The work was boring.
2 I didn't learn much there.
3 I'm completely independent.
4 My boss set up her own business.
5 I think she trusts me.
6 I hope I'll be taken on permanently.

C 👥 À la fin de son contrat de qualification, Magali a un entretien avec sa patronne pour décider si elle va décrocher un poste permanent.

Personne A (la patronne): pose six questions à Magali pour décider si elle devrait être embauchée.

Personne B (Magali): réponds aux questions de la patronne, puis pose-lui aussi six questions.

Attention! Ne pose pas de questions auxquelles tu connais déjà les réponses!

8.6 Christelle, routier

De plus en plus de femmes font des métiers traditionnellement masculins. C'est le cas de Christelle.

A 📄 Réponds 'vrai' (V), 'faux' (F) ou 'pas donné' (?) pour les questions suivantes.

1 Christelle a eu un enfant avant de terminer ses études secondaires.
2 Christelle est mariée.
3 Elle avait été secrétaire.
4 Elle n'avait pas d'idées très précises sur son avenir.
5 Elle a obtenu son permis poids lourd plus vite que les hommes.
6 Les trois membres de la famille se trouvent rarement ensemble.
7 Son enfant a appris à devenir indépendant.
8 Les hommes routiers gagnent plus que les femmes.

Christelle, 27 ans, resplendit de bonheur: «Je viens d'avoir mon 40 tonnes. Maintenant, je suis chauffeur routier. Au masculin, c'est ce qui est écrit sur ma feuille de paie. J'ai commencé par un BEP de secrétariat mais ce n'était pas mon truc. Et puis mon fils est arrivé. J'avais 18 ans, j'ai arrêté l'école.

«Je savais ce que je ne voulais pas: être enfermée dans un bureau, avoir un patron sur le dos. Ce que je voulais, c'était plus flou. On m'a dit que le métier de chauffeur routier me conviendrait. Cela m'a tentée tout de suite.» En deux mois, Christelle enchaîne le permis de 28 tonnes puis le 40 tonnes. Difficile, la formation? «Non, puisque j'ai la passion.»

«Dans notre compagnie, nous sommes cinq femmes chauffeurs sur 250, toutes très bien intégrées. Il n'y a pas de machos ici. Une femme routier, on la regarde juste un peu plus, mais ce n'est pas désagréable.»

Christelle concilie vie de famille et professionnelle. «Mon compagnon, routier lui aussi, est absent toute la semaine. Comme je pars tôt le matin, notre fils est devenu très autonome. S'il le faut, je suis prête à partir à la semaine. Mes parents m'aideront.»

B 📄 Dans cette autre version de l'article il y a des mots qui manquent. Écris **un** mot pour remplir chaque blanc, selon le sens du texte.

C  Débat/composition: est-ce que les femmes devraient faire les métiers traditionnellement masculins?

Christelle est très **(1)** ____ parce qu'elle a maintenant son permis. Après la **(2)** ____ de son enfant elle a abandonné ses **(3)** ____ . Elle savait que travailler dans un bureau ne **(4)** ____ conviendrait pas mais elle a été tentée **(5)** ____ par l'idée de devenir routier. Elle n'a éprouvé aucune **(6)** ____ à compléter la formation. Au contraire, ça l'a **(7)** ____ . Bien que la **(8)** ____ de ses collègues soient des hommes, tout le monde **(9)** ____ très bien. Quant à son enfant, Christelle peut **(10)** ____ sur ses parents pour **(11)** ____ de lui si elle doit être absente pendant **(12)** ____ .

8.7 Un échange de stagiaires

Tu fais un stage dans le bureau d'une société pétrolière dans le complexe pétro-chimique de Wearside. Ton supérieur reçoit le fax ci-dessous de Mme Godebarge concernant un échange de jeunes stagiaires entre vos deux entreprises.

FAX

Fax expédié par: PETRO-RHÔNE
LYON
FRANCE

Destiné à: Mme Annie Lomax,
Wearchem

Chère madame,

Suite à votre dernier fax, quelle bonne idée de faire un échange de jeunes stagiaires! Nos directeurs sont à 100% d'accord pour entreprendre une telle initiative. Mais il faut d'abord clairement préciser certaines choses avant de commencer. Je serais très reconnaissante de recevoir des réponses sur les points suivants:

* Vous envisagez combien de stagiaires de chaque côté pour commencer – deux? quatre? six? dix? Pour nous, il faut peut-être commencer assez doucement. Disons quatre jeunes de chaque côté?
* Les stagiaires britanniques seront-ils/elles partagé(e)s entre nos diverses sections ou est-ce qu'on va les concentrer dans les bureaux?
* S'agira-t-il de jeunes bacheliers et bachelières? Ou est-ce qu'ils/elles seront déjà diplômés?
* Est-il aussi question des ouvriers, des apprentis-ajusteurs et installateurs, etc.?
* L'échange durera en principe combien de temps – un, deux, six mois?
* Savez-vous s'il existe des fonds internationaux pour subventionner un tel arrangement ou bien des subventions de la part de l'Union Européenne?
* J'apprécierais une réponse rapide, puisque nous avons, dans cinq jours, une réunion du comité qui aurait la responsabilité de l'échange et il y a beaucoup de travail de préparation!

Dans l'attente de vous lire, veuillez accepter, chère Madame, l'expression de mes sentiments les plus distingués.

Mme Sylvie Godebarge
Chef du Service de Recrutement,
PETRO-RHÔNE

● Vocabulary

bachelier/-ière (m/f) *A-level qualified*
divers *different*
expédié *sent*
fonds (mpl) *funds*
licencié(e) (m/f) *graduate*
reconnaissant *grateful*
stagiaire (m/f) *trainee/participant*
subventionner *to subsidise*

A Écris en anglais pour ton supérieur une liste des points principaux du fax, pour qu'elle puisse rédiger une réponse.

B Mrs Annie Lomax, ta supérieure, t'a passé la communication suivante à traduire en français et à recopier sur le formulaire de fax pour expédition à Mme Godebarge. Écris le fax; ton prof te donnera le formulaire.

- Thank her for the fax.
- We're pleased her directors are in agreement.
- We, too, think it's a good idea to start with four people.
- A good idea to spread them across the various sections.
- Most would have A levels, but could have one or two from the general work force.
- To start with, two months seems reasonable.
- There are EU funds available.
- I'm sending with this fax a copy of the EU document.
- Good luck with the committee!

8.8 Mme Godebarge, chargée de recrutement

Tu te présentes pour un entretien. Les conseils professionnels de Mme Godebarge, qui est chargée de recrutement dans une grande entreprise, pourront t'aider à créer une impression très favorable.

A Écoute Mme Godebarge. Comment dit-elle …

1 people who are applying for a job
2 the way he is dressed
3 he's not so interested in the job
4 girls are more aware of the effect they have
5 A boy, on the other hand, tends not to think about it
6 those are the ones you hire

B Un jeune peut faire bonne impression à Mme Godebarge. Fais une liste, en anglais, des choses qu'elle aime voir chez les jeunes personnes qui se présentent pour un entretien.

8.9 Serais-tu tenté(e)?

Travailler en dehors de son pays natal, cela devient de plus en plus courant – du moins si on sait parler une langue étrangère. Serais-tu tenté(e) de le faire? Écoute d'abord les opinions de quatre Français sur la possibilité de travailler ... en Angleterre.

Thierry

Sophie

Henri

Guenaël

A 🎧 Who ...

1 doesn't want to leave their country of birth?
2 is already in England?
3 is ready to accept anything?
4 would agree to live there for up to a year?
5 has everything s/he needs?
6 would take up the opportunity to travel abroad straight away?
7 sees the material advantages?
8 would like very much to travel to England for professional reasons?

B 🎧 Écoute encore. Comment dit-on ...

1 companies are becoming globalised
2 I don't have any precise plans
3 you might as well stay where you are
4 to start from scratch somewhere else
5 I'd jump at the opportunity
6 I wouldn't want to stay there for long
7 as far as taxes are concerned
8 it enabled me to learn English

C 🗣 Et toi, serais-tu tenté(e) de travailler à l'étranger? Fais une présentation de deux minutes où tu donnes tes raisons.

8.10 Le portable est son vrai bureau

Rester cloué sur une chaise dans un bureau, cela ne convient pas à tout le monde. Écoute Mathieu, qui parle de sa façon «portable» de travailler.

A 🎧 Les questions auxquelles Mathieu répond sont imprimées ci-dessous mais elles ne sont pas dans le bon ordre. Range-les correctement.

1 Quels sont les avantages et les inconvénients de votre emploi?
2 En quoi consiste votre travail?
3 Comment est-ce que vous contactez votre chef?
4 Voyez-vous vos collègues?
5 Quelles obligations avez-vous?
6 Vous vous sentez seul, quelquefois?
7 Vous avez un lieu fixe où vous travaillez?
8 Vous contactez souvent votre chef?
9 Comment peut-on vous contacter?
10 Qu'est-ce que vous faites quand vous n'êtes pas avec quelqu'un?

B 🎧 Écoute encore. Comment Mathieu dit-il...

1 you can reach me by phone any time
2 I'm completely independent
3 I have voicemail instead of a secretary
4 I have a target to achieve
5 I also send a weekly report

C 🖊 Est-ce que cette façon de travailler te conviendrait? Écris environ 150 mots pour expliquer ton opinion.

8.11 Chômeuse ici, salariée outre-Rhin

Pour trouver une solution personnelle au problème du chômage, certaines personnes changent de région. Lis l'histoire de Valérie.

A 📄 Complète les phrases suivantes, selon le sens de l'article, en écrivant pour chaque blanc *un* mot seulement. Puis traduis les phrases en anglais.

1 Beaucoup de jeunes femmes sont _____ par le chômage.
2 Une quinzaine de chômeuses ont été _____ en Allemagne.
3 Valérie parle deux _____ étrangères.
4 Elle avait _____ l'allemand pendant qu'elle était en vacances.
5 Elle était allée en Autriche _____ fois avec ses parents.
6 Les quinze femmes ont passé _____ là-bas.
7 Certaines ont éprouvé des _____ parce que leur _____ leur manquait.
8 En plus, certaines ne _____ pas parler allemand.
9 Valérie est très _____ de sa situation actuelle.

Valérie était chômeuse à Rennes. Elle vient de décrocher un emploi de secrétaire en Allemagne.

«Le chômage longue durée touche beaucoup les jeunes femmes, le secrétariat export a de l'avenir, à cause de l'Europe,» explique-t-elle. La Chambre régionale de commerce et d'industrie à Rennes a donc envoyé une quinzaine de demandeuses d'emploi en Allemagne.

En juillet, Valérie Turcius, 26 ans, est tombée sur une annonce. Elle galérait depuis deux ans à Rennes. Elle avait été vendeuse à Angers, stagiaire dans une société d'export à Paris, était même allée tenter sa chance aux États-Unis. Ses atouts: l'anglais, appris à l'école, et l'allemand, appris au cours de vacances régulières passées avec ses parents en Autriche.

«On s'est retrouvées toutes les quinze là-bas pour trois mois, de septembre à Noël. Cinq semaines de cours et six semaines en entreprise. Pour certaines, qui avaient laissé mari et enfants, ou qui pratiquaient peu la langue, c'était difficile. Mais l'accueil a été extraordinaire.»

Valérie a aimé. Elle a voulu travailler là-bas. Elle a envoyé 25 lettres. «J'ai eu dix entretiens, ce qui est déjà formidable, et j'ai été embauchée. Je serai secrétaire internationale chargée des affaires francophones et britanniques. C'est merveilleux.»

B 👥 Avant d'écrire son article, le/la journaliste a posé des questions à Valérie. Prépare autant de questions possibles en cinq minutes. Ensuite pose-les à un(e) camarade de classe, qui doit répondre. Après avoir posé cinq questions, changez de rôle.

8.12 Stéphanie, coiffeuse

A 🎧 Écoute Stéphanie. Comment dit-elle:

1 to do an apprenticeship
2 I nearly gave up
3 to stick at it
4 in order to succeed in this profession
5 essential requirements
6 up to 50% of what you earn
7 in any job

B 🎧 Le journaliste a posé à Stéphanie les questions suivantes – mais dans quel ordre? Écoute encore et range les questions dans le bon ordre.

a Vous êtes toujours de bonne humeur?
b Qu'est-ce qui compte le plus, pour une cliente?
c Vous êtes bien récompensée?
d Comment avez-vous trouvé l'apprentissage?
e Quels conseils est-ce que vous donneriez aux futurs apprentis?
f Ça fait longtemps que vous êtes coiffeuse?
g Comment voyez-vous votre avenir?
h Quels sont les inconvénients de votre métier?
i Pourquoi est-ce que vous n'avez pas poursuivi vos études?
j Est-ce que les clientes vous disent quelquefois des secrets?

C ✍ Être coiffeuse/coiffeur, ça t'intéresserait? Explique ton opinion et tes raisons en 200 mots.

8.13 «L'argent, c'est l'indépendance»

Frédéric n'a jamais eu de problèmes en ce qui concerne l'argent. Fils d'une famille aisée, pensez-vous sans doute? Mais la vérité, c'est loin de ça.

Frédéric, même en primaire, se montrait déjà plutôt débrouillard. À la récréation, il vendait à ses camarades de classe des livres ou des jeux dont il n'avait plus besoin. Et il gagnait pas mal d'argent. C'était, dit-il, la meilleure leçon qu'il a apprise à l'école! Et moi, ajoute-t-il en souriant, qui étais nul en maths!

Aujourd'hui, à dix-sept ans, cet ado, le cadet d'une famille ouvrière nombreuse - il a trois frères et une sœur – développe son esprit d'entrepreneur, achetant et revendant toutes sortes d'objets, des DVD, des CD, des BD – en effet, tout ce qui lui tombe sous les mains.

Frédéric compte s'offrir cet été des vacances en Espagne. Et, dès son retour, il envisage de se payer des cours de conduite, avant de passer son permis le plus tôt possible. Il a déjà en vue une voiture d'occasion, 'mais presque neuve', dit-il, qu'il pourra obtenir 'pour presque rien'.

Ce jeune homme, certes, a du talent. Futur homme d'affaires? C'est bien possible. Milliardaire à vingt ans? Qui oserait dire non?

Vocabulary

débrouillard *resourceful*
se payer *to treat oneself to*
d'occasion *second-hand*

A 📝 Fais correspondre les deux parties des phrases suivantes pour faire le résumé de l'article.

1 On aurait tort de croire que Frédéric jouissait d' …
2 Très jeune Frédéric avait déjà …
3 En revendant de vieux objets il gagnait …
4 En calcul Frédéric était …
5 Ses frères et sœurs sont …
6 Il a l'intention de passer …
7 Quand il reviendra il apprendra …
8 Frédéric sera peut-être très riche …

a très faible.
b une vie familiale privilégiée.
c plus âgés que lui.
d du temps à l'étranger.
e à l'avenir.
f un instinct pour le commerce.
g beaucoup d'euros.
h à conduire.

B 📝 Traduis en français ce court texte, en utilisant l'article pour t'aider.

Hello! My name is Frédéric and I'm a businessman. I was useless at school. I never learned anything, except during break, when I used to sell old things that I didn't need any longer. People always want to buy second-hand books and CDs.

I've always been resourceful and I've already made quite a lot of money. I've got my eye on a lovely car which I'm going to buy for peanuts. Next week, I'm going on holiday to Spain for a fortnight. As soon as I get back I'll treat myself to some driving lessons.

C 📝 Quel sera, à ton avis, l'avenir de Frédéric? Écris environ 200 mots.

8.14 Les fruits du travail

A 📃 Les mots suivants ont le même sens que d'autres qui se trouvent dans l'article. Trouve-les!

1 main d'œuvre
2 mineurs
3 conviennent
4 imperfections
5 candidats
6 défendu
7 éveillé
8 75%
9 paie
10 récoltent

⬤ Vocabulary

ASSEDIC Association pour l'emploi dans l'industrie et le commerce
cageot (m) *crate*
calibrage (m) *grading*
confins (mpl) *confines, limits*
davantage *more*
manquer de *to be short of*
pétarade (f) *backfire*
rayon (m) *(here) radius*
saisonniers (mpl) *seasonal workers*
SMIC (Salaire minimum interprofessionnel de croissance) *guaranteed minimum wage*
tant de *so much/so many*

L'été, la ferme de la Remouzinière, perdue au fond des Deux-Sèvres, résonne de pétarades de mobylettes. Une trentaine de jeunes arrivent dès huit heures pour une rémunération au SMIC.

Chantal s'occupe du personnel et choisit les postulants au job d'été; «Dès le mois de janvier, les gens appellent alors que la cueillette des pommes et des poires ne commence pas avant août! Je choisis d'abord les enfants de mes clients. On recrute dans un rayon de 15–20 km. Sur mon cahier, j'ai noté ceux qui n'avaient pas été travailleurs l'année d'avant et on ne les rappelle pas.»

Dans les champs, filles et garçons ramassent les fruits indifféremment. «Maintenant, avec notre nouvelle technique de travail, on porte de moins en moins de cageots. Alors les filles font l'affaire, sauf les plus jeunes car le Code du travail nous interdit de les employer pour porter des caisses d'une vingtaine de kilos si elles ont moins de dix-

huit ans. Sinon, on préfère les filles pour le calibrage. Elles ont l'œil plus perspicace pour estimer la grosseur et les défauts des fruits.»

Dans cette exploitation, les étudiants représentent les trois quarts des travailleurs saisonniers. «Ça nous pose des problèmes en fin de saison car ils ont repris le chemin des écoles, alors on manque de monde en décembre.»

Mais Chantal préfère, malgré tout, travailler avec les scolaires: «Ce sont les plus motivés, ils ont une idée précise en tête. Avec l'argent gagné ils achèteront une voiture, ou financeront leurs études.

Avec les chômeurs, c'est plus délicat. Comme on dépend de la météo, on ne peut pas leur assurer tant de jours de travail dans le mois de façon certaine. Alors, ils hésitent, parce que parfois ils gagnent davantage avec l'ASSEDIC qu'en venant passer quelques jours ici. Et je les comprends.» G.B.

B 📄 Relis l'article, puis choisis la réponse la plus appropriée selon l'article.

1 À la ferme de la Remouzinière, les jeunes …
   a arrivent d'un peu partout.
   b arrivent de bon matin.
   c gagneront pas mal d'argent.
2 Ceux qui cherchent à se faire embaucher…
   a habitent assez près.
   b ont tous travaillé dur l'année précédente.
   c postulent peu à l'avance.
3 On fait la cueillette des fruits …
   a avec peu d'enthousiasme.
   b filles et garçons ensemble.
   c pour des raisons différentes.

4 Le travail…
   a est une bonne affaire pour les jeunes.
   b est interdit aux moins de dix-huit ans.
   c ne convient pas aux filles mineures.
5 Les filles …
   a ont des aptitudes particulières pour certains aspects du travail.
   b sont pour la plupart des étudiantes.
   c posent des problèmes à la rentrée.
6 À cause des conditions météo …
   a les étudiants sont au chômage en automne.
   b les chômeurs ne sont pas sûrs de combien ils toucheront.
   c la santé des chômeurs est fragile.

8.15 Jeu de rôles

🎞 **Scénario:** You are being interviewed for a summer job in a French restaurant. Listen to the recording, and reply to the boss, who is interviewing you.

Personnages: 1 Le/La patron(ne)
2 Michel(le), dont tu interprètes le rôle.

P *Quelles sont les langues que vous parlez?*
M [Say you speak English, French, German and enough Spanish to survive.]
P *C'est bien. Et quels petits boulots est-ce que vous avez faits dans votre pays?*
M [Say you have had two part-time jobs. Choose which.]
P *Vous avez travaillé combien d'heures par semaine?*
M [Say, on average, 10 to 15 a week.]

P *Pour vous, quels ont été les avantages de vos petits boulots?*
M [Say the work was interesting, the atmosphere friendly and you got on well with people.]
P *Très bien. Et vous étiez bien payé ou non?*
M [Say, not really, 8 euros an hour.]
P *Oh, on peut aller un peu plus loin que ça!*
M [Say, (s)he's very kind.]

Pratiques

1 Complète les phrases coupées:

1 J'ai été embauché dans une entreprise de construction, mais je m'en suis vite lassé.

2 On m'a dit que le métier de chauffeur routier me conviendrait et cela m'a tentée tout de suite.

3 Je parcours le monde en avion depuis presque neuf ans, et j'ai autant d'enthousiasme que le jour où j'ai commencé ce métier.

4 Elle m'a expliqué comment fonctionnaient les logiciels, comment rédiger les contrats de travail, comment régler les factures.

5 Ils recrutent pour d'assez longues périodes (généralement deux mois); mais offrent des postes variés (restauration, sports, entretien).

2 Cherche l'intrus dans chaque ligne.

1 fiable / ordonné / poli / fatigant / consciencieux
2 apprenti / employé / directeur / femme d'affaires / fonctionnaire
3 ambition / formation / motivation / orientation / situation
4 cible / conseillère / cadre / perspective / recrue
5 efficace / scientifique / bénéfique / temporaire / technologique

3 Écris les formes correctes des adjectifs entre parenthèses.

1 une présidente (fiable)
2 une épreuve (facile)
3 des ingénieurs (faible)
4 une chirurgienne (consciencieux)
5 une grève (perlé)
6 une grève (sauvage)
7 à temps (partiel)
8 l'employée (responsable)
9 des prix (sérieux)
10 un effectif (nombreux)
11 des employées (industrieux)
12 une attitude (professionnel)
13 des études (supérieur)
14 des chercheuses (efficace)
15 une vision (ringard)

4 Cherche dans la case les paires de lettres qui manquent.

1 a____uel
2 emb____cher
3 co____erce
4 ci____er
5 co ____
6 ambitie____e
7 dis____nible
8 l____guiste
9 bo____er
10 perman____t
11 serv____e
12 autoritai ____
13 directr____e
14 ____age
15 po____tualité
16 am____eur
17 annon ____
18 robotiq ____
19 a____aires
20 pr____e

nc	im	st	at	ce
de	au	us	ff	bl
ue	mm	po	in	re
en	ic	ss	nn	ic

5 Exercise de traduction. Attention! Ces phrases sont choisies pour te permettre de travailler les expressions utilisant l'infinitif.

1 We've too many things to arrange, to go out tonight.
2 We don't like spending the evening doing homework.
3 You (*tu*) need to be careful not to let yourself be intimidated.
4 Exercising regularly helps me calm down.
5 Why? – To get you up to date on events.
6 To be more up to speed, it's better for us to listen to France-Inter.

6 Travail de dictionnaire. Choisis les prépositions qui conviennent dans le paragraphe suivant.

Valérie, 26 ans, était chômeuse *à/en/dans* Rennes. Elle vient *à/de/pour* décrocher un emploi de secrétaire *à/en/dans* Allemagne. Bonheur tout frais *aux/avec/dans* couleurs de l'Europe. «On s'est retrouvées toutes les quinze là-bas» *avec/pour/sur* trois mois *de/dès/après* septembre *à/en/sur* Noël. Cinq semaines *après/de/en* stage et six semaines *dans/en/entre* enterprise.

Les transports

Dans cette unité, on discutera des divers modes de transport dans le monde francophone. Tu te familiariseras avec les attitudes différentes envers les transports en commun dans un pays comme la France avec une population presque identique à celle du Royaume-Uni, mais avec 2,3 fois sa superficie.

The *séminaires* in this unit and in Unit 10 give practical and concrete advice on tackling the reading and comprehension tasks in the mixed-skills paper, so that you can sit the exam, confident that you know *how* to deal with the question-types and what traps to look for. The continuing grammar practice concentrates on revision of *de / de la / du / de l' / des* and the linking prepositions between verbs.

Séminaire Tackling listening and reading comprehension questions in the exam [1]

Many students find it difficult to complete their Board's mixed-skills paper. This is understandable, since there seems to be so much to do in the time available. The apparent lack of time can lead to a sense of panic, which, in itself, will depress your performance.

But, it needn't be like this. The following key strategies will all lead to an improvement in what you produce.

1 Stand back and think about what you are doing, before you do it. This will give you a real chance to show what you can do.

2 Achieve this by giving yourself a short time to look at all the question material for an exam question, *before* proceeding to your answers.

3 Once you start adopting this technique, you will notice that different types of exam questions have different *shapes* to them. If you get to understand the shapes, your performance will improve, often very significantly.

4 You will soon learn from these shapes and from using your own common sense that quite a high percentage of questions can be answered, or, at least, half-answered *without* your looking at or listening to the passage. Why should this be?

5 If you have a high level of verbal reasoning, which most AS French students will have, you can often make at least partial sense of a textual or listening situation from a few vague clues. This talent is not given to everybody. You can use it to devastating effect in the listening and reading comprehension sections of your exam.

Remember also that the test types for listening and reading are very similar, simply because written text is simply a way of putting down on paper what had already been thought or spoken.

In Unit 10, we will look at exam-type questions from the various units in *Tout droit!* and practise putting into concrete effect the strategies listed under points 3–5.

9.1 Jess parle de ses voyages en France

Cette conversation est pleine de voca-clé dans le domaine des transports. Chaque blanc dans la transcription représente un mot qui te sera utile quand il s'agira de parler ou d'écrire au sujet des transports.

A 🎧 Écoute l'enregistrement et remplis les blancs, puis répertorie et apprends tout le vocabulaire que tu auras trouvé.

Q Jess, tu **(1)** _____ régulièrement en France avec la famille et maintenant pour **(2)** _____ Jon Bitschnau. Tu aimes **(3)** _____ dans l'**(4)** _____ ?

Jess En principe, oui, naturellement, mais ce n'est pas toujours facile!

Q Pas toujours facile? Explique-toi!

Jess Alors, il ne faut pas exagérer, puisque la France est plus de deux fois plus grande que la Grande Bretagne avec à peu près la même population de soixante millions de citoyens. Il est beaucoup plus facile de **(5)** _____ en France tout simplement parce qu'il y a tellement plus de **(6)** _____ , même aux **(7)** _____ !

Mais, en été par exemple, surtout début août, subir la **(8)** _____ sur la A7 vers la **(9)** _____ **(10)** _____ est une vraie expérience et pas dans le bon sens! Il vous semble que tous les Parigots, c'est-à-dire tous les Parisiens, quittent Lutèce pour la **(11)** _____ et la mer là-bas. Et la **(12)** _____ sur Paris au dernier weekend d'août est même pire que la descente. D'autant plus que la rentrée est toujours triste, puisqu'on **(13)** _____ le travail et l'école!

Q Tu pourrais nous donner une petite description des conditions?

Jess D'accord, si tu es suffisamment masochiste! Alors, tout d'abord il y aura les **(14)** _____ **(15)** _____ **(16)** _____ à **(17)** _____ **(18)** _____ au sud de Paris, qui annoncent des conditions pas très agréables un peu plus bas, que ce soit à un kilomètre de vous ou à une vingtaine.

Puis, il y aura les **(19)** _____ **(20)** _____ autour des grandes villes comme Lyon. Ces bouchons pourront **(21)** _____ des heures. Assez souvent on verra des particuliers qui décident de **(22)** _____ sur la **(23)** _____ , ce qui n'est pas vraiment une bonne idée, parce qu'il y a beaucoup plus de police, surtout de **(24)** _____ , sur l'autoroute qui vous trouveront bel et bien!

A part les bouchons, vous ferez partie d'un flot de voitures qui **(25)** _____ à la **(26)** _____ . Vous n'aurez aucune indication sur le moment où vous serez obligé d'arrêter votre voiture ou du moment où vous pourrez redémarrer, très souvent pour quelques mètres, quelques secondes seulement. Mais, pour relativiser, c'est comme ça sur la M1 et la M6 en Angleterre pendant toute l'année!

Q Pour aller à Belfort ou Masevaux, tu préfères prendre …?

Jess Je ne suis vraiment pas difficile pour ça. Nous avons déjà fait le **(27)** _____ avec **(28)** _____ , c'est-à-dire Wakefield–Waterloo–Paris–Belfort et avec l'**(29)** _____ depuis Manchester à Mulhouse.

Q Et, tu n'as pas de préférence?

Jess J'adore le voyage en **(30)** _____ entre Hull et Zeebrugge. Les **(31)** _____ , le restaurant et la petite disco sont superbes. Mais, les cinq cents kilomètres de **(32)** _____ après ça jusqu'à Masevaux ou Belfort, c'est un peu long, surtout dans le petit **(33)** _____ de mon beau-père, quand il n'y a pas de soleil.

J'aime Eurostar, parce que j'ai l'occasion de lire et les trois trains sont super calmes. Mais, ça fait quand même quinze heures de voyage depuis Yorkshire jusqu'à l'Alsace.

Q Et, l'avion?

Jess Je n'ai rien contre l'avion, qui est beaucoup plus **(34)** _____ , naturellement. Mais, le problème, c'est qu'on a un trajet de deux heures jusqu'à l'aéroport, un minimum de deux heures d'**(35)** _____ pour le **(36)** _____ et après un vol d'encore plus de deux heures, il faut même deux heures de plus pour nous trouver chez la famille. Quatre fois deux heures, alors il n'est pas nécessaire de sortir de St Cyr pour pouvoir faire le calcul! D'autant plus que le **(37)** _____ de notre voiture près de Manchester coûte cent vingt euros!

Q Je vois ce que tu veux dire.

9.2 Comment se déplacer sans voiture?

Tu n'as pas obtenu, peut-être, ton permis de conduire? Tu dépends des autres pour te déplacer? En France, à partir de quatorze ans, beaucoup de jeunes trouvent une solution à ce problème.

A 🎧 Lesquelles des observations suivantes ne s'accordent pas avec ce que dit Anne-Sophie?

1 Avec le Solex, on peut se déplacer sans dépendre des autres.
2 Elle n'a pas les moyens de se payer une voiture.
3 Un avantage du Solex, c'est qu'on ne doit pas dépenser trop d'énergie.
4 Autrefois, elle et son entourage se sentaient frustrés.
5 Ils dépendaient de leurs mères pour être emmenés quelque part.
6 Le Solex n'est pas apte aux trajets très longs.
7 Les transports en commun ne suffisaient pas.

B 🎧 Dans cette autre version de ce que dit Anne-Sophie, il y a des mots qui manquent. Écris un mot pour remplir chaque blanc, selon le sens de ce qu'elle dit.

Je crois qu'on se sent vraiment **(1)** ____ pour la première **(2)** ____ quand on obtient une mobylette. On voit ces vélos motorisés tout le **(3)** ____ en France, conduits surtout par des **(4)** ____ gens. Heureusement, ils vont assez **(5)** ____!

Quand mes amis et moi **(6)** ____ seize ans, nous trouvions très **(7)** ____ d'aller passer la journée ensemble, au **(8)** ____ de la mer, par exemple. Il **(9)** ____ rester en ville ou bien **(10)** ____ le train.

9.3 «Je n'ai pas encore mon permis»

Juliette, bien qu'un peu plus âgée, ressent elle aussi les problèmes de ne pas avoir son permis.

A 🎧 Les phrases suivantes en anglais résument ce qu'elle dit, mais elles ne sont pas dans le bon ordre. Écoute Juliette, puis range les phrases correctement.

1 She feels she's the odd one out.
2 She would visit friends who live some distance away.
3 Her friends feel like taxi-drivers.
4 She can't afford it.
5 She's restricted in her attempts to find work.
6 She doesn't have a job.
7 Her parents aren't well off.
8 Not having a car has become an inconvenience.

B 🎧 Écoute encore, puis complète les phrases suivantes.

1 Elle n'a pas assez _____ son permis.

2 Ses parents sont trop _____ l'aider.

3 Elle se sent _____ parce que bientôt elle _____ .

4 Elle rendrait _____ à des amis qui _____ .

5 Elle ne pourrait pas _____ un travail si le trajet _____ .

6 Elle n'aime pas que ses amis doivent _____ .

9.4 Le permis à points

Une fois le permis gagné, gare à ne pas le perdre! En France, avec le système du «permis à points», tu le perdras dès que tu dépasseras le nombre maximum de points. Écoute Brigitte qui explique comment ça marche.

A 🎧 Écoute Brigitte; comment dit-elle …

1 depending on the offences

2 he has points docked

3 he loses his licence

4 speeding

5 drink-driving

6 to check that you are fit to drive without endangering others

B 🎧 Complète chacune des phrases suivantes en écrivant, chaque fois, le nombre de mots indiqués.

1 En fait, le conducteur commence avec _____ (2 mots).

2 Pour chaque infraction, on vous _____ (3 mots).

3 Si vous dépassez les douze points, vous _____ (3 mots).

4 La vitesse pour les jeunes conducteurs est limitée à _____ (4 mots).

5 Sur l'autoroute, on vous retire quatre points si _____ (6 mots).

6 Si vous conduisez avec un taux d'alcool dans le sang de plus de 0,8 g, vous _____ (3 mots).

7 On peut récupérer les points enlevés si _____ (5 mots).

8 Une autre façon de les récupérer, c'est de payer pour des _____ (3 mots).

C 👥 Utilisant une forme interrogative différente chaque fois, écris cinq questions auxquelles Brigitte a répondu. Travaille avec un(e) partenaire. À tour de rôle, vous posez chacun(e) vos questions au partenaire, qui doit répondre.

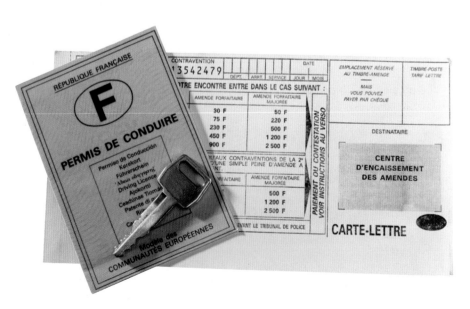

9.5 Le permis de conduire à 16 ans?

La route est la première cause de mortalité entre 14 et 18 ans. À côté de la baisse du coût du permis pour les jeunes, défendue par le gouvernement, d'autres militent pour en abaisser l'âge.

Je propose que la sécurité routière devienne une matière à part entière, obligatoire, intégrée aux programmes et sanctionnée par un diplôme, le permis de conduire – ce qui, par ailleurs, en réduirait le coût pour les candidats. Les enseignants me rétorqueront, à raison, que ce n'est pas leur rôle. En revanche, c'est celui de l'école. Il faudra former des professeurs ou faire appel à des intervenants contractuels.

Les opposants à ma proposition rappellent que le taux d'accidents est plus élevé chez les jeunes. Mais justement! Si on leur délivrait un véritable enseignement, ils se sentiraient plus concernés et accepteraient plus facilement la sécurité routière et ses contraintes. Il faut leur montrer qu'en ne respectant pas certaines règles on se tue. Et que certains gestes sauvent.

Le permis à 16 ans fait peur aux pouvoirs publics: à cause de l'immaturité des jeunes, parce que cette politique aurait un coût élevé pour l'État, parce que le corps enseignant est plus que réservé. On dit que les jeunes ne sont ni mûrs ni raisonnables, qu'il faut les éduquer: cessons d'être hypocrites et donnons-nous-en les moyens.

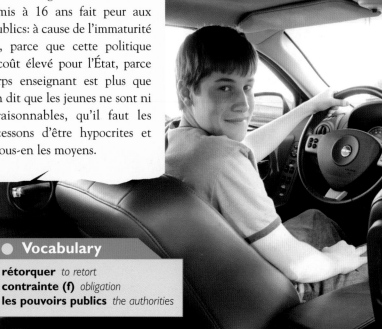

Vocabulary

rétorquer *to retort*
contrainte (f) *obligation*
les pouvoirs publics *the authorities*

A Which of the following statements are made in the article?

1 The government has defended the reduction in the cost of a driving licence for young people.
2 Road safety is set to be included in the school curriculum as a subject in its own right.
3 Teachers will object because this is not in their contract.
4 Traffic wardens could be trained to deliver this subject.
5 If young people were educated properly about road safety they would feel more involved.
6 Any gestures made by young people while driving could be lethal.
7 Young people are neither mature nor sensible.
8 There is an inherent contradiction in the reasoning of those who are against allowing 16 year-olds to drive.

B Les substantifs suivants se trouvent dans l'article. Écris l'adjectif qui correspond à chacun.

1 mortalité
2 sécurité
3 diplôme
4 coût
5 enseignement
6 peur

C Maintenant complète les phrases suivantes en choisissant chaque fois la forme correcte d'un des adjectifs que tu as notés.

1 Les parents de jeunes conducteurs sont _____ pour leurs enfants.
2 Il y a trop d'accidents _____ sur les routes.
3 Le permis de conduire est trop _____ .
4 La sécurité routière est _____ dans toutes les écoles.

9.6 Téléphoner au volant

Téléphoner à partir de sa voiture, ça se voit tous les jours. Mais n'est-ce pas dangereux? Lis ce que pensent ces quatre personnes interviewées par le journal *Aujourd'hui*.

Je trouve cela très dangereux. Les gens ont l'esprit ailleurs, une main sur le volant, le téléphone dans l'autre. Une fois, un automobiliste, tout occupé à sa conversation, s'est déporté et m'a coupé la route. Heureusement, j'ai pu l'éviter. Je pense qu'il faudrait les obliger à installer un équipement mains libres ou à s'arrêter pour téléphoner.

Antoine

À Paris, étant donné la circulation, je trouve cela encore plus dangereux, même s'il y a beaucoup de feux rouges. Mais je ne suis pas favorable à une interdiction. Il faudrait faire prendre conscience aux automobilistes qu'un système n'obligeant pas à décrocher le téléphone est plus sûr.

Stéphanie

Je n'ai jamais constaté que le fait de téléphoner au volant rendait la conduite dangereuse. En agglomération, la vitesse est tellement faible qu'il me semble possible de faire les deux à la fois. Mais sur autoroute, il faut pouvoir utiliser ses deux mains. Je ne pense pas que l'on puisse imposer une restriction. Même si l'on rendait les équipements mains libres obligatoires, les gens ne suivraient pas, c'est cher.

Raphaël

J'utilise un téléphone portable pour mon travail, je suis donc contre tout projet d'interdiction de téléphoner en conduisant. Je reconnais que ça peut être périlleux, notamment en ville où des piétons déboulent de n'importe où. Mais sur l'autoroute c'est toujours tout droit et il n'y a aucun risque.

Emmanuelle

A 📄 Écris le nom de la personne qui…

1 a évité de justesse un accident.
2 a des raisons personnelles pour être opposé(e) à une interdiction.
3 dit que le danger n'existe que sur les autoroutes.
4 pense que l'on ne risque rien sur les autoroutes.
5 dit que l'on roule lentement en ville.
6 croit qu'il est facile de perdre sa concentration.
7 dit que ce sont les gens qui ne sont pas en voiture qui provoquent des accidents.
8 pense qu'il n'y a aucun danger en ville.

B 👥 Note en français tous les arguments donnés par les quatre interviewés. Ensuite, en travaillant avec un(e) camarade, discutez de la question: 'Téléphoner au volant, c'est dangereux.'

Personne A: tu es d'accord.
Personne B: tu exprimes un point de vue contraire.

Après cinq minutes, changez de rôle.

C ✍ Écris environ 200 mots sur le même sujet.

9.7 Deux piétons et un motard blessés

Conduire une voiture, ça peut, bien sûr, être dangereux. Lis cet article tiré du journal *Le Dauphiné Libéré*.

A 📄 Cherche dans ton dictionnaire les mots suivants, puis écris pour chacun une phrase en français pour en expliquer le sens.

1 sapeurs-pompiers
2 gendarme
3 piéton
4 voie express
5 les premiers soins
6 un constat

B 📄 Fais correspondre les deux parties des phrases suivantes, qui font le résumé de l'article. Attention – il y a une deuxième partie de trop.

1 En une heure les services publics …
2 En ce qui concerne le premier accident …
3 Quinze minutes après …
4 Les victimes des deux premiers accidents …
5 On ne sait pas exactement à quelle heure …
6 On suppose que le blessé avait eu …

a s'est produit le troisième accident.
b ont dû s'occuper de trois accidents.
c ont été transportées au même hôpital.
d un pneu crevé.
e personne n'a été tué.
f il s'agit d'une habitante de Vizille.
g c'est un motard qui a été blessé.

Grenoble: Les gendarmes et les sapeurs-pompiers de Vizille ont eu fort à faire hier au soir puisque trois accidents de la circulation sont intervenus entre 17 et 18 heures.

Le premier, à 17h 15, a mis en cause un piéton et un automobiliste. Mme Violette Bernard, qui demeure à Vizille, a été renversée avenue Maurice-Thorez par une 205 Peugeot. Blessée, elle a été transportée par les sapeurs-pompiers à l'hôpital Albert-Michallon.

Le second accident a eu lieu à 17h 30 après le carrefour Muzet alors qu'il y avait une circulation intense. Une 305 Peugeot qui venait de l'Alpe d'Huez a tourné sur sa gauche. C'est alors qu'une Yamaha a percuté le véhicule à la hauteur de la portière avant. Blessé, le motard, Alain Aimé, a reçu les premiers soins par les sapeurs-pompiers de Vizille avant d'être dirigé à l'hôpital Albert-Michallon.

Quant au troisième accident, il est arrivé sur la voie express de Vizille. Un homme a été fauché alors qu'il changeait la roue de son véhicule. Franck Marcak de La Mure a été évacué sur Grenoble alors qu'il souffrait d'une fracture ouverte au bras droit.

Les trois constats ont été effectués par la brigade de gendarmerie de Vizille.

C 📄 🗣 En te référant à l'article à la page 125, traduis en français le texte suivant.

Several road traffic accidents occurred yesterday evening near Vizille. At 5.15 pm, a woman pedestrian was knocked down by a Peugeot 205 and was taken to hospital. A quarter of an hour later, a motorcyclist was injured when his Yamaha collided with another car. The third accident took place when a man, who was changing one of the wheels of his vehicle, was mown down. The three victims, however, were not seriously injured.

9.8 Les Rennais conquis par leur métro

LE MÉTRO DE RENNES

1 Depuis 2002, le métro de Rennes s'est imposé en changeant les modes de vie. Un bouleversement dont témoignent les chiffres de fréquentation. Entre 75 000 et 85 000 trajets par jour: c'est au-delà de toutes les prévisions.

2 Les usagers s'en félicitent. Françoise quitte tous les matins Orgères, une petite commune périphérique, pour aller travailler en plein centre-ville. «J'évite les embouteillages aux heures de pointe et je mets beaucoup moins de temps pour aller au bureau.»

3 Autre point positif: les habitants de la couronne rennaise n'hésitent pas à prendre le car quand ils sortent du métro. Avec 10 à 15% de voyageurs supplémentaires, les bus desservant les communes de la périphérie n'ont jamais été aussi remplis.

4 Dans les cités HLM, on affiche le même contentement. À la station le Blosne, Aïcha monte les escaliers, les bras chargés de sacs plastiques. «Avant, le quartier était mal desservi. Maintenant, je vais au centre commercial en 5 minutes.»

5 Cependant, le problème des parcs-relais ressurgit périodiquement. A Villejean, à l'extrémité de la ligne, les automobilistes de la banlieue ouest se garent en désordre près des bouches de métro qu'ils prennent pour aller dans le centre. Du coup, les gens qui habitent sur place peinent à trouver une place de parking.

A 📄 Fais correspondre les titres suivants aux paragraphes appropriés de l'article. Attention – il y a un titre de trop.

a Certains ne sont pas contents
b Courses plus faciles à faire
c Autres transports en commun en profitent
d Un gros succès
e Commerçants en colère
f Plus de congestion

B 📄 Dans cet article, comment dit-on …

1 plus que l'on n'aurait espéré
2 les gens ne sont pas moins heureux
3 ont de la difficulté
4 se présente de temps en temps
5 il me faut

C 🗣 Écris 200 mots au sujet des avantages des transports en commun par rapport à la voiture.

9.9 Entrée en vigueur d'un code de la route plus répressif en Algérie

LE NOUVEAU CODE EN ALGÉRIE

Le nouveau code de la route entre en vigueur mardi 1er mai en Algérie, pays classé au quatrième rang mondial pour la mortalité routière, avec une moyenne quotidienne de près de dix décès. Selon toutes les études, les négligences des conducteurs sont à l'origine de la majorité des accidents.

Les peines pour causes d'accident sont également aggravées, afin d'inciter les usagers à respecter davantage les règles élémentaires du code de la route. Les cas de retrait ou de suspension du permis de conduire ou de retrait provisoire des documents sont également plus nombreux.

Aujourd'hui, un automobiliste algérien peut «tuer» avec sa voiture dans les 48 *wilayas* (départements) du pays sans pour autant être inquiété: il ne figure en effet pas sur un fichier national qui permettrait aux enquêteurs dans n'importe quelle ville de savoir à qui ils ont affaire.

Durant le mois précédant l'entrée en vigueur de cette loi, les autorités ont organisé des campagnes de sensibilisation et d'information pour expliquer et surtout préparer les automobilistes à faire face à une loi d'ores et déjà impopulaire.

A Dans chacune des phrases suivantes, qui font le résumé de l'article, plusieurs mots ont été enlevés. Choisis dans la liste en bas le bon milieu de phrase, puis traduis les phrases complètes.

1 Il n'y a que trois autres pays du monde où ____ sont plus nombreux.
2 Tous les jours ____ trouvent la mort sur les routes algériennes.
3 Dans la plupart des cas ____ sont responsables de ces morts.
4 On va imposer ____ aux chauffeurs fautifs.
5 Actuellement ____ restent inconnus à l'extérieur de leur propre département.
6 On a préparé ____ en informant le public.

a dix personnes
b l'introduction de nouvelles mesures sévères
c des sanctions plus graves
d les accidents mortels de la route
e les conducteurs
f les conducteurs fautifs

B Le journaliste a utilisé dans son article les noms suivants. Trouve l'adjectif qui correspond à chacun. Attention – pour certains de ces noms tu trouveras dans le dictionnaire plus d'un adjectif qui correspond. Cependant, pour chaque phrase il n'y en a qu'un seul qui conviendra pour faire l'exercice C.

1 majorité   3 autorité   5 suspension
2 décès   4 négligence   6 vigueur

C 📄 Complète les phrases suivantes avec, chaque fois, un des adjectifs que tu viens de trouver. Fais accorder l'adjectif, s'il le faut, puis traduis les phrases en anglais.

1 Les chauffeurs ____ sont à l'origine de beaucoup d'accidents.
2 On va prendre des mesures ____.
3 Le gouvernement n'est pas libéral; au contraire, il est très ____ .

D ✍️ Écris, en utilisant les adjectifs qui restent, trois autres phrases où il est question de la sécurité routière. Puis, à tour de rôle, vous lisez les phrases à votre partenaire, qui doit les traduire oralement en anglais.

9.10 Faut-il sanctionner les piétons imprudents?

A 📄 Complète les phrases suivantes en choisissant la fin de phrase la plus appropriée selon le sens du texte.

1 On croit en général que c'est le chauffeur qui est responsable de …
2 La loi Badinter tient presque toujours responsable …
3 Assez souvent, le ou la responsable c'est …
4 Il y a des cas où le tribunal ne tient pas compte de …
5 Il faut sensibiliser aussi, entre autres, …
6 On ne devrait pas récompenser à 100% …

a les gens à deux roues.
b la compagnie d'assurances.
c la personne qui conduit.
d l'état du piéton.
e les gens qui sont responsables de ce qui leur est arrivé.
f la sécurité routière.
g la victime elle-même.
h les tribunaux.

B 📄 Traduis en anglais le paragraphe de ce texte qui débute 'La loi du 5 juillet 1985…'.

Même en cas d'infraction, le passant qui provoque un accident de la route est toujours dégagé de ses responsabilités. Une impunité à revoir?

Pour:

«S'ils sont fautifs, il faut qu'eux aussi se sentent responsables.»

Chaque fois que le thème de la sécurité routière est abordé dans l'actualité, le débat se concentre sur les «fous du volant». Pourtant, il est évident que nombre de piétons sont, eux aussi, imprudents.

La loi du 5 juillet 1985, dite loi Badinter, permet aux victimes d'accidents de la circulation les plus vulnérables – autrement dit, non motorisées – d'être intégralement indemnisées, sauf si elles ont commis une faute inexcusable. Les tribunaux ont jugé qu'un piéton ivre, assis de nuit, par temps de brouillard, au beau milieu d'un virage, ne commettait pas de faute inexcusable.

Les piétons, rollers et cyclistes représentent chaque année de 12 à 15% des victimes de la route. Pour que ce chiffre diminue, il faut qu'eux aussi se sentent responsables. C'est pourquoi il serait juste de prévoir la possibilité légale de les priver partiellement de leur droit à indemnisation s'ils ont commis une faute.

9.11 À bas les voitures! Rendez les rues aux piétons!

Écoute l'enregistrement, où l'on prend le parti du piéton.

A 🎧 Voici les points principaux de l'enregistrement, mais ils sont dans le désordre. Mets-les dans le bon ordre.

a Dans d'autres pays les chauffeurs sont plus disciplinés.

b Les enfants ne vont plus à l'école à pied.

c En France c'est la voiture qui est plus importante que le piéton.

d On constate un nombre toujours croissant d'automobiles.

e Il faut rendre les centres-ville aux piétons.

f Les piétons sont obligés de marcher dans la rue.

g Le plus souvent c'est en ville que les piétons se font blesser.

h Les piétons et les automobilistes ne s'entendent pas bien.

B 🎧 Écoute encore si tu en as besoin. Comment dit-on …

1 accidents involving a pedestrian occur in town

2 in many town centres

3 drivers stop

4 in spite of the Highway Code

5 it is high time to

C 👥 Débat: «Faut-il sanctionner les piétons imprudents?» / «Est-ce que l'on devrait rendre les centres-ville aux piétons?»

9.12 Norbert Dentressangle, pionnier de la logistique

Tu as peut-être aperçu de temps en temps, en conduisant sur l'autoroute, un de ces gros camions qui portent le nom de Norbert Dentressangle. Aujourd'hui, cette compagnie française est une des plus grandes entreprises de logistique en Europe. Écoute l'histoire de son développement spectaculaire.

A 🎧 Les questions suivantes correspondent à ce que l'on dit dans l'enregistrement, mais elles ne sont pas dans le bon ordre. Remets les questions dans le bon ordre selon le sens du texte. Attention – il y a une question de trop.

a Quel événement historique a été marqué par un camion Norbert Dentressangle?

b Comment peut-on reconnaître un poids lourd Norbert Dentressangle?

c Qu'est-ce qui s'est passé en 1995?

d En quelle année l'entreprise Norbert Dentressangle a-t-elle commencé?

e Qu'est-ce qui s'est passé dans les années 80?

f Actuellement, combien de camions font la traversée quotidienne de la Manche?

g Dans quels autres pays européens la compagnie s'est-elle établie?

h Dans les années 90, combien de traversées annuelles de la Manche la compagnie a-t-elle faites?

i Aujourd'hui, combien de gens travaillent pour Norbert Dentressangle?

B 🎧 Comment est-ce que l'on dit …

1 was rapidly expanding

2 many transport companies

3 the cross-Channel market

4 the Channel tunnel

5 has a presence

6 comprises

9.13 Le vélo-taxi lyonnais pédale vers le succès

Deux ans après son lancement à Lyon, le vélo-taxi électrique, **(1)**____ , s'est rapidement fait une place **(2)**____ et commence à essaimer dans d'autres villes.

Fondée **(3)**____ par deux étudiants de l'école de management à Lyon, avec cinq cyclos et quatre salariés au départ, l'entreprise dispose aujourd'hui de onze cyclos **(4)**____ . Elle emploie 25 salariés **(5)**____ ,

généralement des étudiants, à la recherche d'un boulot d'appoint.

«C'est un job sympa. On est dans la rue et on rencontre plein de gens **(6)**____», confie une «cyclonaute», Judith, 22 ans. Six heures par jour, **(7)**____ , elle sillonne la long artère piétonne qui traverse la presqu'île de Lyon. Une mission bien moins pénible qu'on pourrait le craindre, **(8)**____ .

A 📄 Les bouts de phrase suivants ont été enlevés de l'article. Remets-les à la bonne place – tu peux utiliser chaque bout de phrase une fois seulement!

a pouvant transporter trois passagers
b qui ont envie de discuter
c à temps partiel
d inédit en France

e il y a trois ans
f grâce à une assistance électrique du pédalier
g dans le centre piétonnier
h deux fois par semaine

B 🗣 Au choix: écris ou enregistre ton avis sur les avantages et les inconvénients de ce moyen de transport, en ce qui concerne les points suivants: sécurité/vitesse/confort personnel/pollution.

9.14 Les vélos à l'assaut de Paris

En 1974, c'est La Rochelle qui, la première, lance ses «vélos jaunes». Puis Rennes, en 1998, avec 200 vélos et 25 stations. Depuis, toutes les grandes villes de l'Hexagone veulent leurs vélos en libre-service.

Le concept est relativement peu cher et rapide à installer. Comme le tramway, qui a fait son grand retour dans une dizaine de villes en France, les vélos aussi déferlent sur le macadam.

Les systèmes diffèrent d'une ville à l'autre. Ainsi, à Chambéry, on roule sur 300 vélos à assistance électrique. À Bordeaux, pas de

location à la carte: on prête le vélo pour un an avec caution.

Et, dès cet après-midi à Paris, ils sont là, à chaque coin de rue. Les Vélib', ces vélos en libre-service, ont envahi la capitale, qui entre dans l'ère du vélo à la carte. 10 648 bicyclettes sont à louer dès 13 heures. À la fin de l'année, il y en aura deux fois plus.

Paris fait donc sa révolution-vélo. Le terme n'est pas trop fort car, avec 1 451 stations de location attendues à la fin de l'année, aucune ville au monde n'a jusqu'alors fait mieux.

A 📄 Les phrases suivantes, divisées en trois parties, font le résumé de l'article. La première partie de chaque phrase est donnée. Remets les deux autres parties à la bonne place.

1 Paris a mis ...
2 Rennes a tardé ...
3 Le système de location de vélos ...
4 Pas toutes les villes ...
5 Dans quelques mois ...
6 La capitale de la France ...

a est vite mis en place
b avant de faire comme La Rochelle
c de la même façon
d comme plusieurs autres villes
e est en tête des villes où
f presque un quart de siècle

g aura doublé
h plus de trente ans à faire
i ce système est en vigueur
j ont installé le système
k le nombre de vélos à louer
l coûte peu et

B ✍ Pourquoi, à ton avis, ce système a-t-il tant réussi? Est-ce qu'il y a des arguments contre?
Écris environ 200 mots.

9.15 Au travail – en bateau!

A 📄 Choisis le mot qui convient le mieux pour compléter chacune des phrases suivantes.

1 Les employés d'Icade sont (a) immobiles (b) enclavés (c) transportés au travail.
2 On ne peut accéder au bâtiment qu'(a) à pied (b) en navette (c) en autobus.
3 Marc est (a) génial (b) content (c) paisible en ce qui concerne le trajet.
4 Marc dit que le trajet en bateau est (a) lent (b) tranquille (c) rapide.
5 Icade estime que ce service est (a) frustrant (b) réussi (c) utile.
6 Le trajet se déroule sans (a) bruit (b) incident (c) passagers.
7 Les navettes sont (a) neuves (b) fortes (c) ensoleillées.
8 Il y a beaucoup de (a) témoins (b) gens (c) fous qui n'ont pas droit à emprunter les navettes.

Les employés d'Icade, le géant de l'immobilier, qui vient d'installer son siège social flambant neuf dans le parc du Millénaire, peuvent aller au travail en bateau. Pour desservir ce site enclavé au nord du périphérique, sans la moindre desserte de transports en commun, Icade a lancé une navette fluviale sur le canal Saint Denis.

Marc, consultant pour Icade, emprunte la navette depuis le début: «C'est vraiment génial, c'est une sorte de mini-croisière, on est au calme, il y a ce côté apaisant de l'eau qui nous fait complètement sortir du contexte urbain.»

Marc descend du métro à la station Corentin-Cariou pour prendre la navette. «Le trajet dure six minutes, mais il faut attendre assez longtemps entre les rotations. Ce n'est pas fait pour les gens très pressés.»

Les moteurs électriques sont totalement silencieux, la croisière est agréable. «Pour l'instant, nous avons déjà une centaine d'utilisateurs par jour», explique-t-on chez Icade.

Points forts: le look plutôt réussi des navettes, l'énergie électrique écologique, silencieuse, avec une partie de l'alimentation par des panneaux solaires. Point faible: les curieux et les voisins, qui aimeraient bien «faire un tour» eux aussi. «C'est la folie, je n'arrête pas de refouler des gens, témoigne le gardien de l'embarcadère, ils ne comprennent pas que c'est réservé aux travailleurs d'Icade.»

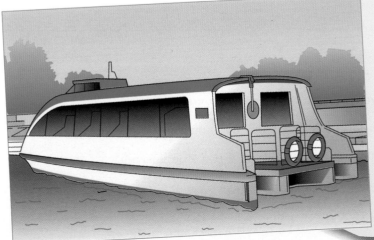

B Voici les réponses de Marc à des questions que le journaliste lui a posées. Écris, pour chaque réponse, une question appropriée.

1 Dans le parc du Millénaire.
2 En bateau.
3 Parce qu'il n'y a pas d'autre moyen d'y accéder.
4 Il y en a plusieurs, par exemple le calme.

5 Ça dure six minutes.
6 Non, pas pour ceux qui n'ont pas beaucoup de temps.
7 Non, aucun.
8 Les gens qui ne travaillent pas pour Icade.

9.16 Jeu de rôles

Scénario: You have been trying to hitch a lift on the entry slip-road of a French motorway. A police motor-cyclist suddenly pulls up and the police officer, clearly displeased, starts asking you questions.

Personnages: 1 un motard
2 Claude, dont tu interprètes le rôle.

M *Qu'est-ce que vous faites ici?*
C [Say you are trying to hitch a lift to Montpellier]
M *Et vous ne savez pas qu'il est défendu de faire de l'auto-stop sur les autoroutes de France?*
C [Say you didn't know]
M *Je peux voir votre passeport?*
C [Say you've left it at your friend's]
M *Où habite votre ami?*
C [Say (s)he lives in Belfort]
M *Vous avez une autre pièce d'identité?*
C [Say you have your student card and hand it over]
M *Quelles sont vos coordonnées?*
C [Say you don't understand the word *coordonnées*]
M *Ça veut dire 'nom, adresse, téléphone' et cetera.*
C [Give your name, address and phone number]
M *Tout ça semble être en règle.*
C [Say you're sorry to have caused any trouble]
M *Cette fois-ci, je l'oublie. Maintenant, il faut que vous sortiez de l'entrée, en suivant la bande d'arrêt d'urgence. Je vous accompagne.*
C [Thank the officer for his patience and help]

Pratiques

1 Complète les phrases coupées.

1 Le nouveau code de la route entre en vigueur mardi premier mai en Algérie.

2 Le permis à seize ans fait peur aux pouvoirs publics à cause de l'immaturité des jeunes.

3 Du coup, les gens qui habitent sur place peinent à trouver une place de parking.

4 Chaque fois que le thème de la sécurité routière est abordé dans l'actualité, le débat se concentre sur les «fous du volant».

2 Complète les mots à l'aide de la case ci-dessous.

1 auto____; auto____ ; auto____ ; auto____ ;
auto ____ ; auto____.

2 avi____ ; avi____ ; avi____ ; avi____ ; avi____ .

3 pass____ ; pass____ ; pass____ ; pass____ ;
pass____ .

4 rout____; rout____ ; rout____ ; rout____ ; rout____.

5 mot____; mot____ ; mot____ ; mot____ ; mot____.

itinier	stoppeur	ard	route	ateur
ager	mobile	eur	ier	oriste
on	car	ation	ron	é
routier	age	eport	motrice	s
ard	ine	orisé	erelle	és	o

3 Choisis parmi les verbes dans la case pour remplir les blancs.

Pour t'aider: chaque fois, demande-toi quelle forme
du verbe convient (personne? infinitif? temps?
et cetera). Tu auras alors un choix limité de
solutions.

1 Je voudrais vous ____ du Bison Futé.

2 Le service ____ ceux en panne d'essence.

3 Nous ____ des transports en commun.

4 Il faut ____ ce taux de mortalité.

5 Tu as ____ faire un long trajet.

6 Pour ces parcours-là, elle ____ l'avion.

7 Il y ____ des attentes interminables.

8 On va ____ le tramway dans la ville.

9 Ils ____ souvent en état d'ivresse.

10 Tu ____ l'annulation de ton permis.

combattre	conduisent	prend	réintégrer
risques	parle	dû	dépanne
aura	risquez du	dépendons	parler

4 Mets *d'/ de / du / de l' / de la / des* devant les noms.

1 ____ circulation

2 ____ calme

3 pas ____ essence

4 ____ feux

5 ____ transports

6 ____ zones

7 ____ diesel

8 ____ auto

9 plus ____ 200 accidentés

10 ____ formation

11 pas ____ panique

12 moins ____ 40 litres

13 pas ____ banlieusards

14 faire ____ pouce

15 ____ sécurité

16 ____ carburant

17 ____ vitesse

18 ____ agglomération

19 ____ entretien

20 faire ____ stop

5 Dans chaque phrase, mets la bonne préposition *à / de / '–'* entre les deux verbes.

1 Je refuse ____ voyager.

2 Je m'habitue ____ prendre l'avion.

3 Elle prend plaisir ____ y séjourner.

4 Tu as renoncé ____ séjourner là-bas?

5 Il m'a empêché ____ voler.

6 Nous aimons ____ y retourner.

7 Il préfère ____ prendre le train.

8 Nous essayerons ____ vous rejoindre.

Les vacances

Dans cette unité, tu apprendras comment les Français passent leurs vacances et connaîtres leurs opinions sur leurs congés. Ceci t'aidera à parler et écrire au sujet de tes propres vacances et à commenter les différences entre les deux pays.

The *séminaire* in this unit will help you put into action a plan for maximising your performance in the listening and reading comprehension sections of your mixed-skills paper. The grammar practice in this final unit will include more practice with the imperfect tense and a final *dictée* to send you on your way.

Séminaire Tackling listening and reading comprehension questions in the exam [2]

In the short *séminaire* in Unit 9, we looked at the general principles of *how* to approach the reading and listening part of the mixed-skills paper. Now, let's look at concrete strategies for maximising your performance in individual question-types.

1 The gap-filler

Note how it is possible to work out *what kind* of word is missing from each of the gaps. For example, if you look at activity A of 10.5 on page 140, word 1 has to be an infinitive verb, 2 a noun – a person or persons – 3 will be an adjective – probably describing her attitude – 4 something giving more information about 'année', 5 will tell you what there is or isn't to do. And, so on with numbers 6–10. And you think to yourself "I've done half the work already, without reading the text!" You have, indeed. Already, you are beginning to get the idea of question-shapes.

2 The catechism (the question and answer exercise)

It will help you to know that, when you have this question-type, the paper-setters *must* set the questions in the chronological order of the text. In other words, to find the material you need to use to answer the first question, look towards the beginning of the text. The material needed to answer the final question, should, similarly, be located towards the end of the text. All the material for the rest of the questions is likely to be spaced reasonably evenly throughout the passage.

Learn the technique of using later questions to give you clues as to the answers to earlier ones.

Another trick that will often help you with question sequences: before doing anything else, look at the first and last questions. The first will often give you a key to the whole of the passage and the last, a summary, conclusion, or a contrast.

3 The *Find the French for* question

Many students feel anxious about this test-type. But you can deal with it very successfully by staying logical. To help yourself find the right material, look carefully at the beginning and the end of each phrase. This tells you what kind of thing to look for.

Finally: remember to give only the words asked for. Don't add on words to the beginning or end.

4 The *Ticking the right answer* question

With this test-type, start by asking yourself which questions you can probably answer, just by using your common sense.

For example, in exercise B of 8.14, the most likely answer is …

Qn 1: *b* Fruit-pickers have to arrive early.

Qn 2: *c* is unlikely, since fruit-picking is very popular. The answer is likely to be *a* or *b*.

Qn 3: *a* is unlikely, *c* is something of a blanket answer, so it could be either *b* or *c*.

Qn 4: Needs close study.

Qn 5: *c* is unlikely, *b* is possible, *a* has a ring of truth about it.

Qn 6: Like Qn 4, it needs close study.

So, using our common sense, before looking at the text, we can get a long way towards working out four of the six answers in advance. This allows us to concentrate on individual details, when we come to read the material.

5 The *Vrai / Faux / ?* question

This used to be regarded as quite an easy test-type, until the Boards decided to toughen it, by introducing the *pas donné dans le texte / information non donnée* category.

Predictably enough, it is this third category, rather than the *vrai / faux*, which causes most of the head-scratching with this exercise, for those trying to score highly.

But, with all three of *true / false / not in the text,* you can help yourself to do well by standing back

and applying your common sense to the statements before looking at or listening to the stimulus passage.

With each statement, look for the key word(s) or phrase(s) on which your answer hangs. By finding the key words or phrases in the questions, you have already prepared yourself for exactly what you need to seek out when you actually work on the passage.

These approaches should take you a long way towards success.

10.1 Jess parle de ses vacances en France

🎧 Écoute la conversation et remplis les blancs avec les bonnes phrases dans la case. Il y a juste un petit problème. Chaque phrase contient une petite erreur, qu'il faut corriger avant de l'insérer dans son blanc!

Q Tu auras passé **(1)** _____ en France, Jess?

Jess Oh que oui! Avec pas mal de famille là-bas, l'opportunité **(2)** _____ . D'autant plus qu'ils sont si amicaux, si sympas. Ils sont vraiment spontanés et **(3)** _____ !

Q Alors, tu passes chez tes grands-parents à Masevaux?

Jess Oui, bien sûr et chez mes cousins, ma tante Martine et mon oncle Pascal à Belfort. **(4)** _____ là-bas, avec le réveillon et après ça, le nouvel an.

Q Et en été?

Jess Ça **(5)** _____ et de ce que veut faire la famille. J'ai déjà parlé de la piscine à Masevaux, mais Tonton Pascal, qui est maçon, vient de construire sa propre piscine, qui est super belle. En voilà des photos. Donc, on n'est pas **(6)** _____ le soleil dans le Midi, sauf que, avec les canicules de ces dernières années, on a trouvé nécessaire d'être près de la mer. Nous avons trouvé **(7)** _____ avec des mobile homes près de Fréjus et St Aygulf et nous nous sommes brûlés là-bas, à cause du soleil torride.

Q Et, vous, la tribu, comment vous **(8)** _____ ?

Jess Les choses normales, quoi. À part l'eau, on a fait du ping-pong, du tennis, il y a eu des discos et, la dernière fois, j'ai rencontré un jeune Belge

(9) _____ . Mais, je n'ai pas apprécié du tout que les autres, les adultes y compris, se soient moqués de nous. Mon cousin Vic **(10)** _____ , suivi de près des deux oncles Pascal et Serge. Ma cousine Anaïs, seule, **(11)** _____ !

Q Alors, si je ne m'abuse, tu pars encore une fois vers St Aygulf d'ici quelques jours. Et si tu rencontres un nouveau petit Belge ou quelqu'un tout comme?

Jess D'une chose tu **(12)** _____ , je ne vais rien dire à la famille. J'en avais marre de leur soi-disant humour, ou plutôt de leur humour décapant!

Q Bonne décision!

est vous amusés	était le père
aime surtout rigoler	pend du temps
des bons campings	a été compréhensible

dès mon âge	peux en être sûr
on fait toujours le Noël	obligé de chassé
est très bonne	beaucoup de vacances

10.2 Les vacances des Français

Sur les quatre destinations étrangères les plus demandées par les vacanciers français tout au long de l'été, trois se trouvent en Afrique. Selon le Syndicat national des agents de voyage (Snav), la Tunisie et l'Italie arrivent en tête, suivies du Maroc et de l'Égypte, qui ont regagné plusieurs places.

Les rangs suivants sont occupés par la Grèce, qui accuse un léger recul, et la Turquie.

Le Mexique et l'île Maurice progressent également, tandis que la République Dominicaine affiche une légère baisse, mais reste plus prisée que les États-Unis.

Cuba, l'Espagne et surtout les Baléares (13ᵉ position) sont également en baisse. En revanche, les pays de l'Est progressent: des destinations comme la Croatie sont particulièrement à la mode.

Ces projections portent sur la période de juin à octobre. Mais, selon les professionnels, il est de plus en plus difficile de faire des prévisions, dans la mesure où les ventes de dernière minute augmentent chaque année. Seule certitude: selon un sondage sur les intentions de départ en vacances des Français réalisé par l'Institut BVA, la France reste toujours le lieu de prédilection de 72% des vacanciers.

A Trouve dans l'article les mots ou les expressions qui ont le même sens que les suivants.

1 sont	5 par contre
2 d'après	6 très tardives
3 aussi	7 préféré
4 en particulier	

B En te référant à l'article, note 'vrai' (V) ou 'faux' (F) pour chacune des phrases suivantes.

1 75% des Français voudraient passer leurs vacances en Afrique.
2 Les vacanciers préfèrent la Tunisie à l'Italie.
3 L'Égypte est plus demandée qu'auparavant.
4 La Grèce est moins populaire qu'autrefois.
5 On préfère les États-Unis à la République Dominicaine.
6 Beaucoup de vacanciers n'ont pas tendance à réserver à l'avance.
7 Plus des trois quarts des Français préfèrent passer leurs vacances dans leur propre pays.

C Les pays suivants sont mentionnés dans l'article. Comment s'appellent leurs habitants?

Exemple: la France > les Français

1 l'Afrique	7 l'Espagne
2 la Grèce	8 la Tunisie
3 la Turquie	9 le Maroc
4 le Mexique	10 les États-Unis
5 l'île Maurice	11 la Croatie
6 Cuba	

D Maintenant, choisis un pays que tu voudrais visiter. Écris environ 150 mots en français pour expliquer ton choix.

10.3 Quatre jeunes parlent de leurs vacances

On a demandé à ces quatre jeunes «quelles ont été vos vacances les plus mémorables?» Écoute leurs réponses.

Juliette

Laurance

Belek

Pauline

A 🎧 Who …

1 used to go for a walk at dawn?
2 had a new experience?
3 was abandoned?
4 wasn't able to go out alone?
5 likes to wander?
6 went abroad?
7 was bored?
8 found some old friends?

B 🎧 Voici la réponse d'une autre jeune, Léa, mais il y a des mots qui manquent dans le texte. Choisis dans la liste à droite le mot le plus approprié pour remplir chaque blanc.

C ✍ Raconte tes souvenirs des meilleures – ou des pires – vacances que tu as passées. Écris environ 200 mots en français.

L'été **(1)**____ , en Italie. Je **(2)**____ que j'allais m'ennuyer **(3)**____ je partais **(4)**____ ma famille. Au final, c'était **(5)**____ parce que j'ai **(6)**____ plein de gens. Je me couchais **(7)**____ , je me **(8)**____ tôt, et après, je récupérais en **(9)**____ la sieste sur la **(10)**____ !

Léa

raconté	levais

affreux	famille	car	souvent
faisant	plage	lavais	écoutant
pensais	avion	rencontré	mer
avec	génial	dernier	tard

10.4 **Amours de vacances**

Les grandes vacances, c'est souvent le moment de s'éprendre de quelqu'un. Lis ce que pensent ces quatre ados au sujet des amours de vacances.

J'ai connu ma petite amie actuelle pendant les vacances d'été. Je ne pensais pas que ça durerait plus de quinze jours. Les vacances terminées, on s'est revus et nos sentiments sont devenus de plus en plus forts. Si elle avait habité à l'autre bout du monde, on ne serait plus ensemble.

Hadrien

À chaque fois que je pars en vacances, j'ai toujours peur de tomber amoureuse de quelqu'un qui n'habitera pas la même ville que moi. Même si au début on s'écrit, très vite l'un des deux se lasse. Avoir une histoire «sérieuse» avec un garçon que l'on a rencontré en vacances, je ne crois pas que cela puisse être possible.

Aude

Si c'est vraiment le coup de foudre, que ce soit en vacances ou pendant l'année scolaire, je ne vois pas ce que ça change. Je pense qu'on peut tout à fait rencontrer le «vrai grand amour» pendant les vacances. D'ailleurs, c'est le cas de mes parents et ça fait vingt ans qu'ils s'adorent.

Jérôme

Quand je pars en vacances, c'est vraiment pour m'amuser, pour être complètement insouciante. Je n'ai pas envie de me prendre la tête avec une histoire compliquée et je crois que tout le monde est pareil. Les amours de vacances, c'est pas sérieux. On sait dès le départ que ça ne durera pas.

Anne

A 📑 Comment dit-on ...

1 two weeks
2 we saw one another again
3 gets tired
4 love at first sight
5 what difference it makes
6 from the beginning

B 📑 Qui pense que ... ? Attention! Une des opinions suivantes n'est exprimée par aucun des quatre.

1 J'ai des preuves pour justifier mon opinion.
2 Vivre assez près l'un de l'autre, ça nous a aidés.
3 Trouver un amour de vacances, c'est ça qui m'intéresse.
4 En amour, tout est possible.
5 Quand on vit loin de l'autre, c'est voué à l'échec.
6 Je ne m'intéresse pas aux amours de vacances.
7 Nos relations se sont développées.

10.5 Ces vacances – quel ennui!

Partir en vacances avec les parents, ça peut être mortel. Sandra, 17 ans, raconte pourquoi.

Je suis dans ma chambre et je suis censée préparer mes bagages parce que nous partons demain en vacances. Le Midi, le soleil, c'est tout un programme de rêve pour la plupart des gens, surtout quand on habite en Normandie où il pleut la plupart du temps. Mais je n'ai pas du tout envie de descendre dans le Midi avec mes parents et mon petit frère.

Je devrais être heureuse, n'est-ce pas? Eh bien, je ne le suis pas. Pourquoi? Parce que depuis quelques années, nous allons avec la régularité d'une horloge dans un camping. Quand j'étais petite ça allait encore. Je ne me rendais pas compte ... quelques camarades, une pelle, un seau, des petits pâtés, ma foi je m'amusais. Mais maintenant je ne peux plus supporter ce camping.

J'ai besoin d'être avec des gens de mon âge. Et dans ce camping, il n'y a que des mômes et des «troisième âge». Ce n'est pas de repos dont j'ai besoin. C'est d'activités, au contraire, et aussi de m'amuser, d'aller danser. Il n'y a pas un seul ado là-bas. Quand on me dit que j'ai de la chance de partir en vacances, franchement ça me fait rire.

A 📄 Écris un mot dans chacun des blancs pour compléter cette version de ce que raconte Sandra.

Sandra ne veut pas **(1)** _____ sa **(2)** _____ en vacances. Elle trouve **(3)** _____ le camping où ils vont **(4)** _____ année parce qu'il n'y a **(5)** _____ à faire. Elle ne veut pas se reposer, **(6)** _____ ses parents; ce qu'il lui **(7)** _____ , c'est s'amuser. Mais là-bas, il n'y a **(8)** _____ de son âge – tous les **(9)** _____ vacanciers sont trop jeunes ou bien ce sont de **(10)** _____ gens.

B ✍ Est-ce que tu es d'accord avec Sandra, ou est-ce que tu la trouves ingrate? Écris environ 150 mots pour donner ton opinion.

10.6 Camping-cars: la Bretagne ne manque pas d'aires

La Bretagne est la destination privilégiée des camping-caristes en France, mais leur présence peut provoquer des problèmes.

La pratique du camping-car est devenue un phénomène de société: il y a dix ans il se vendait 5 000 véhicules neufs par an; l'année dernière, 18 000 ont été immatriculés. Cette forme de vacances ouvre les portes de la Bretagne à une clientèle éprise d'autonomie, de liberté, et friande de régions authentiques au fort potentiel naturel et culturel, préservées de la surfréquentation touristique. D'autant plus intéressant que les camping-caristes sont des gens à fort pouvoir d'achat, adeptes des restaurants locaux, des produits du terroir et des visites du patrimoine.

Pour autant, l'arrivée massive de ces nouveaux vacanciers est source de conflits. Si les camping-caristes aiment la nature et respectent l'environnement, leur stationnement est générateur de nuisances et soulève parfois l'hostilité de riverains et autres usagers des espaces publics. On leur reproche aussi de ne pas assez fréquenter les petits commerces et de ne pas payer de taxe de séjour.

La tâche des maires des communes bretonnes n'est pas facile. D'une part il leur faut accueillir les touristes, tout en faisant respecter les règles de sécurité, d'hygiène et de protection des sites. Sans compter le code de la route, ce qui n'est pas simple pour des véhicules qui peuvent occuper jusqu'à trois places de stationnement.

A 📄 Pour chaque phrase écris 'vrai' (V), 'faux' (F) ou 'pas donné' (?).

1 Le nombre de camping-cars a plus que quadruplé en dix ans.
2 Ce sont surtout les étrangers qui sont responsables de ce phénomène.
3 Beaucoup de camping-cars arrivent d'outre-Manche.
4 Les camping-caristes n'aiment pas les voyages organisés.
5 Ils aiment visiter des endroits surpeuplés.
6 Les camping-caristes aiment goûter la cuisine régionale.
7 Leur présence n'est pas appréciée de tous.
8 Les camping-cars sont difficiles à garer.
9 Les camping-caristes font peu d'achats dans les magasins locaux.
10 Les maires des communes essaient d'encourager leurs visiteurs à dépenser plus.
11 Le code de la route permet aux camping-cars d'occuper plus de place que les autres véhicules.

B 📄 Les expressions suivantes, utilisées dans cet article, pourraient être exprimées autrement. Une version alternative est donnée pour chaque expression, mais il y a un mot ou des mots qui manquent. Remplis les blancs avec des mots appropriés.

1 une clientèle éprise d'autonomie: des ____ qui veulent être ____.
2 la surfréquentation touristique: il y a ____ de ____ qui ____ la région.
3 des gens à fort pouvoir d'achat: des gens ____ ont ____ d'argent à ____.
4 la tâche des maires n'est pas facile: ce que les maires ____ faire est ____.

C ⚇ Avec un(e) partenaire, fais le jeu de rôles suivant.

Personne A: un(e) riverain(e), qui ne trouve pas de place pour garer sa voiture, reproche à un camping-cariste tous ses défauts en tant que visiteur.

Personne B: le/la camping-cariste qui maintient que sa présence a des effets très positifs pour l'économie de la région.

10.7 Comment choisis-tu tes vacances d'été?

Je recherche le soleil, c'est-à-dire autre chose que le climat rigoureux de la Champagne où je vis. J'ai la chance de posséder un pied-à-terre où je me rends régulièrement depuis quinze ans. Même en pleine saison estivale on est à l'abri de la cohue des stations balnéaires de la Côte d'Azur.

Leo

Barbara

Étant retraité, j'ai la chance de pouvoir partir en vacances hors saison. C'est moins cher. Quand on est seul comme moi, rien de tel que les voyages en groupe pour rompre l'isolement. J'aime aller aussi à la rencontre des autochtones, discuter avec eux.

Je rends visite chaque été à mes parents, dans leur maison en Bretagne. Ils habitent un tout petit village où tranquillité et repos sont garantis. J'en profite pour faire des balades à pied, du vélo ou du cheval. Je séjourne un mois, parfois moins, pour pouvoir visiter d'autres régions ou partir à l'étranger, mais pas en voyage organisé.

Françoise

Georges

C'est plutôt les enfants qui guident notre choix, parce qu'ils aiment la mer. Mon emploi ne me permet pas de prendre beaucoup de vacances. Les bêtes à soigner et les travaux des champs, c'est très prenant. Mais le dépaysement, même bref, c'est important.

A 📄 Ces quatre personnes parlent de leurs vacances. Écris le nom de la personne qui …

1 aime parler avec les indigènes.
2 a une résidence secondaire.
3 travaille à l'extérieur.
4 aime se sentir libre.
5 profite des prix moins élevés.
6 va à une station balnéaire.
7 sait qu'il/elle va y trouver du calme.
8 va toujours au même endroit.

B 📄 Traduis en français le texte suivant; la majorité du vocabulaire dont tu auras besoin se trouve dans les paroles des quatre interviewés.

My work is very absorbing. When I go on holiday, I look for something different from seaside resorts and crowds of tourists. I prefer a complete change of scenery; there's nothing like going for long walks or cycling. I like quiet, restful places where the climate is less severe than where I live. When I'm retired, perhaps I'll go on a package holiday with my family, but out of season – not in the middle of summer.

C 🎙 Et toi, quelles sont tes vacances idéales? Enregistre tes idées – tu dois parler pendant environ deux minutes.

10.8 Les vacances de Petite Chérie

Dans cet extrait du roman comique *Qui c'est, ce garçon?* de Nicole de Buron, nous voyons la question des vacances du point de vue d'une mère.

Petite Chérie entre dans la cuisine.

- Je vais t'aider à éplucher des légumes, annonce-t-elle en saisissant un couteau.

Cette subite bonne volonté éveille votre méfiance. Vous gardez un silence prudent.

Joséphine gratte sa carotte avec une telle application qu'elle la réduit à l'état de bâtonnet. Elle se décide:

- Pour les vacances de février, tu me laisserais aller faire du ski, seule avec des copains?

Ce moment, vous l'attendez de pied ferme (non, de pied hésitant) depuis la naissance de vos filles: les premières-vacances-entre-copains-loin-des-parents.

- Où? Chez qui? Avec qui? demandez-vous laconiquement.

Petite Chérie attaque une pomme de terre qu'elle transforme en bille.

Tout en vous expliquant son projet de façon subtilement confuse. C'est un truc formidable, ma maman! «On» a la possibilité de louer à Chamonix l'appartement du frère de la belle-sœur d'une amie de Laurence. «On» serait huit et, divisé en huit, la location du deux-pièces reviendrait à rien du tout. Et comment vivrez-vous à huit dans deux pièces? Ben, les sacs de couchage, c'est pas fait pour les chiens. Ensuite, «on» partagerait en huit les frais de nourriture. Prix de revient: rien du tout non plus, surtout si on bouffe beaucoup de pâtes et de riz chinois. Enfin, un copain du frère de la belle-sœur de l'amie connaît un moniteur de ski qui ferait des prix à «on» pour des leçons qui, à huit, reviendraient à…pffffftt, toujours rien du tout. Bref, des vacances vraiment pour moins que rien du tout. Ce qui ne peut que réjouir les parents.

Les parents sont toujours contents, bien sûr, d'envisager des séjours en montagne aussi peu coûteux pour leurs petits chéris. Mais la mère – créature abominablement curieuse – aimerait savoir qui est ce «on» qui accompagnerait Joséphine dans ces vacances merveilleusement bon marché à Chamonix.

Vocabulary

éplucher *to peel*
bille (f) *marble (child's toy)*
subite(e) *sudden*
truc (m) (slang) *thing*
bâtonnet (m) *short stick*
revenir *to cost, work out at*
frais (m pl) *cost, expense(s)*
bouffer (slang) *to eat*
réjouir *to delight*

A Lis l'extrait, puis écris tes réponses en français aux questions suivantes.

1 A ton avis, pourquoi est-ce que Petite Chérie entre dans la cuisine?
2 Est-ce que la mère est vraiment étonnée par sa question?
3 Pourquoi est-ce que la mère «garde un silence»?
4 À ton avis, quel est l'argument le plus convaincant de la fille? Pourquoi?
5 Pourquoi, selon Petite Chérie, la nourriture ne coûterait-elle pas cher?

B La mère de Petite Chérie a raconté cet épisode à une amie, mais dans son récit il y a des mots qui manquent. Trouve pour chaque blanc un mot approprié pour garder le sens du texte original.

Quand ma **(1)** _____ Joséphine est **(2)** _____ dans la cuisine et **(3)** _____ a dit qu'elle **(4)** _____ m'aider, j'ai été **(5)** _____ . Après avoir **(6)** _____ une carotte **(7)** _____ quelques minutes, elle m'a **(8)** _____ si je lui **(9)** _____ de partir en vacances de neige **(10)** _____ son père et moi. Depuis qu'elle était **(11)** _____ j'attendais ce moment! Je lui ai **(12)** _____ plusieurs questions mais ses **(13)** _____ ont été vagues. Elle a **(14)** _____ son projet en disant qu'elle allait louer un appartement avec **(15)** _____ autres copains, et que ça ne coûterait **(16)** _____ rien. On allait **(17)** _____ dans des sacs de couchage et on **(18)** _____ de la nourriture pas chère. En plus, on pourrait **(19)** _____ à faire du ski. Mais elle n'a pas expliqué qui était ce **(20)** _____ mystérieux!

C Avec un(e) partenaire, fais le jeu de rôles suivant.

Personne A: Tu veux convaincre tes parents de te laisser partir en vacances avec des amis pour la première fois.

Personne B: Tu es le père/la mère et tu as de graves doutes. Réponds aux arguments de ton fils/ta fille et essaie de le/la persuader de partir en vacances avec vous, comme d'habitude.

10.9 Sofia, chef de village du Club Med

A Les phrases suivantes, qui font le résumé de l'article, ont été divisées en trois parties. La première partie est donnée – reconstruis les phrases complètes.

1 Sofia n'a jamais…
2 Il y a peu de femmes…
3 La majorité des vacanciers…
4 Sofia est responsable…
5 Bien que les employés viennent…
6 La journée de travail de Sofia…
7 Son époux…
8 Sofia aime tant son travail…

a d'un effectif
b d'un peu partout
c sont des gens qui habitent
d tard dans la nuit
e qui est employé également au Club Med
f un village de vacances
g assez de temps
h lui tient compagnie
i qui gèrent
j de presque deux cents personnes
k s'étend
l pour se reposer
m qu'elle ne va pas ailleurs
n dans des villes
o tous n'utilisent qu'une seule langue
p en vacances

Pour Sofia, les vacances, c'est tout – sauf du repos. Agée de 36 ans, elle est une des rares femmes qui dirigent l'un des nombreux villages de vacances du Club Med, celui de Bodrum en Turquie.

Là, chaque été, 13 000 estivants déferlent sur ce lieu ensoleillé. Des citadins pour la plupart, souvent épuisés, parfois exigeants. Des couples discrets ou des familles bruyantes. Impatients de ne rien faire ou pressés de se dépenser. Mais pour les satisfaire, il faut un chef d'orchestre à poigne. Sous ses ordres, une armée de 180 employés venus de tous les horizons: des Français et des Turcs, bien sûr, mais aussi des Néerlandais, des Marocains, des Brésiliens. Il y a une règle d'or: l'équipe est tenue de parler français, la langue officielle du Club Med.

Mais Sofia n'a guère le temps de profiter de la plage. Dès les premiers beaux jours, elle est sur pied de 7h du matin jusqu'à … minuit ou plus. Plus qu'un métier, être chef de village c'est une vocation! D'ailleurs son mari Victor travaille lui aussi au Club.

Et ses propres vacances? Sofia lance: «J'ai droit à cinq semaines. Et il m'arrive de passer des vacances au Club pour voir des collègues…»

B 📄 Les adjectifs suivants se trouvent dans l'article. Écris le nom qui correspond à chacun.

1 nombreux	
2 ensoleillé	
3 épuisé	
4 exigeant	
5 discret	
6 bruyant	
7 impatient	

C 📄 Après avoir vérifié tes réponses à l'exercice précédant, choisis le nom le plus approprié pour compléter chacune des phrases suivantes. Attention – tu ne vas pas utiliser tous les noms.

1 Fini, le mauvais temps! Au Club Med on est sûr d'avoir du ____.
2 On fait beaucoup de ____ jusqu'à très tard.
3 Le ____ de clubs de vacances est impressionnant.
4 Quelquefois Sofia doit faire preuve d'une certaine ____.
5 L' ____ est normal quand on a dépensé toute son énergie.

comment?

pourquoi?

qu'est-ce que?

D 👥 Le/La journaliste a dû poser des questions à Sofia avant d'écrire son article – mais lesquelles? Écris six questions, en utilisant pour chacune une forme interrogative différente. Ensuite, travaille avec un(e) partenaire: vous posez vos questions à tour de rôle et l'autre répond – sans regarder l'article!

quand?

où?

qui?

10.10 Des vacances culturelles

Écoute Claire qui parle des vacances qu'elle a passées pendant son adolescence.

A 🎧 Comment Claire dit-elle …

1 I think that there were three of us.
2 There was no problem, as far as that was concerned.
3 Perhaps the best holiday that I've ever had.
4 It makes you feel that you belong to your country.
5 It's something that I'd recommend to everyone.

B 🎧 Complète les phrases suivantes, qui font le résumé de ce que dit Claire.

1 Lors de son adolescence elle se passionnait…
2 Au cours de ces vacances elle a fait…
3 Ça ne coûtait pas cher parce que…
4 Elle s'est émerveillée de l'état de…
5 Ce sont des vacances dont elle gardera toujours…
6 Elle croit qu'elle est devenue plus…

C ✍️ Ça t'intéresserait ou pas, des vacances culturelles? Écris 200 mots en français pour expliquer tes raisons.

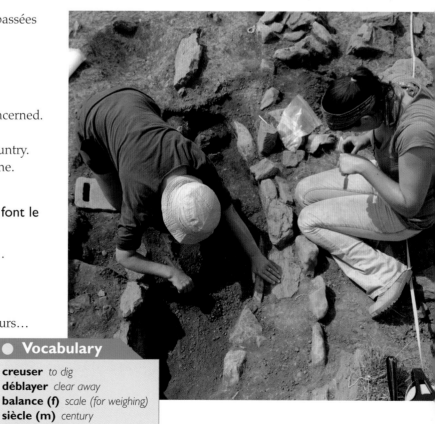

● **Vocabulary**

creuser *to dig*
déblayer *clear away*
balance (f) *scale (for weighing)*
siècle (m) *century*

10.11 Soleil et bistouri

A 📄 Trouve dans l'article des mots ou des phrases qui ont le même sens que les suivants.

1 sans dépenser autant d'argent
2 ne plus avoir de cheveux
3 tout ce qui est nécessaire, c'est …
4 tout près
5 profitable
6 autorités

B 📄 Les phrases suivantes, qui font le résumé de l'article, ont été coupées en trois parties. La première partie de chaque phrase est donnée – choisis les deux autres parties pour reconstruire les phrases selon le sens de l'article.

1 On trouve séduisant…
2 Sur Internet on trouve…
3 L'intervention proposée par…
4 Après l'intervention…
5 Cette forme de vacances…

a tous les secteurs concernés
b de la chirurgie esthétique
c un chirurgien tunisien
d pour se faire opérer
e on peut se remettre
f est vivement approuvée par
g l'idée de partir en vacances
h dans un hôtel de luxe
i des cliniques où l'on propose
j coûtera 50% de moins qu'en France

Les touristes qui choisissent la Tunisie pour y subir des opérations de chirurgie esthétique, tout en profitant des plages, débarquent par charters entiers.

Se refaire une beauté au soleil et à moindres frais: la formule a de quoi séduire. Celui qui ne supporte plus sa calvitie – ou celle qui ne peut plus se regarder dans un miroir – n'a qu'à se rendre sur le site Internet, souvent traduit en plusieurs langues, de l'une des cliniques tunisiennes qui traitent ces «patients-touristes».

Il lui suffit d'envoyer une photo électronique au chirurgien, qui, après avoir étudié son dossier médical, lui fait une proposition d'intervention, assortie d'un devis environ deux fois moins élevé qu'en France. La clinique, qui travaille avec des hôtels de standing alentour, lui réserve une chambre pour sa convalescence. Le patient n'a plus qu'à prendre son billet d'avion.

Attrayante pour le voyageur qui veut allier l'utile à l'agréable, intéressante pour les tours-opérateurs parce qu'ils peuvent jouer sur deux tableaux – la santé et le tourisme – juteuse pour les cliniques, la recette plaît aussi aux pouvoirs publics qui y voient le moyen d'attirer une clientèle de touristes plus riches.

C 📞 Qu'est-ce que tu penses de cette forme de tourisme? Écris environ 200 mots pour exprimer ton opinion.

10.12 Jeu de rôles (1)

Scénario: Your French *corres* is talking to you via the Internet. (S)he suggests you might like to go on holiday together this summer. You think it is a good idea, but there are some things you have to find out. Work in pairs – one read the part of the *corres* while the other plays Martin(a), then swap over.

Personnages: 1 un(e) corres
2 Martin(a), dont tu interprètes le rôle

C *Tu aimes l'idée d'aller à Antibes? C'est très chic!*

M [Say, of course you like the idea. Would this be just the two of you or with the family?]

C [Rire] *Avec toute la famille!*

M [Ask your *corres* why (s)he is laughing]

C *Mes parents ne nous laisseraient pas partir sans eux!*

M [Ask if that means the parents don't trust you]

C *Toi, si! Moi, non!*

M [Say, you're quite happy to go with the family, anyway]

C *Qu'est-ce que tu aimes faire en vacances?*

M [Say you like going out. Ask whether you'll be able to stop out late. Until midnight? After midnight? Something like that?]

C *Pas de problèmes jusqu'à minuit. Mais, après, ça dépendra. Ici, c'est la France, pas l'Angleterre!*

M [Say you understand. Will you go off on trips with the parents?]

C *Bien sûr, après tout, c'est les vacances!*

M [Say that's alright by you. You like your *corres's* parents – they're funny!]

C *Très bien. Alors, tu viens, ça c'est l'important. Je crois que c'est tout.*

10.13 Jeu de rôles (2)

Scénario: You are at an estate-agent's in a small town near Troyes. Your family is looking for a small house/bungalow, with a reasonable amount of land. You do the talking for the adults in your family, who only speak English. Work in pairs: one reads the part of the estate-agent while the other plays Daniel(le), then swap over.

Personnages: 1 un agent immobilier
2 Daniel(le), dont tu interprètes le rôle

AI *Je peux vous être utile?*

D [Say your family is looking for a small property]

AI *Pour acheter ou pour louer?*

D [Say your parents wish to buy]

AI *Qu'est-ce que Monsieur et Madame veulent exactement comme habitation?*

D [Say you would like a smallish house or bungalow with quite a big garden]

AI *Nous en avons toute une gamme. Vous préféreriez quelque chose de vieux, moderne, restauré ou avec des possibilités de conversion, aménagement, et cetera?*

D [Say something old is not a problem, but the family wants something not too dilapidated]

AI *Vous êtes prêts à payer quelle sorte de prix?*

D [Say that would depend on the property and on how much work there was to do on it]

AI *Alors, il y a plusieurs propriétés dans le village de Mignonnet dans une gamme de prix entre 150.000 euros et 250.000.*

D [Say that would be alright and ask if you may have some brochures]

AI *Mais, bien sûr … en voilà quelques-unes.*

D [Say you'd like to arrange to see the old farmhouse at 165.000 euros and the bungalow with 7 hectares of garden at 177.500 euros]

AI *Et quand est-ce que vous seriez disponibles pour visiter?*

D [Say, tomorrow morning, after 10 a.m.]

AI *Très bien. Ça sera fait. Si vous venez ici à 10h 30, ma collègue vous accompagnera.*

D [Say thank you very much and that you will be there on time]

10.14 Étienne parle de ses vacances manquées

Écoute Étienne qui parle des vacances qu'il a passées quand il était ado.

A 🎧 Note pour chacune des phrases suivantes 'vrai' (V) ou 'faux' (F).

1 Étienne et ses copains n'ont pas eu de frais de voyage.
2 Ils ont trouvé facile de porter leurs affaires.
3 Ils n'ont pas eu de mal à se déplacer.
4 La vie au bord de la mer ne coûtait pas cher.
5 Bien que pauvres, ils gardaient leur optimisme.
6 Ils ont quitté la côte au bout d'une semaine.
7 Étienne s'entendait parfaitement avec ses amis.
8 Ses vacances ont eu des suites malheureuses.

B 🎧 Écoute encore Étienne, puis complète le résumé suivant en écrivant dans chaque blanc le(s) mot(s) approprié(s).

Étienne avait **(1)**_____ la fois qu'il est **(2)**_____ sans ses parents. Lui et trois amis ont **(3)**_____ pendant **(4)**_____ kilomètres.

Les quatre amis sont allés **(5)**_____ . Ils n'avaient pas **(6)**_____ et ils ont trouvé que là-bas ça **(7)**_____ cher, donc ils ont décidé d'aller à un **(8)**_____ endroit.

Leur impression de la **(9)**_____ n'a pas duré **(10)**_____ . Ils **(11)**_____ tout le temps parce que personne ne voulait faire la cuisine ou, après, la **(12)**_____ . Ils ont **(13)**_____ par ne plus se parler pendant **(14)**_____ mois.

C ✍ Le texte suivant fait le résumé de ce que dit Étienne. Traduis-le en français.

Étienne had never been on holiday without his parents until he was seventeen. With three friends, he hitch-hiked to the seaside but because they had very little money they stayed there only a few days. It was the first time that all four of them had been together and they learned a lot about freedom.

10.15 Paris-plage

Chaque été, depuis 2002, **(1)**_____, le cœur de Paris change de visage. Pendant quatre semaines, la capitale se transforme en station balnéaire, avec des dizaines de palmiers, **(2)**_____ et, bien sûr, des millions de tonnes de sable.

Conçu par la municipalité, à l'intention des Parisiens **(3)**_____, le phénomène Paris-plage leur donne l'occasion de **(4)**_____ faire semblant d'être au bord de la mer.

Sur la plage, **(5)**_____, on peut participer à de nombreuses activités sportives et culturelles, telles que le volleyball et le football sur sable. Après tant d'exercice, on peut se rafraîchir sous une des nombreuses douches portables. Et, **(6)**_____, on peut même piloter un canoë sur la Seine. Pour les moins sportifs, il y a **(7)**_____, le soir, des concerts spontanés.

Une des plus grandes attractions, c'est une énorme piscine, **(8)**_____, où s'amusent surtout les jeunes enfants **(9)**_____ entre la construction de châteaux de sable et la consommation de glaces.

Toutes les activités sont gratuites, et grâce au transport, **(10)**_____, offert par la municipalité, ceux qui habitent loin du centre-ville peuvent eux aussi profiter de cette expérience. Les visiteurs à Paris ont droit également à profiter de Paris-plage.

A 📄 Les bouts de phrases suivants ont été enlevés du texte. Remets-les à la bonne place. Attention – il y a un bout de phrase de trop.

a   qui s'étend sur quatre kilomètres
b   de plus de 200 mètres carrés
c   des classes de danse et
d   des centaines de transats
e   sans y penser trop
f   également gratuit

g   qui n'ont pas la possibilité de partir en vacances
h   à partir de mi-juillet jusqu'à mi-août
i   quand ils font une pause
j   pour continuer le motif aquatique
k   s'installer sur les rives de la Seine et de

B 🖊 En te basant sur les trois derniers paragraphes du texte, écris une description des vacances – réelles ou imaginaires – dans un endroit similaire.

C 🎙 Enregistre ta description!

Pratiques

1 Tous les mots ci-dessous, sauf un, ont des accents qui manquent. Trouve-les!

cote	piege	evenement
Mediterranee	hote	etiquette
ideal	conge	cheque
modere	gite	age
preparer	couteux	concierge

2 Dans chaque phrase, mets la bonne préposition *à / de / '–'* entre les deux verbes.

1 Je n'ose pas _____ faire de l'auto-stop.
2 Tu persistes _____ circuler en taxi.
3 J'ai _____ y aller.
4 Continuons _____ prendre le périphérique.
5 Il me tarde _____ arriver.
6 Ils oublient toujours _____ téléphoner.
7 Il sait _____ faire les correspondances.
8 Il s'excuse _____ ne pas nous accompagner.

3 Constructions avec un infinitif.

(a) Mets *à / de / '–'* dans les blancs.

1 Cette tentative n'aboutit _____ rien.
2 Cela nous empêche _____ réussir.
3 Je préfère _____ aller tout seul.
4 Elle a décidé _____ prendre le train.
5 Laisse _____ passer l'autre véhicule!
6 Son attitude commence _____ m'énerver!

(b) Et maintenant, traduis les phrases suivantes en français, en utilisant les verbes entre parenthèses. N'oublie pas d'ajouter une préposition, s'il en fait une.

1 Our trainer is always trying to interfere. (chercher)
2 We take pleasure in doing that. (prendre plaisir)
3 I prefer to watch the news. (aimer mieux)
4 The economy is threatening to overheat. (menacer)
5 (*Tu*) You've stopped believing him. (s'arrêter)
6 Did you try to contact her by phone? (essayer)

4 Avec chaque phrase, mets les pronoms entre parenthèses dans le bon ordre.

1 Elle _____ répète. (la, nous)
2 Je _____ présente. (les, leur)
3 Donne – _____ ! (en, moi*)
4 Il _____ a. (en, y)
5 Nous _____ envoyons! (te, y)
6 Je _____ dis. (le, te)
7 Ils ne _____ donnent jamais. (en, lui)
8 Elles _____ parlent des fois. (en, me)
(* Attention!)

5 Le présent du subjonctif

Avec chaque phrase, mets la bonne forme du verbe entre parenthèses.

1 Il faut que tu (être) là.
2 Ils préfèrent que nous (passer) par là.
3 Fais-le, pour que je (pouvoir) en savoir le résultat.
4 Attends là, jusqu'à ce que je (venir)!
5 Pourquoi t'étonnes-tu, qu'il (remplir) le formulaire pour moi?
6 Je suis contente qu'elles (avoir) le prix!
7 Tu peux venir, pourvu que tu ne (faire) pas de problèmes.
8 Je préfère que nous (dire) la vérité.
9 Je souhaite qu'elle (accepter) l'invitation.
10 Je crains qu'il ne (finir) son sale travail!

6 Cherche l'intrus!

1 affectionner / assommer / s'entendre bien avec / s'extasier / se régaler
2 bavardais / mangeais / frimais / buvais / déballais
3 assommant / reposant / insultant / attachant / fatigant
4 estivant / hivernant / reposant / gouvernant / représentant
5 policier / vendeuse / directeur / recrue / présidente

7 Complète chaque ligne.

A je me bronze; tu te bronzes; elle se bronze; nous nous bronzons; vous _____
B casanier, casanière; douanier, douanière; dragueur, _____
C je me suis orienté; tu t'es orientée; nous nous sommes orientés; ils _____
D Europe; Amérique du Nord; Amérique du Sud; Afrique; Australie; _____

8 Trouve le texte *Camping-cars, la Bretagne ne manque pas d'aires*, à la page 141, et change tous les verbes du présent à l'imparfait.

9 Dictée

Écoute l'enregistrement et écris la dernière section de 10.3, *Quatre jeunes parlent de leurs vacances*, depuis 'Ça allait être trop bien', jusqu'à la fin du passage.

Grammar reference

1 Nouns

1.1 Gender of nouns (naming words)

1.1.1

In French there are two genders, *masculine* and *feminine*. An animate noun (a person or animal) normally takes the gender corresponding to the sex of the creature or person referred to:

un chien (m)   *une chienne* (f)
un conducteur (m)   *une conductrice* (f)

Note Many nouns referring to animals have only one gender:

un papillon, un serpent, une souris, une tortue, une girafe

1.1.2

Other than for people and most animals (see 1.1.1), there is no relationship between the gender of a noun and the notion of sex. Thus, with a concrete object or abstract notion, the gender will simply be grammatical, often without any apparent rhyme or reason:

un **foulard** but *une* **écharpe** (= two sorts of scarf)
la **religion** but *le* **communisme**

1.1.3

Since it is grammar which determines the gender of nouns, there are certain noun endings which are generally either masculine or feminine. The main ones are:

Generally masculine endings
-(i)er
-et
-t
-eur
-age (more than two syllables)
-ment (more than two syllables)

Examples: *fermier, gibier, berger, verger, projet, rejet, chat, contrat, menteur, proviseur, courage, marécage, froment, serment.*

Generally feminine endings

-e	-ère	-ette
-té	-ière	-ion
-ée	-erie	-tion

Examples: *ferme, marche, bonté, santé, chaussée, cheminée, commère, manière, épicerie, camaraderie, fillette, gestion, station.*

There are, however, exceptions to every rule. It is worth writing up in your vocabulary book the exceptions you come across for each ending. Without any doubt, the nouns which cause most difficulty are those ending in **-e**, but which are masculine. Here is a short list of the most common of these:

acte, adverbe, beurre, caractère, casque, centre, cercle, chèque, chiffre, cimetière, cirque, coffre, collège, commerce, compte, conte, contrôle, costume, derrière, dialogue, disque, divorce, domaine, doute, drame, évêque, exemple, fleuve, foie, génie, genre, groupe, incendie, kiosque, lycée, magazine, malaise, manque, masque, massacre, mélange, mensonge, meuble, monde, monopole, musée, nombre, organe, parapluie, pétrole, peuple, pique-nique, pôle, portefeuille, principe, problème, proverbe, refuge, règne, remède, reste, rêve, réverbère, ridicule, risque, rôle, royaume, sable, service, sexe, siècle, signe, silence, songe, squelette, stade, style, symbole, texte, timbre, triomphe, type, ulcère, véhicule, verbe, verre.

1.2 Plural of nouns

As in English, the great majority of nouns form their plural with the ending **-s**:

des députés, des rats, les maisons, les circonstances

There are, however, modifications and exceptions to this general rule; major ones are noted in sections 1.2.1 to 1.2.5.

1.2.1

Nouns which end in **-s**, **-x** or **-z** in the singular do not change in the plural:
une fois → des fois

Nouns ending in **-(e)au** or **-eu** add an **-x** in the plural:
un chapeau → des chapeaux;
un feu → des feux
Exceptions: *bleus, landaus, pneus.*

The plural of nouns ending in **-al** is **-aux**:
un cheval → des chevaux
Exceptions: *bals, carnavals, chacals, festivals, récitals, régals.*

1.2.2

There are some nouns ending in **-ail** and **-ou** whose plurals are **-aux** and **-oux**:

bail → baux; soupirail → soupiraux; travail → travaux; vantail → vantaux; vitrail → vitraux;

bijou → bijoux; caillou → cailloux; chou → choux; genou → genoux; hibou → hiboux; joujou → joujoux; pou → poux

1.2.3

There are some very common nouns which are only used in the plural:
les alentours, les ciseaux, les devoirs (homework),
les échecs (chess*), *les environs, les fiançailles, les frais, les funérailles, les lunettes, les mœurs, les vacances*
***NB:** un échec = a failure

1.2.4

Proper nouns can be singular or plural:
la France, les Alpes, les États-Unis

Family names traditionally have no **-s** in the plural:
les Martin, les Cauchi-Martin, les Dumas

1.2.5

Compound nouns form their plurals by adding the plural ending to the logical element(s):

une pomme de terre → des pommes de terre
un arc-en-ciel → des arcs-en-ciel
un centre-ville → des centres-ville
un coupe-papier → des coupe-papier
un porte-avions → des portes-avions
un chou-fleur → des choux-fleurs
un coffre-fort → des coffres-forts
un sourd-muet → des sourds-muets

Note
Monsieur → Messieurs
Madame → Mesdames
Mademoiselle → Mesdemoiselles

The following three nouns are masculine in the singular and feminine in the plural!:
amour, délice, orgue.

1.3 Articles

1.3.1

The use of the indefinite article (= a/an)
The indefinite article is used with an abstract noun + adjective:

*avec **une** douleur incroyable*
with incredible pain
*une femme d'affaires d'**une** ambition indiscutable*
a businesswoman with definite ambition

Where English uses the indefinite article simply to indicate a person's job, nationality, rank or religion, French leaves it out:

Elle est infirmière.
She's a nurse.
Il est Ecossais.
He's a Scot.
Elle était adjointe.
She was a deputy mayor.
Sa mère n'est pas catholique.
Her mother is not a Catholic.

But, if the job, rank, etc. is accompanied by an adjective, then the indefinite article is used, as in English:

C'est une infirmière impeccable.
She's a first-class nurse.
C'était une adjointe expérimentée.
She was an experienced deputy mayor.

The article is also left out after verbs like *créer, devenir, élire, mourir, naître, nommer, rester*:

Il est devenu chirurgien.
He became a surgeon.
Françoise a été élue députée.
Françoise was elected an MP.

1.3.2

The partitive article: *du/de la/de l'/des*
This article is used to indicate a certain (vague) quantity and corresponds to the English 'some'. It is a combination of de and the definite article.

*Il faut **du** temps pour se décontracter.*
You need (**some**) time to relax.

*Je faisais **de la** gymnastique.*
I used to do (**some**) gymnastics.
*Lisez **des** bouquins scientifiques.*
Read (**some**) scientific books.

Note In English, the word 'some' is often omitted. The French equivalent always has to be put into the sentence.

The partitive article is just *de* when:

a an adjective comes in front of a plural noun:
*Il a **de** grands pieds.*
*Nous sommes **de** bons amis.*

Except when the adjective and the noun are so closely associated as to belong together: *des petits pois, des jeunes gens.*

b it is used in a negative phrase:
*Je n'ai plus **de** pain.*
*Il n'y a pas **de** filles ici.*

Exceptions: statements starting with *ce n'est pas/ce n'était pas/ce ne sera pas*, etc.

Examples: *Ce n'est pas **de la** confiture de fraises.*
*Ce n'était pas **du** meilleur goût.*

2 Pronouns

2.1 Personal pronouns

2.1.1

A pronoun takes the place of a noun in a phrase or sentence. The form of the pronoun depends on whether it is the subject of the sentence or the object (direct or indirect).

		subject	direct object	indirect object
singular	1st person	*je*	*me*	*me*
	2nd person	*tu*	*te*	*te*
	3rd person	*il/elle*	*le/la*	*lui*
plural	1st person	*nous*	*nous*	*nous*
	2nd person	*vous*	*vous*	*vous*
	3rd person	*ils/elles*	*les*	*leurs*

Examples:
Je me présente.   *je* = subject; *me* = direct object
Je les aime tous.   *je* = subject; *les* = direct object

Elle t'envoie une photo.   *elle* = subject; *t'* (*te*) = indirect object
Je voudrais leur parler.   *je* = subject; *leur* = indirect object
Ça lui fera plaisir.   *lui* = indirect object
Vous me la donnez.   *vous* = subject; *me* = indirect object; *la* = direct object

2.1.2

Emphatic pronouns are used:

a after prepositions;
b in order to emphasise or draw attention to a person or thing.

singular	1st person	*moi*
	2nd person	*toi*
	3rd person	*elle/lui*
plural	1st person	*nous*
	2nd person	*vous*
	3rd person	*elles/eux*

*Je t'envoie une photo **de moi**.*
I'm sending you a photo **of me**.
*C'était insupportable **pour eux**.*
It was unbearable **for them**.
***Toi**, tu es difficile!*
You are difficult!
***Lui**, il était toujours en retard!*
He was always late!

2.1.3

The pronoun *on*
On is always the subject of the verb and has the following two uses:

a as the equivalent of the English pronoun 'one' (= you/someone)
On refers to people in general:
***On** doit manger et boire pour vivre.*
One must eat and drink to live.
***On** y est tranquille.*
One/You can be quiet there.

or to an indefinite person:
***On** sonne.*
Someone's ringing.
***On** vous demande.*
Someone's asking for you.

or it is used where English uses the passive:

*Ici **on** parle allemand.*
German (is) spoken here.

b as an equivalent of the pronoun *nous*

When *on* is the equivalent of *nous* is casual speech, the **verb** is in the 3rd person singular, but the **adjective** or the past participle acts as if it were with *nous*:

*On **va** au cinéma.*
We're going to the cinema.
*On **est** toujours venu**s** ici.*
We always came here.
*On **est** complice**s**.*
We're in it together.

Note When *on* is the object of the verb, it changes to *vous*:

***On** comprend*, but:
*Ça **vous** aide à comprendre.*
That helps **one/people** to understand.

2.1.4

En and *y* have two uses:

a as adverbial pronouns, the equivalent of the English 'from (out of) there'/'(to) there'

*J'**en** suis revenu hier!*
I came back **from there** yesterday.
*Elle **en** est sortie.*
She has come out **of there**.
*J'**y** vais.*
I'm going **(to) there**.
*Je l'**y** ai rencontrée.*
I met her **there**.

b as personal pronouns, representing *de* or *à* + noun

*Parlons-**en**!*
Let's talk **about it**. (*parler de*)
*J'**y** pense.*
I'm thinking **about it**. (*penser à*)

2.1.5

Object pronouns are placed immediately in front of the verb (even in a negative expression: *il la voit, il ne la voit pas*).

If there is more than one object pronoun, they are placed in front of the verb in the following order:

me				
te	le	lui		
nous	la	leur	y	en
vous	les			
se				

The only exceptions are positive commands, where object pronouns follow the verb, with a hyphen between verb and pronoun:

*Regarde-**la**!*   *Allez-**y**!*

In such commands, *me* and *te* become *moi* and *toi*, except when they are followed by *y* or *en*:

*Parle-**moi**!*   *Lève-**toi**!*   *Va-**t-en**!*

If there are several object pronouns (this rarely happens), they come after the verb as follows:

	nous		
le	vous		
la	lui		
les	leur	y	en
	moi (m')		
	toi (t')		

*Donne-**m'en**!*   *Apporte-**le-nous** ici!*

If the command is negative, the normal order of pronoun applies:

*Ne **me le** dis pas!*

2.2 Qui/que/où/dont

2.2.1

The relative pronoun *qui* (who/which/that) is the subject of the verb:

*Un quatre-pièces **qui** appartient à mes enfants.*
A four-room flat **which** belongs to my children.
*Une boum **qui** finira très tard.*
A party **that** will finish very late.
*Ecoutez Anne-Sophie **qui** vous parle.*
Listen to Anne-Sophie, **who** is talking to you.

2.2.2

The relative pronoun *que* (whom/which/that) is the direct object of the verb. It is shortened to *qu'* before a vowel, whereas *qui* is never shortened.

*C'est un CD **que** vous avez adoré.*
It's a CD **that** you adored.
*Pourquoi sortir avec un garçon **qu'**on n'aime pas?*
Why go out with a boy **whom** you don't like?

2.2.3

Où indicates place:
*La boum **où** je l'ai vu.*
The party **where/at which** I saw him.

Note *Où* and *que* can also indicate **when** something
happened/may happen:
*Le jour **où** ...*
The day **when/on which** ...
*Le jour **où** tu as accepté mon invitation ...*
The day **on which** you accepted my invitation ...
*Un jour **que** ...*
One day **when** ...
*Un jour **que** je flânais dans les rues ...*
One day **when** I was wandering round the streets ...

2.2.4

Dont is a relative pronoun corresponding to the
English 'of which/of whom/whose'.

*... **dont** le nombre est variable*
of which the number varies
*un ami **dont** je connaissais la sœur*
a friend **of whom** I knew the sister (= **whose** sister I
knew)
*l'expérience **dont** parle le livre*
the experience **of which** the book is talking
(= the experience the book is talking about)
*J'ai acheté cinq livres, **dont** deux sont rares.*
I bought two books, **of which** two are rare
(= including two rare ones).

2.3 Possessive pronouns

A possessive pronoun takes the place of a noun which
has already been mentioned. It changes according to:

* the person of the owner;
* the gender and number of the thing/person
  possessed.

The English equivalents are 'mine'/'yours'/'hers'/'ours',
etc.
Possessive pronouns are as follows:

Possessor	Object possessed			
	singular		plural	
	masculine	feminine	masculine	feminine
je	*le mien*	*la mienne*	*le miens*	*les miennes*
tu	*le tien*	*la tienne*	*les tiens*	*les tiennes*
il/elle	*le sien*	*la sienne*	*les siens*	*les siennes*
nous	*le nôtre*	*la nôtre*	*les nôtres*	
vous	*le vôtre*	*la vôtre*	*les vôtres*	
ils/elles	*le leur*	*la leur*	*les leurs*	

*Le chien de Jean est plus beau, mais **le mien** est plus
intelligent.*
John's dog is nicer-looking, but **mine** is more
intelligent.
*Quel appartement – **le nôtre** ou **le sien**?*
Which flat – **ours** or **his/hers**?

Be careful with 'his' and 'hers'. In French, *le sien/la
sienne* and *les siens/les siennes* can mean 'his'/'her'/'its',
according to the gender of the person, animal or thing
possessed:
Le portable, c'est à qui? C'est le sien.
C'est le sien would mean 'it's his/hers' depending on
whom you pointed at.

2.4 Demonstrative pronouns

2.4.1

Demonstrative pronouns indicate and replace nouns
which have already been mentioned. The English
equivalents are 'this one'/'that one'/'those'/'the ones'.
In French, they are formed as follows:

singular		plural	
masculine	feminine	masculine	feminine
celui	*celle*	*ceux*	*celles*

*Quelle voiture? – **Celle** de Claire.*
Which car? – **That** of Claire (= Claire's).
*Je préfère **ceux** (les films) d'Audrey Tatou.*
I prefer **those** of Audrey Tatou.

2.4.2

When they need to be more precise, demonstrative
pronouns often add *-ci* and *-là* and are the equivalent
of the English 'this one (here)'/'those (there)', etc.

Quelle robe vas-tu prendre?
*– **Celle-ci**.*

This one (here).

Qui sont les coupables?

– Ceux-là.

Those (over) there.

Note These compound forms very often have a second meaning, corresponding to the English 'the latter'/'the former'.

On choisit Carmen ou Ghislène?

Shall we choose Carmen or Ghislène?

Celle-ci *est plus expérimentée.*

The latter is more experienced.

J'aime lire Stendhal et Camus.

Celui-là *est du 19e siècle.*

The former is from the 19th century.

2.5 Negative pronouns, adjectives and adverbs

In addition to *ne ... pas* there is a whole range of negative expressions using *ne*:

Pronouns, adjectives	adverbs
ne ... aucun	*ne ... aucunement*
ne ... nul	*ne ... guère*
ne ... personne	*ne ... jamais*
ne ... rien	*ne ... nullement*
	ne ... plus
	ne ... point
	ne ... que

A negative pronoun or adjective may be the subject or the object of the verb. If it is the subject, it comes at the beginning of the clause.

Personne ne *sait comment.*

No one knows how.

*Je **n'ai vu personne**.*

I saw **no one**.

Negative pronouns, adjectives and adverbs take the place of *ne ... pas* in the sentence.

*Elle **ne** sortait **plus** seule.*

She **no longer** went out alone.

*Elles **n'ont plus** de problèmes.*

They have **no more** problems.

*Il **n'était point** d'accord.*

He did **not** agree **at all**.

3 Adjectives

3.1 Agreement of adjectives

An adjective gives information about a noun. In French, an adjective agrees in gender and number with the noun to which it refers. Normally, the adjective adds the ending **-e** in the feminine and **-s** in the plural.

un grand plaisir   une grande soirée

son meilleur film   les meilleures chances

3.2 Adjectival endings

3.2.1

The adjectives *beau/nouveau/vieux* end in **-el/-eil** in front of a masculine noun beginning in a vowel or a silent **h**.

un bel ami

le nouvel an

un vieil hôtel

These adjectives form their masculine plural with the ending **-x**.

de beaux amis

les nouveaux livres

de vieux amis

3.2.2

Adjectives ending in **-al** in the masculine singular form their plural with **-aux**:

un rapport familial   des rapports familiaux

un ordre général   des ordres généraux

3.2.3

There are certain masculine endings which change noticeably in the feminine form.

beau → belle

nouveau → nouvelle

fou → folle

mou → molle

vieux → vieille

Adjectives ending in **-er** change to **-ère** in the feminine.

cher → chère

Adjectives ending in **-f** change to **-ve** in the feminine.

neuf → neuve

Adjectives ending in **-s** change to **-se** in the feminine, with the exception of *bas, épais, gras, gros* and *las* which double the **-s** and add **-e**.

gris → grise
gras → grasse
bas → basse

Adjectives ending in **-x** form their feminine singular with **-se**:
heureux → heureuse

Exceptions are: *fausse, rousse* and *douce*.

Adjectives ending in **-el, -eil, -en** and **-on** double the final consonant in the feminine.

cruel → cruelle
pareil → pareille
ancien → ancienne
bon → bonne

All adjectives ending in **-et** double the final consonant in the feminine, with the exception of *complet, discret, inquiet* and *secret*, where the ending becomes **-ète**.

coquet → coquette
complet → complète

Adjectives ending in **-ot** form the feminine with **-ote**, with the exception of *boulot, pâlot, sot* and *vieillot* which double the **-t**.

idiot → idiote
pâlot → pâlotte

Adjectives ending in **-c** form their feminine with **-che** or **-que**.

franc → franche
public → publique

Certain adjectives form their feminine with the help of a special suffix: **-euse** (for most adjectives ending in **-eur**) and **-trice** (for many adjectives ending in **-teur**).

menteur → menteuse
indicateur → indicatrice

A certain number of feminine adjectives have special forms which need to be learned.

long → longue
frais → fraîche
favori → favorite
malin → maligne

3.2.4

Masculine adjectives ending in **-s** stay the same in the masculine plural.

un chapeau gris   des chapeaux gris

Masculine singular adjectives ending in **-e** stay the same in the feminine singular.

un jeune homme   une jeune femme

3.3 Position of adjectives

3.3.1

In French, some adjectives come in front of the noun, but the majority come **after** the noun.

l'amour excessif
leurs plats favoris
une destination précise
mes origines italiennes

3.3.2

There are a small number of frequently used adjectives which are normally placed **in front of** the noun. For the most part, these adjectives are very short, being of one or two syllables. The most common are:

beau	joli	sot
bon	long	vaste
grand	mauvais	vieux
gros	meilleur	vilain
haut	moindre	
jeune	petit	

un long séjour
un vaste terrain
mes meilleurs amis
une jeune employée
la meilleure solution
les moindres problèmes

3.3.3

Certain adjectives may be placed in front of **or** after the noun. The change meaning according to their position. The most common of these adjectives are explained below:

un ancien élève	a former pupil
un bâtiment ancien	an ancient building
un brave homme	a good chap
un soldat brave	a brave/courageous soldier
un certain nombre	a certain (unspecific) number

un succès certain	a definite success
ma chère amie	my dear friend
un cadeau cher	an expensive present
la dernière fois	the last (final) time
l'année dernière	last (the previous) year
de grands artistes	great artists
un homme grand	a tall man
une haute idée	a noble (elevated) idea
une tour haute	a high (tall) tower
un honnête homme	a decent man
une opinion honnête	an honest opinion
la même idée	the same idea
l'idée même!	the very idea!
le pauvre chat	the poor cat
une famille pauvre	a poor family
ma propre invention	my own invention
une assiette propre	a clean plate
de pure fantaisie	pure (sheer) fantasy
de la neige pure	pure snow
mon unique espoir	my only (sole) hope
je suis fils unique	I'm an only son/child

3.4 Interrogative adjectives: *quel(s)/quelle(s)*

The interrogative adjectives *quel(s)/quelle(s)* agree in gender and number with the noun they describe and are formed as follows:

	masculine	feminine
singular	*quel*	*quelle*
plural	*quels*	*quelles*

Quelle a été ta réaction?
What was your reaction?
Quels sont tes passe-temps?
What are your hobbies?
Quelles opinions a-t-il exprimées?
What opinions did he express?
Quel toupet!
What a cheek!

3.5 Demonstrative adjectives: *ce, cet, cette, ces*

These adjectives are demonstrative, that is, they point out or emphasise the noun referred to, and are the equivalent of the English 'this'/'that'/'these'/'those'. They agree in gender and number with the nouns they describe and are formed as follows:

	masculine	feminine
singular	*ce/cet*	*cette*
plural	*ces*	*ces*

Note In front of a masculine noun beginning with a vowel or silent **h**, *cet* is used instead of *ce*.

Je n'aime pas ce genre de film.
I don't like **this/that** kind of film.
J'étais intéressé par cet instrument.
I was interested in **this** instrument.
dans cette région
in **this** region
ces démonstrations impulsives
these impulsive demonstrations

3.6 *Tout/toute/tous/toutes*

The adjective *tout* agrees in gender and number with the noun it describes and is the equivalent of the English 'all'/'every'.

On peut tout lire, voir tous les films, participer à toutes les conversations.
One can read **everything**, see **all** the films, take part in **all** the conversations.
toute ma vie
all my life
tous les membres de la famille
all members/**every** member of the family
tous les jours comme ça
every day like that

Note *Tout* is often used as an adverb corresponding to the English 'completely'/'quite'/'totally'. When tout is used in his way there is no agreement.

Elle a parlé tout gentiment.
She spoke **quite** kindly.
Ils ont parlé tout honnêtement.
They spoke **totally** honestly.

3.7 Possessive adjectives: *mon, ma, mes,* etc.

A possessive adjective shows the owner. It agrees in gender and number with the noun it describes. The forms of the possessive adjectives are:

	singular		plural
	masculine	feminine	
1st person singular (*je*)	*mon*	*ma*	*mes*
2nd person singular (*tu*)	*ton*	*ta*	*tes*
3rd person singular (*il/elle/on*)	*son*	*sa*	*ses*
1st person plural (*nous*)	*notre*	*notre*	*nos*
2nd person plural (*vous*)	*votre*	*votre*	*vos*
3rd person plural (*ils/elles*)	*leur*	*leur*	*leurs*

mon prof d'anglais	**my** English teacher
ma sœur	**my** sister
mes camarades	**my** schoolfriends
ses défauts	**her/his/its** faults
vos parents	**your** parents
notre nouvelle rubrique	**our** new column
leur émission théâtrale	**their** theatre broadcast

Note In front of a feminine noun beginning with a vowel or a silent **h**, *mon, ton, son* are used instead of *ma, ta, sa*.

mon enfance	**my** childhood
ton épreuve	**your** exam
son absence	**his/her/its** absence

3.8 Comparatives

There are three types of comparative statement:

- inferior comparison (= the idea of **less**)
  *Il est **moins** intelligent (**que** Nadine).*
  He is **less** intelligent (**than** Nadine).
- equal comparison (the idea of **as ... as**)
  *Nous avons une équipe **aussi** efficace (**que** l'autre).*
  We have **as** effective a team (**as** the other).
- superior comparison (the idea of **more ... than**)
  *C'est une solution **plus** acceptable (**que** leur suggestion).*
  It's a **more** acceptable solution (**than** their suggestion).

Thus, if we wish to make a comparison, all we have to do is to place *moins/aussi/plus* in front of the adjective

we wish to modify and *que* in front of the noun or pronoun with which the comparison is being made.

3.9 Superlatives

Superlatives convey the idea of 'most'/'least'. To put something in the superlative, we put the definite article (*le/la/les*) or a possessive adjective (*mon/ma/mes*, etc.) in front of *plus* or *moins*.

*C'était **le/son moins** grand succès.*
It was **the/his least** great success.
*Les circonstances **les plus** difficiles.*
The most difficult circumstances.

Note As in English, *bon* and *mauvais* are irregular in the comparative and the superlative:

	comparative	superlative
bon	*meilleur*	*le/la/les meilleur(e)(s)*
mauvais	*pire*	*le/la/les pire(s)*

*C'était **une meilleure** collègue.*
She was **a better** colleague.
*Nous nous trouvons dans **les pires** difficultés.*
We find ourselves in **the worst** of difficulties.

4 Adverbs

An adverb tells you **how** an action is carried out.

*Parlez **lentement** s'il vous plaît!*
*Elle a répondu **franchement**.*
*Il habitait **toujours** là.*

4.1 Types of adverb

Adverbs give you information about the **time**, the **manner**, the **place**, or, occasionally, the **cause** of the action. In English, they frequently end in **-ly**. In French, they often end in **-ment**, which is normally added to the feminine form of the adjective to form the adverb.

time	manner	place	cause
rarement	*facilement*	*là*	*puisque*
régulièrement	*ainsi*	*partout*	*pourquoi*

4.2 Adverbial phrases

4.2.1

French often uses a noun or a noun + adjective to avoid an adverbial form.

noun	noun + adjective
avec condescendance	condescendingly
sans patience	impatiently
d'un air déçu	disappointedly
d'une façon admirable	admirably

4.2.2

French avoids using strings of adverbs which tend to weigh down the sentence. Instead of:

totalement stupidement
totally stupidly

the natural French would be:

avec une stupidité totale
with total stupidity

4.3 Position of adverbs

4.3.1

The adverb is normally positioned **after** the verb (or the auxiliary verb) which it modifies.

*Elle atteignait **graduellement** son but.*
She was **gradually** achieving her aim.
*Elle a parlé **honnêtement** de sa difficulté.*
She talked **honestly** about her difficulty.
*Il avait **complètement** négligé de le faire.*
He had **completely** omitted to do it.

4.3.2

When an adverb modifies an adjective or another adverb, it is normally placed before this adjective/adverb.

*une décision **totalement** illogique*
a **totally** illogical decision
*un ami **toujours** fidèle*
an **ever**-faithful friend

4.3.3

There is a small number of adverbs which, when used at the start of a sentence, cause the verbs which follow them to be inverted. The most common of these are *encore, rarement* and *ainsi*.

*Il a repris ses études. **Encore** faut-il qu'une fac l'accepte.*
He has resumed his studies. It still remains for a college to offer him a place.
***Rarement** lisait-il les journaux.*
He rarely read the papers.
***Ainsi** conclut-elle son discours.*
This was how she finished her speech.

4.4 Comparative and superlative adverbs

4.4.1

Like adjectives, adverbs may have:

* comparative forms:
  ***plus** correctement*
  ***aussi** correctement*
  ***moins** honnêtement*
* superlative forms:
  ***le plus** correctement*
  ***le moins** honnêtement*

4.4.2

Since the adverb is not adjectival, the word *le* in the superlative form is invariable, i.e. it never changes for a feminine or plural subject, but always stays the same.

*Elle chantait **le** plus doucement qui soit.*
*Ils travaillaient **le** plus dur possible.*

4.5 *Plus que/plus de; moins que/moins de*

4.5.1

Plus que/moins que
To express the ideas 'more than'/'less than', French uses *plus que/moins que*.

*Elle est **plus** intelligente **que** son ami.*
She is **more** intelligent **than** her friend.
*Peut-être **moins** souvent **que** toi.*
Perhaps **less** often **than** you.

4.5.2

Plus de/moins de
Plus de/moins de are used with a **number**.

*Ils ont **moins de** quinze joueurs.*
They've **fewer than** fifteen players.
*Il y avait **plus d'**une centaine d'élèves.*
There were **more than** a hundred or so pupils.

5 Conjunctions

A conjunction is a joining word which acts as a link between clauses or ideas. Here is a list of the main conjunctions you need to be able to recognise and use.

à cause de	because of
à mesure que	(in proportion) as
ainsi que	as also, like
alors que	whereas
aussi bien que	as well as
depuis que	since (= from the time that)
donc	so, then (= therefore)
en raison de	because of
or	now (beginning a paragraph or part of a story)
ou bien	or else
ou ... ou	either ... or
pendant que	while (= during the time that)
pourtant	however, yet
puisque	seeing that, since (= because)
que	replaces *comme, lorsque, quand* to avoid their being repeated in a second clause
tandis que	whereas, whilst (= contrast)
toutefois	however, nevertheless
vu que	seeing that, since

6 Verbs

6.1 Present

6.1.1

The great majority of verbs belong to three types which are probably very familiar to you. The verbs in these three types always use the same endings. The endings used to form the present tense are shown in the table below.

	aimer (Type 1)	finir (Type 2)	vendre (Type 3)
je	aim**e**	fin**is**	vend**s**
tu	aim**es**	fin**is**	vend**s**
il/elle/on	aim**e**	fin**it**	vend
nous	aim**ons**	fin**issons**	vend**ons**
vous	aim**ez**	fin**issez**	vend**ez**
ils/elles	aim**ent**	fin**issent**	vend**ent**

Note In all tenses, verbs ending in **-cer** add a **cedilla** (**ç**) to the **c** in front of an **a** or an **o**.

*Le travail commen**ç**ait à huit heures.*

In all tenses, verbs ending in **-ger** add an **e** between the **g** and an **a** or an **o**.

*Dans le temps, on man**ge**ait trop de viande rouge.*

6.1.2

More than 90% of the verbs you will use are perfectly regular. There remain approximately 8%, which are irregular in the present tense. To help you, we have included these verbs in the table on pages 170–191.

6.1.3

When an action which started in the past is still going on in the present, French uses the present, usually with *depuis*.

J'étudie le français **depuis** cinq ans.
I **have been studying** French **for** five years.

6.1.4

The narrative or dramatic present
The French, in order to communicate the dramatic nature of a past event (especially in a personal conversation or in the press), the present is often used instead of the past, to make the description more dramatic.

*Je **me promène** dans la rue, je **fais** un peu de lèche-vitrines, quand il m'**aborde**, **demande** de l'argent et me **menace**!*
I **was walking** along the street **doing** a bit of window-shopping, when he **came up** to me, **demanded** money and **threatened** me!

6.2 Imperative

6.2.1

The **imperative** is mainly used to express:

- an order (*Tais-toi!*)
- a prohibition (*N'insistez pas!*)
- an exhortation (*Essayons une dernière fois!*)
- a request (*Ne me laisse pas seul!*)
- a wish (*Soyez les bienvenus!*)

6.2.2

Generally speaking, the imperative, which can only exist in the present, uses the present tense of the verb, without any mention of the subject.

	aimer (Type 1)	**finir** (Type 2)	**vendre** (Type 3)
2nd person singular	*aime*	*finis*	*vends*
1st person plural	*aimons*	*finissons*	*vendons*
2nd person plural	*aimez*	*finissez*	*vendez*

(tu) Sors de la cave!
(nous) Ne restons pas ici!
(vous) Mangez moins!

Note Type 1 verbs (= **-er** verbs, including *aller*) lose their **-s** in the command form of the second person singular.

Range la chambre!
Parle-lui plus gentiment!
Va au lit!

But *Aller* keeps the **-s** of the second person singular when followed by *y*: *Vas-y!*

6.2.3

Avoir, être and *savoir* have a special imperative form.

	avoir	**être**	**savoir**
2nd person singular	*aie*	*sois*	*sache*
1st person plural	*ayons*	*soyons*	*sachons*
2nd person plural	*ayez*	*soyez*	*sachez*

Aie confiance! Ne soyons pas bêtes! Sachez la vérité!

6.3 Reflexive verbs

6.3.1

In general, a **reflexive verb** is one in which the person or thing doing the action does it to him/her/itself.

Je m'habille avec soin.
Ils veulent se sentir libres.

6.3.2

The verb is accompanied by a **reflexive pronoun** belonging to the same person as the subject of the verb.

je	**me**	*rappelle*
tu	**te**	*rappelles*
il/elle/on	**se**	*rappelle*
nous	**nous**	*rappelons*
vous	**vous**	*rappelez*
ils/elles	**se**	*rappellent*

6.3.3

The action is **reflexive**:

- when the subject suffers the action him/her/itself:
  *Je **me** rase à sept heures et demie.*
- when the action occurs between two or more subjects:
  *Vous **vous** opposez sans cesse.*
- as a way of expressing a passive action:
  *Le vin **se** boit frais.*
- with certain verbs which need an object pronoun to complete their sense:
  *Tu **te** précipites toujours sur ton copain.*

6.4 Perfect (le passé composé)

6.4.1

The perfect is used for expressing past actions of which we can see the beginning or the end. These actions often follow on from one another.

*Je **me suis levé**, j'**ai mis** mes vêtements, j'**ai pris** un petit café. Puis, je **suis allé** au travail.*

6.4.2

The perfect is also used as the equivalent of the **perfect tense** in English. It is formed in a similar way to the English, using *avoir* as an auxiliary, where English uses **have**:

*Elle **a** fini.*
She (**has**) finished.
*J'**ai** vendu ma vieille bagnole.*
I(**'ve**) sold my old banger.

6.4.3

For the most part, the perfect is formed from the present tense of the auxiliary *avoir* followed by the **past participle** of the action verb.

	aimer (Type 1)	finir (Type 2)	vendre (Type 3)
j'ai	*aimé*	*fini*	*vendu*
tu as	*aimé*	*fini*	*vendu*
il/elle/on a	*aimé*	*fini*	*vendu*
nous avons	*aimé*	*fini*	*vendu*
vous avez	*aimé*	*fini*	*vendu*
ils/elles ont	*aimé*	*fini*	*vendu*

6.4.4

Some intransitive verbs (verbs which do not take a direct object) use the auxiliary *être* **not** *avoir* in the perfect tense. They are:

aller	venir	descendre	monter
arriver	partir	rester	tomber
entrer	sortir	naître	mourir

plus their compounds, of which *rentrer* and *revenir* are the most familiar. They can be listed as six pairs of opposites (as above), making them easier to remember.

Note All reflexive verbs form their perfect tense with *être*.

6.4.5

The past participle of a normal *être* verb agrees with its subject in gender and number.

je suis	*allé(e)*	*nous sommes*	*sorti(e)(s)*
tu es	*venu(e)*	*vous êtes*	*resté(e)(s)*
elle est	*montée*	*elles sont*	*parties*
il est	*descendu*	*ils sont*	*montés*
on est	*entré(e)(s)*		

However, the past participle of a reflexive verb agrees with the **reflexive pronoun** and only if it is a **direct object**. As this is the case nine times out if ten, there is no problem, since it looks as if the past participle is agreeing with the subject, just like one of the ordinary *être* verbs in 6.4.4.

Elle s'est habillée.
Ils se sont lavés.
Elles se sont levées.

However, if the reflexive pronoun is an **indirect object**, there will be no agreement, and the past participle may look incomplete to you.

Elle s'est promis un petit cadeau.
Ils se sont parlé.
Elles se sont envoyé des lettres.

To test for an indirect object, see if **to** or **for** is present or understood in front of the object in the English translation, e.g. She promised (to) herself a little present.

6.4.6

Past participles are often used as adjectives. These participle adjectives must agree with their subject just like any other adjective.

un homme expérimenté
une présidente respectée
les pays développés
deux personnes bien connues

6.4.7

Certain past participles are used as nouns. These **participle nouns** are masculine or feminine, singular or plural, according to the gender and number of the subject.

un(e) employé(e)
un(e) délégué(e)
les nouveaux arrivés

6.4.8

The past participle of a verb formed with *avoir* **never** agrees with the subject.

Elles ont été là.

Instead, it agrees in gender and number with a **preceding direct object**.

Quant à Sylvie, ses parents l'ont gâtée.
*Des **livres** que vous avez empruntés.*

6.5 Imperfect

6.5.1

The **imperfect** is different from the perfect tense (the *passé composé*, see 6.4) and the past historic (*passé simple*, see 6.8). Sometimes called the 'used to/was tense', it is the tense of:

- past description
  *Il **était** moins gras à l'époque.*
- interrupted action in the past
  *Je **me maquillais** quand il a téléphoné.*

- repetition in the past
  *Tous les soirs je **devais** couper du bois.*
- past habit
  *Je **faisais** de la gymnastique.*
  *C'**était** l'époque où j'**adorais** sortir.*

6.5.2

We use the imperfect when we can't see either the beginning or the end of the action or the series of actions. Compare:

*Sarkosy **gouvernait** pendant les grèves à Paris.*
*Jacques Chirac **a gouverné** plus de dix ans, n'est-ce pas?*

In the first sentence the verb is in the imperfect, since the action of governing was in the process of happening and had not been completed. In the second, we are talking about a completed action. **Imperfect = incomplete.**

6.5.3

The imperfect is easy to form. The imperfect stem of almost every verb is the same as the stem of the first person plural of the present tense.

	aimer **(Type 1)**	finir **(Type 2)**	vendre **(Type 3)**	avoir
je	*aimais*	*finissais*	*vendais*	*avais*
tu	*aimais*	*finissais*	*vendais*	*avais*
il/elle/on	*aimait*	*finissait*	*vendait*	*avait*
nous	*aimions*	*finissions*	*vendions*	*avions*
vous	*aimiez*	*finissiez*	*vendiez*	*aviez*
ils/elles	*aimaient*	*finissaient*	*vendaient*	*avaient*

The only exception is *être*:

	être
j'	*étais*
tu	*étais*
il/elle/on	*était*
nous	*étions*
vous	*étiez*
ils/elles	*étaient*

6.6 Pluperfect

6.6.1

The **pluperfect** relates a past action, which happened before another past action. In English, it is often called the 'had tense'.

*Céline a aperçu l'agent que nous **avions rencontré** devant le café.*

Céline spotted the policeman, whom we **had met** in front of the café.

*J'ai compris que tu **étais montée** là-haut.*

I realised that you **had gone** up there.

6.6.2

The pluperfect is formed by using the **imperfect** of the *avoir/être* auxiliary together with the **past participle** of the verb.

auxiliary = *avoir*			
j'	*avais*	*rencontré*	**I had met, etc.**
tu	*avais*	*rencontré*	
il/elle/on	*avait*	*rencontré*	
nous	*avions*	*rencontré*	
vous	*aviez*	*rencontré*	
ils/elles	*avaient*	*rencontré*	
auxiliary = *être*			
j'	*étais*	*monté(e)*	**I had climbed, etc.**
tu	*étais*	*monté(e)*	
il/elle/on	*était*	*monté(e)*	
nous	*étions*	*monté(e)s*	
vous	*étiez*	*monté(e)(s)*	
ils/elles	*étaient*	*monté(e)s*	

6.7 Future

6.7.1

The **future** indicates the time to come. In English, it is often called the 'shall/will tense'. In French, this tense is relatively easy to form. With verbs of Types 1 and 2, we add the endings of the present tense of *avoir* to the **infinitive** of the verb.

	aimer **(Type 1)**	finir **(Type 2)**	
je	*aimerai*	*finirai*	**I shall/will like/finish, etc**
tu	*aimeras*	*finiras*	
il/elle/on	*aimera*	*finira*	
nous	*aimerons*	*finirons*	
vous	*aimerez*	*finirez*	
ils/elles	*aimeront*	*finiront*	

Note The future is formed in the same way for Type 3 verbs. The only difference is that you have to remove the **e** from the infinitive before adding the *avoir* endings.

	vendre (Type 3)	
je	*vendrai*	**I shall/will sell, etc.**
tu	*vendras*	
il/elle/on	*vendra*	
nous	*vendrons*	
vous	*vendrez*	
ils/elles	*vendront*	

S'il est difficile, je **contacterai** *la police.*
L'équipe **finira** *par gagner le championnat.*
Ils lui **rendront** *l'argent prêté.*

6.7.2

There is a certain number of very common verbs with an irregular future **stem**. The endings are exactly the same as for regular verbs. Below is a short list of the most commonly used irregular futures.

j'aurai	I shall/will have
j'enverrai	I shall/will send
il faudra	it will be necessary
je ferai	I shall/will do/make
j'irai	I shall/will go
il pleuvra	it will rain
je saurai	I shall know
je serai	I shall/will be
je tiendrai	I shall hold
il vaudra	it will be worth
je viendrai	I shall come
je verrai	I shall see
je voudrai	I shall want/like

There are many others, which can be found in the verb table on pages 170–191.

Note If the adverbs *quand* and *lorsque* have a future sense, they are followed by the future tense.

... quand l'un ou l'autre **paiera**
... when one or the other pays
Je viendrai lorsque tu **décideras***.*
I shall come when you decide.

Compare:
Quand je paie les billets, il me dévisage.
When(ever) I pay for the tickets, he stares at me.

Here, the verb is in the present, because there is no future sense.

6.7.3

Future perfect
If you want to describe something that 'will have happened', you need the **future perfect** tense. It works in a similar way to the ordinary perfect, except that *avoir* and *être* have to be in their future tense form:

Quand est-que **tu auras fini** *tes devoirs?*
When **will you have finished** your homework?

Watch out for the following sentence structure in French and notice that you need to use the future in the first part of the sentence, and the future perfect in the second part.

Ils pourront aller au cinéma quand **ils auront fait** *la vaisselle!*
They can go to the cinema when **they've done** the washing up!

6.8 Past historic (le passé simple)

6.8.1

The **past historic** is the literary equivalent of the perfect tense (the *passé composé*) and is only used in written language. It is sometimes used in journalism, but is more common in novels and short stories. The *tu* and *vous* forms are very seldom used. For AS, Higher Grade and A2, it tends to be taught for recognition only.

6.8.2

The three types of verb form the past historic as follows:

	aimer (Type 1)	finir (Type 2)	boire (Type 3)
je	*aimai*	*finis*	*bus*
tu	*aimas*	*finis*	*bus*
il/elle/on	*aima*	*finit*	*but*
nous	*aimâmes*	*finîmes*	*bûmes*
vous	*aimâtes*	*finîtes*	*bûtes*
ils/elles	*aimèrent*	*finirent*	*burent*

Note Type 3 verbs form the past historic either with -**us** or -**is**. Often, if the past participle of the verb ends in -**u**, the past historic of the verb will be of the -**us** type (exception: *vendu*, but *vendis*).

j'ai aperçu   j'aperçus
j'ai connu   je connus

There are exceptions: consult the verb table on pages 170–191.

6.8.3

Avoir and *être* form their present historic as follows:

	avoir	être
je	eus	fus
tu	eus	fus
il/elle/on	eut	fut
nous	eûmes	fûmes
vous	eûtes	fûtes
ils/elles	eurent	furent

6.8.4

Tenir, venir and their compounds form the past historic as follows:

	tenir	venir
je	tins	vins
tu	tins	vins
il/elle/on	tint	vint
nous	tînmes	vînmes
vous	tîntes	vîntes
ils/elles	tinrent	vinrent

6.9 Conditional present

6.9.1

Compare the two sentences below.

*Si vous **continuez** à boire, vous **serez** dans un drôle d'état.*
If you continue drinking, you will be in a real state.
*Si vous **continuiez** à boire, vous **seriez** dans un drôle d'état.*
If you continued drinking, you would be in a real state.

In the first sentence, the verbs are in the **present** and **future**. In the second, they are in the **imperfect** and the **conditional**. When a past event is being described, the **future** is replaced by the **conditional** to give the idea of the future in the past.

6.9.2

To form the basic conditional, we add the **imperfect** endings to the **future** stem of the verb.

	aimer (Type 1)	finir (Type 2)	vendre (Type 3)
je	aimerais	finirais	vendrais
tu	aimerais	finirais	vendrais
il/elle/on	aimerait	finirait	vendrait
nous	aimerions	finirions	vendrions
vous	aimeriez	finiriez	vendriez
ils/elles	aimeraient	finiraient	vendraient

	avoir	être
je	aurais	serais
tu	aurais	serais
il/elle/on	aurait	serait
nous	aurions	serions
vous	auriez	seriez
ils/elles	auraient	seraient

*Me **laisserais-tu** partir seule?*
Would you let me go off alone?
*Tu **aurais** une petite chance.*
You **might have** a chance.
*Ça **pourrait** finir.*
That **might/could** finish.
*Ils **pourraient** se demander pourquoi.*
They **might** wonder why.

6.9.3

In French, the conditional is also used for reported speech which is open to doubt or conjecture, and so it is quite common in journalism, when a report is being made before the facts can be checked. English usually gives this feeling of 'not yet confirmed' by means of a qualifying phrase, e.g 'it was said that …', 'apparently …'.

Il y aurait une foule de 12 000 personnes.
There was said to be a crowd of 12,000.
Sa femme ne saurait rien de tout ça.
His wife apparently knows nothing about all that.

6.10 Conditional perfect

The **conditional perfect** in French is the equivalent of the English 'should have/would have'. It is formed by using the conditional present of *avoir* or *être* followed by the past participle of the verb.

*Elle **aurait voulu** venir.*
She **would have wanted** to come.

*Autrement, je **serais rentré**.*
Otherwise, I **should have come back**.
*Encore deux minutes et les victimes s'en **seraient sauvées**.*
Two more minutes and the victims **would have escape**.
*Le responsable **aurait dû** savoir.*
The person in charge **should have** known.

6.11 The subjunctive

6.11.1

Whereas the indicative mood expresses real facts, the **subjunctive mood** communicates certain facts which belong to the mind, i.e. our desires, wishes, fears and regrets. For example, compare these three sentences.

Je sais qu'il reviendra.
I know he'll come back.
Je crains qu'il ne revienne.
I'm afraid he may come back.
Je souhaite qu'il revienne.
I want him to come back.

6.11.2

Normally, to form the **present subjunctive**, we use the stem of the third person plural of the present indicative plus the endings **-e, -es, -e, -ions, -iez, -ent**.

	aimer **(Type 1)**	finir **(Type 2)**	vendre **(Type 3)**
je	*aime*	*finisse*	*vende*
tu	*aimes*	*finisses*	*vendes*
il/elle/on	*aime*	*finisse*	*vende*
nous	*aimions*	*finissions*	*vendions*
vous	*aimiez*	*finissiez*	*vendiez*
ils/elles	*aiment*	*finissent*	*vendent*

However, as you might expect, *avoir*, *être* and *savoir* are irregular.

	avoir	être	savoir
je	*aie*	*sois*	*sache*
tu	*aies*	*sois*	*saches*
il/elle/on	*ait*	*soit*	*sache*
nous	*ayons*	*soyons*	*sachions*
vous	*ayez*	*soyez*	*sachiez*
ils/elles	*aient*	*soient*	*sachent*

6.11.13

The subjunctive is used after:

il faut or another order + *que*

- Il **faut que vous alliez** à la banque.
  You **have to go** to the bank./**It's essential that you go** to the bank.

- an emotion + *que*, the most common expressions being:
  désirer que, vouloir que, souhaiter que, aimer mieux que, s'étonner que, regretter que, préférer que, être content/curieux/désolé/fâché/heureux/honteux/ravi que
  Je m'étonne qu'elle soit venue.
  I'm astonished that she came.
  Elle est contente que tu réussisses.
  She's pleased you are succeeding.
  Il préfère qu'elle parte.
  He prefers her to leave.

- the following expressions:
  bien que, quoique, avant que, pourvu que, jusqu'à ce que, à condition que, à moins que (+ ne), afin que, pour que, sans que, supposé que, que ... que ..., non que

  Pour que tu saches la vérité ...
  So that you (may) know the truth ...
  Pourvu qu'il fasse le nécessaire ...
  Provided he does what's necessary ...
  Bien qu'il réagisse comme ça ...
  Although he reacts/may react like that ...

6.12 The passive

6.12.1

Look at these two sentences:

Une 205 Peugeot a renversé Mme Bernard.
A Peugeot 205 ran over Mme Bernard.
Les sapeurs-pompiers ont transporté Mme Bernard à l'hôpital.
The fire brigade took Mme Bernard to hospital.

Now look at the following version of these two sentences:

*Mme Bernard **a été renversée** par une 205 Peugeot.*
Mme Bernard **was run over** by a Peugeot 205.
*Mme Bernard **a été transportée** par les sapeurs-pompiers à l'hôpital.*
Mme Bernard **was taken** to hospital by the fire brigade.

In the first version of these two sentences, the **subject** of the verb **does** the action, and we say that the verb is in the **active voice**. In the second version, the **subject** of the verb **receives** the action which is done by someone or something else. Here, we say that the verb is in the **passive voice**.

6.12.2

Because a form of the verb *être* is used in every passive construction, the past participle of the main verb functions like an adjective, agreeing in number and gender with its subject:

*Nous avons été renversé**s**.*
*Elles ont été renversé**es**.*

6.12.3

To form the passive of the verb, French uses the past participle of the verb after the auxiliary *être*. By way of example, here are the passive forms of the first person singular of the verb *transporter*:

present: *je **suis** transporté(e)* = I am transported
imperfect: *j'**étais** transporté(e)* = I was transported
future: *je **serai** transporté(e)* = I will be transported
conditional: *je **serais** transporté(e)* = I would be transported
perfect: *j'**ai été** transporté(e)* = I've been/was transported
pluperfect: *j'**avais été** transporté(e)* = I'd been transported
past historic: *je **fus** transporté(e)* = I was transported

6.13 Constructions with the infinitive

6.13.1

In French, you will often come across an infinitive linked to another verb by a preposition, normally *à* or *de*. The following lists give you the most common of these verbs:

à + infinitive

aboutir à	*enseigner à*
s'accoutumer à	*s'habituer à*
aider à	*se hasarder à*
s'amuser à	*hésiter à*
s'appliquer à	*s'intéresser à*
apprendre à	*inviter à*
s'apprêter à	*se mettre à*
arriver à	*s'obstiner à*
s'attendre à	*parvenir à*
avoir à	*passer son temps à*
avoir du mal à	*perdre son temps à*
se borner à	*persister à*
chercher à	*se plaire à*

commencer à	*prendre plaisir à*
consentir à	*se préparer à*
consister à	*renoncer à*
*continuer à**	*se résigner à*
contribuer à	*rester à*
se décider à	*réussir à*
destiner à	*songer à*
encourager à	*tarder à*
engager à	*tenir à*

de + infinitive

accuser de	*se hâter de*
achever de	*jurer de*
s'arrêter de	*manquer de*
avertir de	*menacer de*
avoir envie de	*mériter de*
avoir peur de	*offrir de*
blâmer de	*omettre de*
cesser de	*ordonner de*
commander de	*oublier de*
conseiller de	*pardonner de*
se contenter de	*parler de*
*continuer de**	*permettre de*
convenir de	*persuader de*
craindre de	*prendre garde de*
décider de	*prier de*
défendre de	*promettre de*
se dépêcher de	*proposer de*
désespérer de	*recommander de*
dire de	*refuser de*
s'efforcer de	*regretter de*
empêcher de	*remercier de*
s'empresser de	*se repentir de*
s'ennuyer de	*reprocher de*
essayer de	*résoudre de*
s'étonner de	*risquer de*
éviter de	*soupçonner de*
s'excuser de	*se souvenir de*
faire semblant de	*supplier de*
feindre de	*tâcher de*
féliciter de	*tenter de*
finir de	*se vanter de*

*The verb *continuer* may take either *à* or *de*.

6.13.2

There is another group of verbs which link **directly** to an infinitive:

*Elle **va travailler** avec nous.*
She's going to work with us.

*L'arbitre **a dû décider** vite.*
The referee had to decide quickly.
*Je **ne voulais pas rester**.*
I didn't want to stay.
*Il **faut donner** autant que l'on a reçu.*
You should give as much as you have received.

Here is a list to help you:

aimer	écouter	préférer
aimer mieux	entendre	prétendre
aller	entrer	regarder
avouer	envoyer	retourner
compter	espérer	savoir
courir	faire*	sembler
croire	falloir	sentir
daigner	laisser	valoir mieux
déclarer	oser	voir
désirer	paraître	vouloir
devoir	pouvoir	

*Faire + infinitive needs special attention. Note the
following examples:

Elle le fait siffler.
She makes him whistle.
Elle lui fait siffler la chanson.
She makes him whistle the song.

If *faire* is linked directly to a simple infinitive, the
pronoun object is direct. If the infinitive has a direct
object of its own, the pronoun with *faire* becomes
indirect.

Note In spoken French, many people tend just to use
the direct object in all circumstances, so you may well
hear such things as *elle **le** fait siffler la chanson.*

6.13.3

Certain adjectives are also linked to an infinitive by *à*
or *de*:

*Je suis **enclin à** vous **croire**.*
I'm inclined to believe you.
*Sa famille était **heureuse d'accueillir** le jeune Allemand.*
His/Her family were happy to welcome the young
German.

The following lists should be helpful:

à + **infinitive:** *enclin à, disposé à, prêt à, propre à,
prompt à, lent à, lourd à, le/la seul(e) à, le premier/la
première à, facile à, difficile à*

de + **infinitive:** *heureux de, capable de, certain de,
content de, sûr de*

6.13.4

Certain nouns are linked to an infinitive by *de*:

*Vous avez **le droit de** vous **plaindre**.*
You have the right to make a complaint.
*Elle n'a pas eu **le temps de s'échapper**.*
She didn't have time to escape.

Here is a list of the most frequent of these nouns:

le besoin de	l'honneur de
la bonté de	l'occasion de
le désir de	le plaisir de
le droit de	

6.13.5

*Beaucoup, plus, moins, trop, suffisamment, quelque chose,
rien* and *énormément* are linked to an infinitive by *à*:

*Le déménagement lui avait donné **beaucoup à faire**.*
Moving house had given him/her a lot to do.
*Elle avait **moins à rattraper** que lui.*
She had less to catch up than him.
*J'ai **quelque chose à** leur **dire**.*
I've got something to tell them.
*Il n'a jamais **rien à dire**.*
He's never got anything to say.

Nouns can be linked to an infinitive in the same
manner:

*J'ai des tas de choses **à faire**.*
I've got loads to do.
*J'ai un examen **à** passer.*
I've got an exam to sit.

6.13.6

Pour/afin de and *sans* link directly to an infinitive. They
are used frequently in both spoken and written French.

***Pour améliorer** leur connaissance en langue étrangère ...*
To improve their knowledge of a foreign language ...
***Pour avoir** si souvent **dormi** ...*
Because I had slept so often ...
*Je suis trop âgée **pour suivre** des cours à la fac.*
I am too old to take a college course.
***Afin de répondre** à tous les types de demandes ...*
In order to respond to all types of demand ...
***Sans vouloir** vous insulter ...*
Without wishing to insult you ...

Verb table

Infinitive	Present participle	Past participle	Present	Imperative
ACHETER	achetant	acheté	achète achète achète achetons achetez achètent	achète achetons achetez
ALLER	allant	allé	vais vas va allons allez vont	va allons allez
APPELER	appelant	appelé	appelle appelles appelle appelons appelez appellent	appelle appelons appelez
APPRENDRE see PRENDRE				
S'ASSEOIR	asseyant	assis	m'assieds t'assieds s'assied nous asseyons vous asseyez s'asseyent	t'assieds nous asseyons vous asseyez
AVOIR	ayant	eu	ai as a avons avez ont	aie ayons ayez
BALAYER	balayant	balayé	balaie balaies balaie balayons balayez balaient	balaie balayons balayez

Imperfect	Future	Past historic	Present subjunctive	Imperfect subjunctive
achetais	achèterai	achetai	achète	achetasse
achetais	achèteras	achetas	achètes	achetasses
achetait	achètera	acheta	achète	achetât
achetions	achèterons	achetâmes	achetions	achetassions
achetiez	achèterez	achetâtes	achetiez	achetassiez
achetaient	achèteront	achetèrent	achètent	achetassent
allais	irai	allai	aille	allasse
allais	iras	allas	ailles	allasses
allait	ira	alla	aille	allât
allions	irons	allâmes	allions	allassions
alliez	irez	allâtes	alliez	allassiez
allaient	iront	allèrent	aillent	allassent
appelais	appellerai	appelai	appelle	appelasse
appelais	appelleras	appelas	appelles	appelasses
appelait	appellera	appela	appelle	appelât
appelions	appellerons	appelâmes	appelions	appelassions
appeliez	appellerez	appelâtes	appeliez	appelassiez
appelaient	appelleront	appelèrent	appellent	appelassent
m'asseyais	m'assiérai	m'assis	m'asseye	m'assisse
t'asseyais	t'assiéras	t'assis	t'asseyes	t'assisses
s'asseyait	s'assiéra	s'assit	s'asseye	s'assît
nous asseyions	nous assiérons	nous assîmes	nous asseyions	nous assissions
vous asseyiez	vous assiérez	vous assîtes	vous asseyiez	vous assissiez
s'asseyaient	s'assiéront	s'assirent	s'asseyent	s'assissent
avais	aurai	eus	aie	eusse
avais	auras	eus	aies	eusses
avait	aura	eut	ait	eût
avions	aurons	eûmes	ayons	eussions
aviez	aurez	eûtes	ayez	eussiez
avaient	auront	eurent	aient	eussent
balayais	balaierai	balayai	balaie	balayasse
balayais	balaieras	balayas	balaies	balayasses
balayait	balaiera	balaya	balaie	balayât
balayions	balaierons	balayâmes	balayions	balayassions
balayiez	balaierez	balayâtes	balayiez	balayassiez
balayaient	balaieront	balayèrent	balaient	balayassent

Infinitive	Present participle	Past participle	Present	Imperative
BATTRE	battant	battu	bats bats bat battons battez battent	bats battons battez
BOIRE	buvant	bu	bois bois boit buvons buvez boivent	bois buvons buvez
CHANGER *see* MANGER				
COMMENCER	commençant	commencé	commence commences commence commençons commencez commencent	commence commençons commencez
COMPRENDRE *see* PRENDRE				
CONDUIRE	conduisant	conduit	conduis conduis conduit conduisons conduisez conduisent	conduis conduisons conduisez
CONNAÎTRE	connaissant	connu	connais connais connaît connaissons connaissez connaissent	conais conaissons conaissez
CONSTRUIRE *see* CONDUIRE				
CORRIGER	corrigeant	corrigé	corrige corriges corrige corrigeons corrigez corrigent	corrige corrigeons corrigez

Imperfect	Future	Past historic	Present subjunctive	Imperfect subjunctive
battais	battrai	battis	batte	battisse
battais	battras	battis	battes	battisses
battait	battra	battit	batte	battît
battions	battrons	battîmes	battions	battissions
battiez	battrez	battîtes	battiez	battissiez
battaient	battront	battirent	battent	battissent
buvais	boirai	bus	boive	busse
buvais	boiras	bus	boives	busses
buvait	boira	but	boive	bût
buvions	boirons	bûmes	buvions	bussions
buviez	boirez	bûtes	buviez	bussiez
buvaient	boiront	burent	boivent	bussent
commençais	commencerai	commençai	commence	commençasse
commençais	commenceras	commenças	commences	commençasses
commençait	commencera	commença	commence	commençât
commencions	commencerons	commençâmes	commencions	commençassions
commenciez	commencerez	commençâtes	commenciez	commençassiez
commençaient	commenceront	commencèrent	commencent	commençassent
conduisais	conduirai	conduisis	conduise	conduisisse
conduisais	conduiras	conduisis	conduises	conduisisses
conduisait	conduira	conduisit	conduise	conduisît
conduisions	conduirons	conduisîmes	conduisions	conduisissions
conduisiez	conduirez	conduisîtes	conduisiez	conduisissiez
conduisaient	conduiront	conduisirent	conduisent	conduisissent
connaissais	connaîtrai	connus	connaisse	connusse
connaissais	connaîtras	connus	connaisses	connusses
connaissait	connaîtra	connut	connaisse	connût
connaissions	connaîtrons	connûmes	connaissions	connussions
connaissiez	connaîtrez	connûtes	connaissiez	connussiez
connaissaient	connaîtront	connurent	connaissent	connussent
corrigeais	corrigerai	corrigeai	corrige	corrigeasse
corrigeais	corrigeras	corrigeas	corriges	corrigeasses
corrigeait	corrigera	corrigea	corrige	corrigeât
corrigions	corrigerons	corrigeâmes	corrigions	corrigeassions
corrigiez	corrigerez	corrigeâtes	corrigiez	corrigeassiez
corrigeaient	corrigeront	corrigèrent	corrigent	corrigeassent

877776767687777767

Verb table

Infinitive	Present participle	Past participle	Present	Imperative
COURIR	courant	couru	cours cours court courons courez courent	cours courons courez
COUVRIR see OUVRIR				
CROIRE	croyant	cru	crois crois croit croyons croyez croient	crois croyons croyez
DÉCOUVRIR see OUVRIR				
DÉCRIRE see ÉCRIRE				
DÉRANGER see MANGER				
DESCENDRE	descendant	descendu	descends descends descend descendons descendez descendent	descends descendons descendez
DEVENIR see VENIR				
DEVOIR	devant	dû	dois dois doit devons devez doivent	dois devons devez
DIRE	disant	dit	dis dis dit disons dites disent	dis disons dites
DIRIGER see CORRIGER				
DISPARAÎTRE see PARAÎTRE				

Imperfect	Future	Past historic	Present subjunctive	Imperfect subjunctive
courais	courrai	courus	coure	courusse
courais	courras	courus	coures	courusses
courait	courra	courut	coure	courût
courions	courrons	courûmes	courions	courussions
couriez	courrez	courûtes	couriez	courussiez
couraient	courront	coururent	courent	courussent
croyais	croirai	crus	croie	crusse
croyais	croiras	crus	croies	crusses
croyait	croira	crut	croie	crût
croyions	croirons	crûmes	croyions	crussions
croyiez	croirez	crûtes	croyiez	crussiez
croyaient	croiront	crurent	croient	crussent
descendais	descendrai	descendis	descende	descendisse
descendais	descendras	descendis	descendes	descendisses
descendait	descendra	descendit	descende	descendît
descendions	descendrons	descendîmes	descendions	descendissions
descendiez	descendrez	descendîtes	descendiez	descendissiez
descendaient	descendront	descendirent	descendent	descendissent
devais	devrai	dus	doive	dusse
devais	devras	dus	doives	dusses
devait	devra	dut	doive	dût
devions	devrons	dûmes	devions	dussions
deviez	devrez	dûtes	deviez	dussiez
devaient	devront	durent	doivent	dussent
disais	dirai	dis	dise	disse
disais	diras	dis	dises	disses
disait	dira	dit	dise	dît
disions	dirons	dîmes	disions	dissions
disiez	direz	dîtes	disiez	dissiez
disaient	diront	dirent	disent	dissent

Infinitive	Present participle	Past participle	Present	Imperative
DORMIR	dormant	dormi	dors dors dort dormons dormez dorment	dors dormons dormez
ÉCRIRE	écrivant	écrit	écris écris écrit écrivons écrivez écrivent	écris écrivons écrivez
S'ENDORMIR	endormant	endormi	m'endors t'endors s'endort nous endormons vous endormez s'endorment	endors-toi endormons-nous endormez-vous
S'ENNUYER	ennuyant	ennuyé	m'ennuie t'ennuies s'ennuie nous ennuyons vous ennuyez s'ennuient	ennuie-toi ennuyons-nous ennuyez-vous
ENVOYER	envoyant	envoyé	envoie envoies envoie envoyons envoyez envoient	envoie envoyons envoyez
ÉPELER see APPELER				
ESPÉRER	espérant	espéré	espère espères espère espérons espérez espèrent	espère espérons espérez

Imperfect	Future	Past historic	Present subjunctive	Imperfect subjunctive
dormais	dormirai	dormis	dorme	dormisse
dormais	dormiras	dormis	dormes	dormisses
dormait	dormira	dormit	dorme	dormît
dormions	dormirons	dormîmes	dormions	dormissions
dormiez	dormirez	dormîtes	dormiez	dormissiez
dormaient	dormiront	dormirent	dorment	dormissent
écrivais	écrirai	écrivis	écrive	écrivisse
écrivais	écriras	écrivis	écrives	écrivisses
écrivait	écrira	écrivit	écrive	écrivît
écrivions	écrirons	écrivîmes	écrivions	écrivissions
écriviez	écrirez	écrivîtes	écriviez	écrivissiez
écrivaient	écriront	écrivirent	écrivent	écrivissent
m'endormais	m'endormirai	m'endormis	m'endorme	m'endormisse
t'endormais	t'endormiras	t'endormis	t'endormes	t'endormisses
s'endormait	s'endormira	s'endormit	s'endorme	s'endormît
nous endormions	nous endormirons	nous endormîmes	nous endormions	nous endormissions
vous endormiez	vous endormirez	vous endormîtes	vous endormiez	vous endormissiez
s'endormaient	s'endormiront	s'endormirent	s'endorment	s'endormissent
m'ennuyais	m'ennuierai	m'ennuyai	m'ennuie	m'ennuyasse
t'ennuyais	t'ennuieras	t'ennuyas	t'ennuies	t'ennuyasses
s'ennuyait	s'ennuiera	s'ennuya	s'ennuie	s'ennuyât
nous ennuyions	nous ennuierons	nous ennuyâmes	nous ennuyions	nous ennuyassions
vous ennuyiez	vous ennuierez	vous ennuyâtes	vous ennuyiez	vous ennuyassiez
s'ennuyaient	s'ennuieront	s'ennuyèrent	s'ennuient	s'ennuyassent
envoyais	enverrai	envoyai	envoie	envoyasse
envoyais	enverras	envoyas	envoies	envoyasses
envoyait	enverra	envoya	envoie	envoyât
envoyions	enverrons	envoyâmes	envoyions	envoyassions
envoyiez	enverrez	envoyâtes	envoyiez	envoyassiez
envoyaient	enverront	envoyèrent	envoient	envoyassent
espérais	espérerai	espérai	espère	espérasse
espérais	espéreras	espéras	espères	espérasses
espérait	espérera	espéra	espère	espérât
espérions	espérerons	espérâmes	espérions	espérassions
espériez	espérerez	espérâtes	espériez	espérassiez
espéraient	espéreront	espérèrent	espèrent	espérassent

Infinitive	Present participle	Past participle	Present	Imperative
ESSAYER	essayant	essayé	essaie essaies essaient essayons essayez essaient	essaye essayons essayez
ÊTRE	étant	été	suis es est sommes êtes sont	sois soyons soyez
EXAGÉRER see ESPÉRER				
FAIRE	faisant	fait	fais fais fait faisons faites font	fais faisons faites
FALLOIR	—	fallu	faut	—
SE LEVER	levant	levé	me lève te lèves se lève nous levons vous levez se lèvent	te lève nous levons vous levez
LIRE	lisant	lu	lis lis lit lisons lisez lisent	lis lisons lisez
LOGER see MANGER				
MANGER	mangeant	mangé	mange manges mange mangeons mangez mangent	mange mangeons mangez
MENACER see COMMENCER				

Imperfect	Future	Past historic	Present subjunctive	Imperfect subjunctive
essayais	essaierai	essayai	essaye	essayasse
essayais	essaieras	essayas	essayes	essayasses
essayait	essaiera	essaya	essaye	essayât
essayions	essaierons	essayâmes	essayions	essayassions
essayiez	essaierez	essayâtes	essayiez	essayassiez
essayaient	essaieront	essayèrent	essayent	essayassent
étais	serai	fus	sois	fusse
étais	seras	fus	sois	fusses
était	sera	fut	soit	fût
étions	serons	fûmes	soyons	fussions
étiez	serez	fûtes	soyez	fussiez
étaient	seront	furent	soient	fussent
faisais	ferai	fis	fasse	fisse
faisais	feras	fis	fasses	fisses
faisait	fera	fit	fasse	fît
faisions	ferons	fîmes	fassions	fissions
faisiez	ferez	fîtes	fassiez	fissiez
faisaient	feront	firent	fassent	fissent
fallait	faudra	fallut	faille	fallût
me levais	me lèverai	me levai	me lève	me levasse
te levais	te lèveras	te levas	te lèves	te levasses
se levait	se lèvera	se leva	se lève	se levât
nous levions	nous lèverons	nous levâmes	nous levions	nous levassions
vous leviez	vous lèverez	vous levâtes	vous leviez	vous levassiez
se levaient	se lèveront	se levèrent	se lèvent	se levassent
lisais	lirai	lus	lise	lusse
lisais	liras	lus	lises	lusses
lisait	lira	lut	lise	lût
lisions	lirons	lûmes	lisions	lussions
lisiez	lirez	lûtes	lisiez	lussiez
lisaient	liront	lurent	lisent	lussent
mangeais	mangerai	mangeai	mange	mangeasse
mangeais	mangeras	mangeas	manges	mangeasses
mangeait	mangera	mangea	mange	mangeât
mangions	mangerons	mangeâmes	mangions	mangeassions
mangiez	mangerez	mangeâtes	mangiez	mangeassiez
mangeaient	mangeront	mangèrent	mangent	mangeassent

Infinitive	Present participle	Past participle	Present	Imperative
METTRE	mettant	mis	mets mets met mettons mettez mettent	mets mettons mettez
MOURIR	mourant	mort	meurs meurs meurt mourons mourez meurent	meurs mourons mourez
NAGER see MANGER				
NAÎTRE	naissant	né	nais nais naît naissons naissez naissent	nais naissons naissez
NÉGLIGER see CORRIGER				
NETTOYER	nettoyant	nettoyé	nettoie nettoies nettoie nettoyons nettoyez nettoient	nettoie nettoyons nettoyez
OBTENIR see TENIR				
OFFRIR see OUVRIR				
OUVRIR	ouvrant	ouvert	ouvre ouvres ouvre ouvrons ouvrez ouvrent	ouvre ouvrons ouvrez
PARAÎTRE	paraissant	paru	parais parais paraît paraissons paraissez paraissent	parais paraissons paraissez

Imperfect	Future	Past historic	Present subjunctive	Imperfect subjunctive
mettais	mettrai	mis	mette	misse
mettais	mettras	mis	mettes	misses
mettait	mettra	mit	mette	mît
mettions	mettrons	mîmes	mettions	missions
mettiez	mettrez	mîtes	mettiez	missiez
mettaient	mettront	mirent	mettent	missent
mourais	mourrai	mourus	meure	mourusse
mourais	mourras	mourus	meures	mourusses
mourait	mourra	mourut	meure	mourût
mourions	mourrons	mourûmes	mourions	mourussions
mouriez	mourrez	mourûtes	mouriez	mourussiez
mouraient	mourront	moururent	meurent	mourussent
naissais	naîtrai	naquis	naisse	naquisse
naissais	naîtras	naquis	naisses	naquisses
naissait	naîtra	naquit	naisse	naquît
naissions	naîtrons	naquîmes	naissions	naquissions
naissiez	naîtrez	naquîtes	naissiez	naquissiez
naissaient	naîtront	naquirent	naissent	naquissent
nettoyais	nettoierai	nettoyai	nettoie	nettoyasse
nettoyais	nettoieras	nettoyas	nettoies	nettoyasses
nettoyait	nettoiera	nettoya	nettoie	nettoyât
nettoyions	nettoierons	nettoyâmes	nettoyions	nettoyassions
nettoyiez	nettoierez	nettoyâtes	nettoyiez	nettoyassiez
nettoyaient	nettoieront	nettoyèrent	nettoient	nettoyassent
ouvrais	ouvrirai	ouvris	ouvre	ouvrisse
ouvrais	ouvriras	ouvris	ouvres	ouvrisses
ouvrait	ouvrira	ouvrit	ouvre	ouvrît
ouvrions	ouvrirons	ouvrîmes	ouvrions	ouvrissions
ouvriez	ouvrirez	ouvrîtes	ouvriez	ouvrissiez
ouvraient	ouvriront	ouvrirent	ouvrent	ouvrissent
paraissais	paraîtrai	parus	paraisse	parusse
paraissais	paraîtras	parus	paraisses	parusses
paraissait	paraîtra	parut	paraisse	parût
paraissions	paraîtrons	parûmes	paraissions	parussions
paraissiez	paraîtrez	parûtes	paraissiez	parussiez
paraissaient	paraîtront	parurent	paraissent	parussent

Infinitive	Present participle	Past participle	Present	Imperative
PARTIR	partant	parti	pars pars part partons partez partent	pars partons partez
PAYER	payant	payé	paie paies paie payons payez paient	paye payons payez
PERMETTRE *see* METTRE				
PLACER *see* COMMENCER				
SE PLAINDRE	plaignant	plaint	me plains te plains se plaint nous plaignons vous plaignez se plaignent	plains-toi plaignons-nous plaignez-vous
PLAIRE	plaisant	plu	plais plais plaît plaisons plaisez plaisent	plais plaisons plaisez
PLEUVOIR	pleuvant	plu	pleut	—
POUVOIR	pouvant	pu	peux peux peut pouvons pouvez peuvent	—
PRÉFÉRER *see* ESPÉRER				
PRENDRE	prenant	pris	prends prends prend prenons prenez prennent	prends prenons prenez

Imperfect	Future	Past historic	Present subjunctive	Imperfect subjunctive
partais	partirai	partis	parte	partisse
partais	partiras	partis	partes	partisses
partait	partira	partit	parte	partît
partions	partirons	partîmes	partions	partissions
partiez	partirez	partîtes	partiez	partissiez
partaient	partiront	partirent	partent	partissent
payais	paierai	payai	paye	payasse
payais	paieras	payas	payes	payasses
payait	paiera	paya	paye	payât
payions	paierons	payâmes	payions	payassions
payiez	paierez	payâtes	payiez	payassiez
payaient	paieront	payèrent	payent	payassent
me plaignais	me plaindrai	me plaignis	me plaigne	me plaignisse
te plaignais	te plaindras	te plaignis	te plaignes	te plaignisses
se plaignait	se plaindra	se plaignit	se plaigne	se plaignît
nous plaignions	nous plaindrons	nous plaignîmes	nous plaignions	nous plaignissions
vous plaigniez	vous plaindrez	vous plaignîtes	vous plaigniez	vous plaignissiez
se plaignaient	se plaindront	se plaignirent	se plaignent	se plaignissent
plaisais	plairai	plus	plaise	plusse
plaisais	plairas	plus	plaises	plusses
plaisait	plaira	plut	plaise	plût
plaisions	plairons	plûmes	plaisions	plussions
plaisiez	plairez	plûtes	plaisiez	plussiez
plaisaient	plairont	plurent	plaisent	plussent
pleuvait	pleuvra	plut	pleuve	plût
pouvais	pourrai	pus	puisse	pusse
pouvais	pourras	pus	puisses	pusses
pouvait	pourra	put	puisse	pût
pouvions	pourrons	pûmes	puissions	pussions
pouviez	pourrez	pûtes	puissiez	pussiez
pouvaient	pourront	purent	puissent	pussent
prenais	prendrai	pris	prenne	prisse
prenais	prendras	pris	prennes	prisses
prenait	prendra	prit	prenne	prît
prenions	prendrons	prîmes	prenions	prissions
preniez	prendrez	prîtes	preniez	prissiez
prenaient	prendront	prirent	prennent	prissent

Infinitive	Present participle	Past participle	Present	Imperative
PRODUIRE *see* CONDUIRE				
SE PROMENER	promenant	promené	me promène te promènes se promène nous promenons vous promenez se promènent	promène-toi promenons-nous promenez-vous
PROMETTRE *see* METTRE				
PRONONCER *see* COMMENCER				
RANGER *see* MANGER				
RAPPELER *see* APPELER				
RECEVOIR	recevant	reçu	reçois reçois reçoit recevons recevez reçoivent	reçois recevons recevez
RECOMMENCER *see* COMMENCER				
RECONNAÎTRE *see* CONNAÎTRE				
RÉDUIRE *see* CONDUIRE				
REMETTRE *see* METTRE				
REMPLACER *see* COMMENCER				
REPRENDRE *see* PRENDRE				
RESTER	restant	resté	reste restes reste restons restez restent	reste restons restez
RETENIR *see* TENIR				
RÉVÉLER *see* ESPÉRER				
REVENIR *see* VENIR				
REVOIR *see* VOIR				
RINCER *see* COMMENCER				

Imperfect	Future	Past historic	Present subjunctive	Imperfect subjunctive
me promenais te promenais se promenait nous promenions vous promeniez se promenaient	me promènerai te promèneras se promènera nous promènerons vous promènerez se promèneront	me promenai te promenas se promena nous promenâmes vous promenâtes se promenèrent	me promène te promènes se promène nous promenions vous promeniez se promènent	me promenasse te promenasses se promenât nous promenassions vous promenassiez se promenassent
recevais recevais recevait recevions receviez recevaient	recevrai recevras recevra recevrons recevrez recevront	reçus reçus reçut reçûmes reçûtes reçurent	reçoive reçoives reçoive recevions receviez reçoivent	reçusse reçusses reçût reçussions reçussiez reçussent
restais restais restait restions restiez restaient	resterai resteras restera resterons resterez resteront	restai restas resta restâmes restâtes restèrent	reste restes reste restions restiez restent	restasse restasses restât restassions restassiez restassent

Infinitive	Present participle	Past participle	Present	Imperative
RIRE	riant	ri	ris ris rit rions riez rient	ris rions riez
SATISFAIRE see FAIRE				
SAVOIR	sachant	su	sais sais sait savons savez savent	 sache sachons sachez
SENTIR	sentant	senti	sens sens sent sentons sentez sentent	 sens sentons sentez
SERVIR	servant	servi	sers sers sert servons servez servent	 sers servons servez
SORTIR	sortant	sorti	sors sors sort sortons sortez sortent	 sors sortons sortez
SOUFFRIR	souffrant	souffert	souffre souffres souffre souffrons souffrez souffrent	 souffre souffrons souffrez
SOURIRE see RIRE				
SE SOUVENIR see VENIR				

Imperfect	Future	Past historic	Present subjunctive	Imperfect subjunctive
riais	rirai	ris	rie	risse
riais	riras	ris	ries	risses
riait	rira	rit	rie	rît
riions	rirons	rîmes	riions	rissions
riiez	rirez	rîtes	riiez	rissiez
riaient	riront	rirent	rient	rissent
savais	saurai	sus	sache	susse
savais	sauras	sus	saches	susses
savait	saura	sut	sache	sût
savions	saurons	sûmes	sachions	sussions
saviez	saurez	sûtes	sachiez	sussiez
savaient	sauront	surent	sachent	sussent
sentais	sentirai	sentis	sente	sentisse
sentais	sentiras	sentis	sentes	sentisses
sentait	sentira	sentit	sente	sentît
sentions	sentirons	sentîmes	sentions	sentissions
sentiez	sentirez	sentîtes	sentiez	sentissiez
sentaient	sentiront	sentirent	sentent	sentissent
servais	servirai	servis	serve	servisse
servais	serviras	servis	serves	servisses
servait	servira	servit	serve	servît
servions	servirons	servîmes	servions	servissions
serviez	servirez	servîtes	serviez	servissiez
servaient	serviront	servirent	servent	servissent
sortais	sortirai	sortis	sorte	sortisse
sortais	sortiras	sortis	sortes	sortisses
sortait	sortira	sortit	sorte	sortît
sortions	sortirons	sortîmes	sortions	sortissions
sortiez	sortirez	sortîtes	sortiez	sortissiez
sortaient	sortiront	sortirent	sortent	sortissent
souffrais	souffrirai	souffris	souffre	souffrisse
souffrais	souffriras	souffris	souffres	souffrisses
souffrait	souffrira	souffrit	souffre	souffrît
souffrions	souffrirons	souffrîmes	souffrions	souffrissions
souffriez	souffrirez	souffrîtes	souffriez	souffrissiez
souffraient	souffriront	souffrirent	souffrent	souffrissent

Infinitive	Present participle	Past participle	Present	Imperative
SUFFIRE	suffisant	suffi	suffis suffis suffit suffisons suffisez suffisent	suffis suffisons suffisez
SUIVRE	suivant	suivi	suis suis suit suivons suivez suivent	suis suivons suivez
SURPRENDRE *see* PRENDRE				
SE TAIRE	taisant	tu	me tais te tais se tait nous taisons vous taisez se taisent	tais-toi taisons-nous taisez-vous
TENIR	tenant	tenu	tiens tiens tient tenons tenez tiennent	tiens tenons tenez
TRADUIRE *see* CONDUIRE				
VALOIR	valant	valu	vaux vaux vaut valons valez valent	vaux valons valez
VENIR	venant	venu	viens viens vient venons venez viennent	viens venons venez

Imperfect	Future	Past historic	Present subjunctive	Imperfect subjunctive
suffisais	suffirai	suffis	suffise	suffisse
suffisais	suffiras	suffis	suffises	suffisses
suffisait	suffira	suffit	suffise	suffît
suffisions	suffirons	suffîmes	suffisions	suffissions
suffisiez	suffirez	suffîtes	suffisiez	suffissiez
suffisaient	suffiront	suffirent	suffisent	suffissent
suivais	suivrai	suivis	suive	suivisse
suivais	suivras	suivis	suives	suivisses
suivait	suivra	suivit	suive	suivît
suivions	suivrons	suivîmes	suivions	suivissions
suiviez	suivrez	suivîtes	suiviez	suivissiez
suivaient	suivront	suivirent	suivent	suivissent
me taisais	me tairai	me tus	me taise	me tusse
te taisais	te tairas	te tus	te taises	te tusses
se taisait	se taira	se tut	se taise	se tût
nous taisions	nous tairons	nous tûmes	nous taisions	nous tussions
vous taisiez	vous tairez	vous tûtes	vous taisiez	vous tussiez
se taisaient	se tairont	se turent	se taisent	se tussent
tenais	tiendrai	tins	tienne	tinsse
tenais	tiendras	tins	tiennes	tinsses
tenait	tiendra	tint	tienne	tînt
tenions	tiendrons	tînmes	tenions	tinssions
teniez	tiendrez	tîntes	teniez	tinssiez
tenaient	tiendront	tinrent	tiennent	tinssent
valais	vaudrai	valus	vaille	valusse
valais	vaudras	valus	vailles	valusses
valait	vaudra	valut	vaille	valût
valions	vaudrons	valûmes	valions	valussions
valiez	vaudrez	valûtes	valiez	valussiez
valaient	vaudront	valurent	vaillent	valussent
venais	viendrai	vins	vienne	vinsse
venais	viendras	vins	viennes	vinsses
venait	viendra	vint	vienne	vînt
venions	viendrons	vînmes	venions	vinssions
veniez	viendrez	vîntes	veniez	vinssiez
venaient	viendront	vinrent	viennent	vinssent

Infinitive	Present participle	Past participle	Present	Imperative
VIVRE	vivant	vécu	vis vis vit vivons vivez vivent	 vis vivons vivez
VOIR	voyant	vu	vois vois voit voyons voyez voient	 vois voyons voyez
VOULOIR	voulant	voulu	veux veux veut voulons voulez veulent	 veux voulons voulez
VOYAGER *see* MANGER				

Imperfect	Future	Past historic	Present subjunctive	Imperfect subjunctive
vivais	vivrai	vécus	vive	vécusse
vivais	vivras	vécus	vives	vécusses
vivait	vivra	vécut	vive	vécût
vivions	vivrons	vécûmes	vivions	vécussions
viviez	vivrez	vécûtes	viviez	vécussiez
vivaient	vivront	vécurent	vivent	vécussent
voyais	verrai	vis	voie	visse
voyais	verras	vis	voies	visses
voyait	verra	vit	voie	vît
voyions	verrons	vîmes	voyions	vissions
voyiez	verrez	vîtes	voyiez	vissiez
voyaient	verront	virent	voient	vissent
voulais	voudrai	voulus	veuille	voulusse
voulais	voudras	voulus	veuilles	voulusses
voulait	voudra	voulut	veuille	voulût
voulions	voudrons	voulûmes	voulions	voulussions
vouliez	voudrez	voulûtes	vouliez	voulussiez
voulaient	voudront	voulurent	veuillent	voulussent

Vocabulary

The first meaning of each word or phrase in this list corresponds to its use in the context of this book. Alternative meanings are **sometimes** given to avoid confusion, especially if these meanings are more common. This list contains only the vocabulary in *Tout droit! AS*. This list does **not** replace your dictionary.

A

(s')abonner *to subscribe*
un abonnement *subscription*
abordable *approachable*
aborder *to have a go at*
aboutir à *to end in*
africain *African*
l'Afrique (f) *Africa*
s'abstenir de *to abstain from*
un abus *abuse*
accéder à *to access*
libre accès (m) *free access*
un(e) accompagnateur/-trice *companion*
un(e) accro *enthusiast*
accro de *hooked on*
un achat impulsif *impulse buy*
un accueil *welcome*
un accroissement *increase*
donner un acompte *to pay a deposit*
actif/-ive *active, employed*
les actualités (fpl) *the news*
adepte *expert, skilful*
adhérent(e) *member, supporter*
s'adonner à *to give o.s. up to*
une adresse *skill*
un(e) adversaire *opponent*
une aérogare *airport terminal*
une bonne affaire *bargain*
affairé(e) *busy*
affectionner qch *to be fond of sth*
affoler *to make…panic*
l'âge électronique (m) *electronic age*
une agglomération *conurbation*
(ré)agir *to act*
un agriculteur *farmer*
à l'ail (m) *with garlic*

un(e) ailier/-ière *winger*
aîné(e) *elder, eldest*
une aire de repos *parking/picnic area*
aisé(e) *comfortable (financially), easy*
un aliment *food(stuff)*
alimentaire *nutritious*
l'alimentation (f) *food, nutrition*
une allocation *allowance*
allumer *to switch on, illuminate*
une allure *speed*
un(e) alpiniste *climber*
en alternance *alternately, on a sandwich course*
une ambiance *atmosphere*
ambitieux/-ieuse *ambitious*
analytique *analytical*
une annulation *cancellation*
apprécier *to appreciate*
un apprenti conducteur/une apprentie conductrice
    learner driver
amical(e) *friendly*
un amour de vacances *holiday romance*
une amourette *brief fling*
amoureux/euse *in love*
un amuse-gueule *(party) nibble*
par an *per year*
analogique *analogue*
une angoisse *hurt, pain*
animé(e) *lively*
l'année scolaire (f) *the school year*
l'anorexie (f) *anorexia*
à l'antenne *on air*
une antenne parabolique *satellite dish*
un apport d'hormone *hormone additive*
un appareil *set, camera*
un arbitre *referee, umpire*
archi *mega*
aromatiser *to flavour*
un arôme *flavour*
un arrêt de travail *stoppage, strike*
verser des arrhes (fpl) *to pay a deposit*
les arrières (m/fpl) *backs (sport)*
arroser avec *to wash down with*
les arts visuels (mpl) *the visual arts*

un as *ace(-player)*
asiatique *Asian*
l'Asie (f) *Asia*
une assiette anglaise *plate of cold meat*
assommant(e) *deathly dull*
assommer *to bore to death*
s'attabler *to sit at the table*
attentif/-ive *attentive, interested*
atterrir *to land*
une attestation *certificate*
attiré(e) par *attracted by*
un atout *ace, trump-card*
une auberge de jeunesse *youth hostel*
l'audace (f) *cheek, boldness*
l'Australasie (f) *Australasia*
un autocollant *sticker*
l'automobilisme (m) *motoring*
un(e) automobiliste *car user, driver*
automoteur/-trice *self-propelling*
une automotrice *railcar*
autonome *independent*
autorisé(e) *authorised*
autoritaire *authoritarian*
l'autoroute (f) de la communication *the information superhighway*
faire de l'auto-stop *to hitch-hike*
un(e) autostoppeur/-euse *hitch-hiker*
avaler *to swallow*
les avants (m/fpl) *forwards*
un avenir *future*
monter en avion *to go up in a plane*
un avion à réaction *jet-plane*
l'aviron (m) *rowing*
les grands axes (mpl) *trunk roads*

B

un bac(calauréat) ~ *A Level*
bachoter *to cram, swot*
des bactéries (fpl) *bacteria*
une baisse *a drop*
se balader *to go for a stroll, spin, drive*
un baladeur *personal stereo*
balnéaire (adj) *spa*
une bande *gang*
une bande d'arrivée *finishing line*
une bande dessinée *comic*
la banlieue *the suburbs*
la grande banlieue *commuter belt*
un(e) banlieusard(e) *commuter*
un(e) basketteur/-euse *basketball player*
un bateau *boat*

faire du bateau *to go boating*
une batterie *(large) battery, rhythm section*
se battre *to fight*
bavarder *to chat*
un beau-père *step-father, father-in-law*
les beaux-arts (mpl) *fine arts*
bénéfique *beneficial*
un(e) bénévole *volunteer*
le benjamin *youngest son*
une besogne *work, task, job*
un(e) bibliothécaire *librarian*
une bibliothèque *library*
faire du bien *to do (you) good*
bien connu *well-known*
bien sûr *of course*
une biscotte ~ *rusk*
un bistouri *lancet, scalpel*
bizarre *strange, odd*
bleu *very rare (steak, etc)*
les Bleus *the Blues (French football/rugby teams)*
un bloc de roc *rock face*
un bloc sanitaire *shower block*
une (bière) blonde *lager*
une boîte (de nuit) *night club*
bondé(e) *jam-packed*
à bord *on board*
bosseur/-euse (slang) *hard-working*
un(e) boucher/-ère *butcher*
une boucherie *butcher's*
une boucherie chevaline *horse-butcher's*
un bouchon *tail-back*
bouder *to sulk*
la bouffe *food, grub*
bouillir *to boil*
une bouilloire *kettle*
un (petit) boulot *(part-time) job*
la boulimie *bulimia*
boulimique *bulimic*
une boum *party*
la boxe *boxing*
bref/-ième *brief*
une brigade de police *police squad*
un bronzage *tan*
se bronzer *to get brown, tanned*
faire bronzette *to sunbathe*
brûler un feu (rouge) *to jump the lights*
un bulletin d'infos *news report*
un but *goal*
buté(e) *stubborn*

C

le câble *cable TV*
câblé(e) *cabled*
cadet(te) *youngest*
un cadre *frame(work)*
un(e) (femme) cadre *executive*
une cafetière *coffee-pot*
une calculatrice *calculator*
calibrer *to measure*
une calorie *calorie*
calorique *calorific*
un calva(dos) *Normandy brandy*
la calvitie *baldness*
une camionnette *van*
un(e) camionneur/-euse *lorry driver*
une campagne *campaign*
un camping *camp-site*
un canal *channel (TV/radio)*
poser sa candidature *to put in an application*
faire du canoë *to go canoeing/rowing*
le canotage *boating*
une cantine *canteen*
un caprice *whim*
capricieux/-ieuse *whimsical, temperamental*
un(e) caravanier/-ière *caravanner*
un carburant *fuel*
un carnet *notebook, book of tickets*
un carrefour *crossroads*
à la carte *choosing from the menu*
casanier/-ière *home-loving*
un(e) casse-cou (n + adj) *reckless*
un casse-croûte *snack*
un cauchemar *nightmare*
cauchemarder *to have nightmares*
une ceinture de sécurité *seat belt*
un cerveau *brain*
chacun(e) *each, each one*
une chaîne (publique/à péage) *(public/pay-to-view) (TV) channel*
une chaîne hi-fi *hi-fi, stereo*
une chaise longue *deck chair*
une chaleur *warmth*
une chambre(s) d'hôte *bed and breakfast*
un champignon *mushroom*
un championnat *championship*
une chance *(piece of) luck*
un chargeur *charger, cartridge*
la charcuterie *delicatessen (products)*
un charter *charter flight*
la chasse *hunting, game*

un chasseur *hunter, bell-hop*
un(e) chauffard(e) *bad driver*
un chauffeur-livreur *delivery driver*
un (chauffeur) routier *long-distance driver*
un chef de section *section leader*
un chèque de voyage *traveller's cheque*
un(e) chercheur/-euse *researcher*
un chinois *Chinese meal/restaurant*
un choix *choice, option*
le chômage *unemployment*
chômeur/-euse *unemployed*
une cible *target*
cibler *to target*
le cinéma parlant *talkies*
une cinémathèque *film-library, archives*
la circulation *traffic*
en clair *non-encrypted*
un clavier *keyboard, key-pad*
mettre son clignotant *to indicate (vehicle)*
la clientèle *the customers*
une clique *gang, set*
le code de la route *highway code*
se mettre en colère *to get angry*
collant *clingy*
un(e) collectionneur/-euse *collector*
une colo(nie de vacances) *schools' holiday camp*
un combiné (téléphonique) *hand set*
une comédie musicale *musical*
un(e) comédien(ne) *actor*
un comité *committee*
commander *to order*
le commerce *business*
le commerce en ligne *on-line trading*
une compétence *ability, skill*
compétitif/-ive *competitive*
compliqué(e) *complicated*
composer *to dial*
se comporter *to behave*
un comportement *behaviour*
composé(e) de *composed of*
compétitif/-ive *competitive*
compréhensif/-ive *comprehensive, understanding*
comprendre *to understand, include*
concilier *to reconcile, cancel out*
un concours *competition (event)*
la concurrence *competition*
un(e) concurrent(e) *competitor*
un(e) conducteur/-trice *driver*
se confier à *to trust in*
(anti)conformiste *(un)conventional*
un congé *vacation*

un congé annuel *annual holiday*
un congélateur *freezer*
conquérir *to conquer, obtain*
consacrer du temps *to spend time*
consacrer à *to intend for, dedicate to*
un conseil *advice*
conseiller *to advise*
consciencieux/-euse *conscientious*
un(e) consommateur/-trice *consumer*
une consommation *consumption*
constamment *constantly*
constant *constant, faithful*
un constat *statement*
un contenu *content(s)*
un(e) contractuel(le) *traffic warden*
un(e) contremaître(sse) *fore(wo)man*
convenir à *to suit*
les coordonnées (fpl) *personal details*
une corde *rope*
les corvées (fpl) *the chores*
une côte *coast*
un côté *side*
en couleurs *in colour*
un coup de soleil *sunburn*
couper la route à qqn *to carve s.o. up*
un courrier *mail*
une course *race*
une course automobile *car race*
une course de bateaux *boat race*
une course de vitesse *sprint*
un court-métrage *short (film)*
un couteau *knife*
coûteux/-euse *dear, costly*
un couvert *a set place*
couvrir *to cover*
craindre *to fear*
une crainte *a fear*
une crème *cream*
un crème *coffee with cream*
la crème anglaise *custard*
une crémerie *dairy*
une crevaison *puncture*
une crise cardiaque *heart attack*
un(e) critique *critic (person)*
une critique *criticism*
croiser *to cross*
une croisière *cruise*
les CRS (Compagnie républicaine de sécurité) (mpl)
    riot police
les crudités (fpl) *raw vegetables*
crypté(e) *(en)coded, encrypted*

une cuillère *spoon*
une cuillerée *spoonful*
cuire *to cook, steam*
une cuisine *kitchen, cuisine*
la cuisine bourgeoise *home cooking*
faire la cuisine *to do the cooking*
bien cuit *well-cooked*
une cure *health cure*
le cyclisme *cycling*

D

la danse *dancing*
déballer *to unpack*
se débrouiller *to manage, get by*
débuter *to begin, start*
un déca *decaf*
décéder *to die, pass away*
un décès *death*
décevoir *to disappoint*
déchargé(e) *flat (battery)*
décidé(e) *decisive, determined*
un décodeur *decoder*
déconseillé(e) *not advised*
décontracté(e) *relaxed*
décrypter *to decipher*
défaire *to undo*
défendre *to forbid, defend*
se défendre *to manage alright*
un défaut *fault, defect*
défendu *forbidden*
un défi *challenge*
une délicatesse *delicacy*
déjeuner *to have lunch*
une demi-finale *semi-final*
un(e) demi de mêlée *scrum-half*
dépanner *to repair, get s.o. out of trouble*
un départ *departure*
dépenser *to spend*
le déplacement urbain *traffic movement*
se déplacer *to get around*
dès maintenant *from now on*
désolé(e) *(very) sorry*
un dessert *dessert, sweet*
desservir *to serve (area/region), stop at*
destiné(e) à *meant for*
se détendre *to relax*
la détente *relaxation*
déterminé(e) *determined*
détester *to hate*
un deux-roues *two-wheeler*
un devis *estimate, quote*

le diabète *diabetes*
diététique (adj) *diet*
diffuser *to broadcast*
digérer *to digest*
un digestif *digestive (drink)*
digitaliser *to digitise*
dingue d'informatique *computer freak*
un dîner *dinner, supper*
un dirigeable *airship (balloon)*
un(e) dirigeant(e) d'entreprise *company manager*
diriger *to direct/run*
une discipline *discipline, activity*
la disponibilité *availability*
disponible *available*
se disputer (avec) *to quarrel (with)*
une disquette *floppy disk, diskette*
une distraction *amusement*
divertir *to entertain*
un divertissement *entertainment*
diviser *to divide*
un domaine *field*
le dopage *drug-taking, doping*
une dose *dose*
sa dose de *one's fill of*
se doser *to dose o.s., keep to the right dose*
un(e) douanier/-ière *customs officer*
doubler *to overtake*
doux/douce *gentle, mild, soft*
draguer *to chat up*
un dragueur *a chat-up merchant*
avoir droit à *to have a right to*
dur(e) *hard*
une durée *length*
durer *to last*
un lecteur DVD *DVD player*

E

une eau minérale *mineral water*
une échappatoire *safety net, valve*
un échec *failure*
échouer *to fail at/in*
un écran *screen*
s'écraser *to crash*
éducatif/-ive *educational*
un écrivain *writer*
un effectif *manpower*
effectuer *to bring about*
efficace *effective*
égal(e) *equal*
égoïste *selfish*
l'électronique (f) *electronics*

élever *to raise (animals)*
un(e) éleveur/-euse *(stock) breeder*
une éliminatoire *a heat (sport)*
éloigné(e) *distant, far off*
emballer *to pack*
embaucher *to take on, employ*
un embouteillage *hold-up, traffic jam*
un embryon *embryo*
une émission *(single) programme*
emmener *to take (person) with*
émouvant *exciting*
un emplacement *berth (camp-site, etc)*
un emploi *job*
employer *to use, employ*
énervant(e) *irritating*
enfantin(e) *childish*
un engin *server (ICT)*
englober *to include, merge*
s'engueuler avec *to have a row with*
un enjeu *ulterior motive*
un ennui *worry, problem*
s'ennuyer *to get bored*
ennuyeux *dull, boring*
une enquête *study, enquiry*
enregistrer *to record*
l'enseignement (m) *education, teaching*
ensemble *together*
s'entendre bien *to get on well*
un enterrement *burial*
s'enthousiasmer pour *to enthuse over*
s'entraîner *to train*
un(e) entraîneur/-euse *trainer, coach*
une entreprise *firm, enterprise*
s'entretenir *to keep o.s. fit*
l'entretien (m) *maintenance*
un entretien/une entrevue *interview*
épicé(e) *spicy, hot*
épouser *to marry*
un(e) époux/-se *spouse*
une épreuve *test, trial*
éprouver *to feel*
épuisé(e) *exhausted*
épuiser *to exhaust*
(bien) équilibré(e) *well-matched*
une équipe *team*
l'ère (f) des ordinateurs *the computer age*
une escalade *ascent, climbing*
un(e) escaladeur/-euse *climber*
une escale *stop-off*
une espérance de vie *life-expectancy*
un esprit d'équipe *team spirit*

esquisser *to sketch*
un essai *to try*
à l'est de *to the east of*
estival (adj) *summer*
un établissement *establishment*
un étang *small lake, pond*
une étape *stage, lap*
une étendue *extent, stretch*
une étiquette *label*
trois étoiles *three-star*
à l'étranger *abroad*
étroit *narrow, close*
les études supérieures (fpl) *higher education*
un événement *event*
éviter *to avoid*
évoluer *to evolve*
exécuter *to carry out*
exercer (infl)/s'exercer *to exercise*
exclu(e) *excluded*
une expérience *experience, experiment*
expérimenté(e) *experienced*
une exposition *exhibition*
un express *fast train*
extraverti(e) *extroverted*
extrêmement *extremely*

F

un(e) fabriquant(e) *producer*
une fabrique *factory*
fabriquer *to make, fabricate*
une facture *bill, receipt*
faible *weak*
une faiblesse *weakness*
une falaise *cliff*
familial (adj) *family*
familier/-ère *familiar*
en famille *in/as a family*
fanatique *mad keen*
la fantaisie *imagination*
un fantasme *fantasy*
farfelu(e) *odd, scatty*
fatigant(e) *tiring*
la fatigue *tiredness*
faucher *to mow down*
favori(te) *favourite*
une femme d'affaires *businesswoman*
ferme (adj) *firm*
féroce *ferocious*
ferroviaire (adj) *railway (traffic)*
un(e) fervent(e) *fan*
une fête *celebration*

être de la fête *to be fun*
un feuilleton *serial, soap*
les feux (mpl) *traffic lights*
fiable *reliable*
peu fiable *unreliable*
une fiche *sheet (paper)*
un fichier *file (computer)*
fictif/-ive *fictitious*
fier/ière (de soi) *proud*
la fièvre aphteuse *foot-and-mouth*
une file *lane/line (of traffic)*
filer *to motor along, scram, beat it*
une filière *opening, channel*
un film érotique *soft porn film*
un filet *net*
une finale *final (sport)*
un flash *news flash*
flatté(e) *flattered*
une fois *time, occasion*
un(e) fonctionnaire ~ *civil-servant*
faire du footing *to go jogging, running, hiking*
une formation *training, education*
en forme *on form, fit*
un formulaire *form*
une formule *formula*
fort(e) *strong*
fou/folle *mad*
un four *oven*
une fourchette *fork*
un fourgon *van*
un fourgon funèbre *hearse*
une fourgonnette *light van*
une fraîcheur *freshness*
à moindres frais *with less expense*
franc(he) *frank, honest*
franchement *frankly*
franchir *to cross, get over*
fraudeur/-euse *fraud(ulent)*
un frein (à main) *(hand) brake*
freiner *to brake*
fréquenter *to go around with*
la frime *showing off*
frimer *to show off*
les frites (fpl) *chips, French fries*
un funiculaire *funicular railway*
un futur *future*

G

un gadget *freebee*
les gages (mpl) *wages*
un(e) gagnant(e) *winner*

Vocabulary

le garage *garage, parking*
garder la ligne *to watch o's figure*
un(e) gardien(ne) *guard(ian), keeper*
un(e) gardien(ne) de but *goal-keeper*
garer *to park*
le gasoil/gazole *diesel*
gaspiller to *waste*
un gâteau sec *biscuit*
se gâter *to spoil, go wrong*
gazeux/-euse *gassy, fizzy*
un gendre *son-in-law*
un gène *gene*
généraliste *general interest (media)*
un(e) (médecin) généraliste *GP (general practitioner)*
génétiquement modifié *genetically modified*
un genre *type, genre*
un(e) gérant(e) d'hôtel *hotel manager(ess)*
gérer *to manage*
un gîte rural *self-catering holiday, cottage, flat*
un glaçon *ice-cube*
gourmand(e) *greedy*
un goût *taste*
goûter *to taste*
un goûter *4 o'clock tea*
gras(se) (adj) *fat*
gratuit(e) *free (of charge)*
se mettre en grève *to go on strike*
une grève perlée *sit-in*
une grève sauvage *wildcat strike*
un gril *grill*
une grillade *barbecue*
un(e) grimpeur/-euse *climber*
grossir *to put on weight*
un gymnase *gymnasium*

H

un(e) habitué(e) *a regular*
s'habituer à *to get used to*
un haricot (h aspiré) *bean*
un havresac (h aspiré) *rucksack*
(un) hebdomadaire *weekly*
un(e) hédoniste *pleasure seeker*
à l'heure *on time*
les heures de pointe *rush-hour*
hivernal(e) (adj) *winter*
un(e) hivernant(e) *winter visitor*
le hockey (sur glace) *(ice) hockey*
le hockey de la rue *street-hockey*
un homme d'affaires *businessman*
un(e) homologue *opposite number*
un horodateur *pay-and-display machine*

hors de chez nous *away from home*
un hors d'œuvre *taster, starter*
l'hôtellerie (f) *hotel industry, hospitality business*
un hôtel de ville *town hall*
houleux/-euse (h aspiré) *stormy*
une huile *oil*
le huitième art *television*

I

un illustré *(illustrated) magazine*
une image de marque *brand image, street-cred*
imaginatif/-ive *imaginative*
une impasse *cul-de-sac*
une impression *(computer) printout*
une imprimante *printer (machine)*
(faire) imprimer *to print*
incinérer *to cremate*
l'inconscient (m) *the subconscious*
un indicateur *timetable (reference book)*
un(e) indien(ne)/indou(e) *(adj+n) Indian*
industrieux/-ieuse *industrious, hard-working*
les info(rmation)s (fpl) *news*
l'informatique (f) *ICT, computer science*
informatisé(e) *computerised*
une infraction *offence, infringement*
un(e) (femme) ingénieur *engineer*
s'inscrire *to enrol, sign up*
intégrer (à) *to integrate (in)*
une intensité *intensity*
une interdiction *ban(ning)*
interdire *to ban, forbid*
s'intéresser à *to be interested in*
un intérêt *interest*
en intérim *as a temp(orary replacement)*
par l'intermédiaire de *through, by means of*
un(e) Internaute *(inter)net surfer*
un(e) interprète *interpreter*
interviewer *to interview*
une intoxication alimentaire *food poisoning*
un itinéraire *route, itinerary*
ivre *drunk*
l'ivresse (f) *drunkenness*
en état d'ivresse *under the influence*
un(e) ivrogne *drunk(ard)*

J

jaloux/-ouse *jealous*
japonais *Japanese*
un javelot *javelin*
jeter *to throw*
un jeu de mots *play on words, pun*

un jeu en plein air *open-air/outdoor game*
un jeu informatique *computer game*
un jeu-télé *TV game, gameshow*
les jeux Olympiques *Olympic Games*
une jeunesse *youth*
un(e) joueur/-euse *player*
journalier/-ière *daily, everyday*
un(e) juriste *law student, legal expert*
un jus de fruits *fruit juice*
juteux/-euse *juicy, lucrative*

K

une kermesse *village fair, fête*
kif-kif (sl) *fifty-fifty*
un(e) kiné(si) *physio*
un(e) kinésithérapeute *physiotherapist*
un klaxon *horn*
une kyrielle *string, whole series*

L

se laisser aller *to let o.s. go*
laitier/-ière (adj) *milk*
une langue étrangère *foreign language*
une langue vivante *modern language*
une langueur *apathy*
se lasser de *to get tired of*
laxiste *lax, tolerant*
un(e) lecteur/trice *reader*
la lecture *reading*
un leitmotiv *constant theme*
une liaison *link, liaison*
la liberté *freedom*
libre *free (see also* gratuit)
une licence *degree*
un(e) licencié(e) *signed-on player/member, redundant worker*
un lieu de travail *workplace*
un(e) liftier/-ière *lift attendant*
garder la ligne *to watch o's figure*
un littoral *coast road*
un local de production *production centre*
la location *hire, hiring*
loger *to live, lodge*
un logiciel *software (package)*
loin (de) *far (from)*
un long-métrage *feature film*
louer *to hire, rent*
une loyauté *loyalty*
un lycée *sixth-form college, grammar school*

M

un(e) maghrébin(e) (n + adj) *Arab from North Africa*
un magnétophone *tape recorder*
un magnétoscope *video recorder*
maigre *lean*
maigrir *to get thinner*
un maillot (sport) *jersey*
un maillot de bain *swimming costume*
le maillot jaune *yellow jersey (Tour de France)*
une main d'oeuvre *work force*
mains libres (adj) *hands-free*
un(e) maire *mayor*
un maître de *master of*
mal à l'aise *ill at ease*
maladroit(e) *clumsy*
la malbouffe *junk food*
maléfique *evil*
une malle *trunk (case)*
en mal de *short of*
malsain(e) *unhealthy*
à fond les manettes *at full throttle*
se manger chaud *to be eaten hot*
manquer *to miss*
un maquillage *make-up*
faire marche arrière *to reverse*
en marge de *on the margin of*
se marier avec *to get married to*
le Maroc *Marocco*
faire la grasse matinée *to sleep in (very) late*
un(e) mécanicien(ne) *mechanic*
méchant(e) *nasty*
les médias (mpl) *the Media*
médiatique (adj) *media*
une mêlée *scrum*
un mélange *mixture*
mener une vie *to lead a life*
un mensonge *lie, untruth*
mensuel(le) *monthly*
un menuisier *joiner*
méridional(e) *southern*
les Méridionaux *the southern French*
une messagerie électronique *email service*
une météo *weather bulletin/forecast*
un métier *profession, job, occupation*
mettre à la porte *to sack*
un(e) metteur/-euse en scène *film director*
un (mauvais) microbe *germ*
un micro-ordinateur *micro-computer*
le Midi *the (deep) South of France*
mijoter *to simmer*

minable *pathetic, shabby*
un ministère *ministry*
une mi-temps *half (match), half-time*
travailler à mi-temps *to work part-time*
la mode *fashion*
un mode de travail *way of working*
modéré(e) *moderate*
mondial(e) *world-wide*
mordu(e) de *bitten by*
une mort *death*
mortel(le) *fatal*
un motard *speed-cop*
motivant(e) *motivating*
une moto *motorbike*
un moyen de transport *mode of transport*
en moyenne *on average*
mourir *to die*
le mouton *lamb*
un multiplex *cinema complex*
mûrir *to mature, grow up*
musclé(e) *muscular*
un(e) musulman(ne) (n + adj) *Muslim*

N

une naissance *birth*
une nappe *tablecloth*
la natation *swimming*
natif/-ive (de) *native of*
une navette *shuttle*
faire la navette *to commute, do the shuttle run*
néfaste *harmful*
nettoyer *to clean*
le neuvième art *cartoons*
un niveau *level*
au niveau de ... *at the ... level*
nocif/-ive *harmful*
une noisette *(hazel)nut*
un nombre *number*
bon nombre de *a good number of*
nombreux/-euse *numerous*
au nord de *to the north of*
normalement *normally*
nourri et logé *given board and lodging*
se nourrir *to feed o.s.*
une nourriture *food*
numérique *digital*
numéroter *to number*

O

un objectif *objective, goal*
obsédé(e) *obsessed*

une occasion *chance, opportunity*
occidental(e) *Western*
s'occuper de *to look after, take care of*
une œuvre d'art *work of art*
officieux/-euse *unofficial*
s'offrir *(often) to treat o.s. to, buy*
les ondes (fpl) *the air waves, radio*
un opéra comique *light opera*
s'opposer *to be at loggerheads*
un ordinateur *computer*
ordonné(e) *organised*
s'organiser *to happen, come about*
une orientation *direction, way, orientation*
s'orienter *to find o's way around*
originaire de *originating, coming from*
un(e) orphelin(e) *orphan*
oser *to dare*
ouvert *open*
une ouverture *opening, openness*

P

paisible *peaceful*
un(e) pakistanais(e) (n+adj) *Pakistani*
un palmier *palm tree*
un panaché *shandy*
en panne *broken down*
un papa-gâteau *sugar daddy*
un parc aquatique *water-park*
un parc d'attractions, à thème *theme-park*
un parc de loisirs *leisure-park*
un parc naturel *nature reserve*
un parc résidentiel de loisirs *chalet park, holiday camp*
un parcours *journey, route, fare*
pardonner *to forgive*
la paresse *laziness*
paresseux/-euse *lazy*
parler sport *to talk sport*
une paroi *rock-face*
quelque part *somewhere*
partager *to share*
participer *to take part, participate*
un(e) particulier/-ière *an individual*
une partie *game*
une partie de plaisir *picnic, bit of fun*
une partie de pêche *fishing trip*
(un peu) partout *everywhere*
pas du tout *not at all*
pas tellement *not so much*
de passage *passing (adj)*
un(e) passager/-ère *passenger*
passer un examen *to sit an exam*

passer son temps à *to spend one's time doing*
se passer de *to do without*
passionnant(e) *exciting, gripping*
se passionner pour *to be really keen on*
patauger *to paddle*
les pâtes (fpl) *pasta*
le patinage *skating*
le patinage artistique *figure-skating*
un patin à roulettes *rollerskate*
un(e) patineur/-euse *skater*
une patinoire *ice-rink*
une pâtisserie *pastry, cake, cake shop*
payant(e) *pay -... (adj)*
se payer *to afford*
un(e) PDG (président-directeur général) *managing director*
un péage *toll(booth)*
un péché *sin*
la pêche *fishing*
un(e) pêcheur/euse *fisher(wo)man*
un pédalo *pedal boat*
pénétrer dans *to enter into*
une péniche *barge*
un(e) pensionnaire *paying guest*
percuter *to crash into*
un(e) perdant(e) *loser*
perdre *to lose*
périlleux/-euse *perilous, dangerous*
une période d'essai *trial period*
un périodique *periodical*
en périphérie *on the outskirts*
un périphérique *ring-road*
un périple *long journey*
un permis (de conduire) *driving licence*
un permis à points *licence with points on it*
le personnel *staff, personnel*
en perspective *in prospect*
les perspectives (fpl) *future prospects*
la pétanque *bowls*
pétillant(e) *fizzy*
les petites annonces (fpl) *the small ads*
un phare *headlight*
une photo d'identité *passport photo*
un(e) photographe *photographer*
physique *physical*
un physique *physique, appearance*
une pièce de théâtre *play*
avoir pied *to be in o's depth*
un piège *trap, snare*
un(e) piéton(ne) *pedestrian*
piétonnier/-ière *pedestrianised*

une pile *(small) battery*
un pilier *(rugby) prop, pillar*
un pilote *pilot, (racing) driver*
piloter *to pilot, fly, drive*
un pique-nique *picnic*
une piste *track*
une piste cyclable *cycle track, lane*
une piste d'atterrissage *landing-strip*
une piste d'envol *take-off strip*
sur place *on the spot*
un plan *plan, map*
un planeur *glider*
planifier *to plan*
un plat cuisiné *(cooked) dish*
le plat du jour *today's speciality*
le plat principal *main dish*
plein air *open-air (adj)*
à plein temps *full-time*
un plongeon *dive*
plonger *to dive*
plusieurs *several*
plutôt *rather, more*
un poème *poem*
la poésie *poetry*
perdre du poids *to lose weight*
prendre du poids *to put on weight*
à point *medium (cooked)*
un point de départ *starting point*
se mettre au point *to get up to date*
un poison *poison*
un poisson *fish*
une poissonnerie *fishmonger's*
le poivre *pepper*
poli(e) *polite*
la ponctualité *punctuality*
le porc *pork*
un portable *mobile phone, laptop*
un(e) porteur/-euse de *a carrier of*
poser *to put (question), put down*
positif/-ive *positive*
un poste *job, employment, set (TV, radio, etc.)*
postuler *to apply for*
un poteau d'arrivée *winning post*
faire du pouce *to hitch-hike*
sur le pouce *on the hop*
un pourcentage *percentage*
un(e) pratiquant(e) *s.o. who goes in for*
pratique *practical*
une pratique *practice, activity*
pratiquer *to practise, go in for*
se pratiquer *to be played*

de préférence *preferably*
le premier rang *front row, rank*
une première *first performance*
les premiers soins (mpl) *first aid*
les préparatifs (mpl) *preparations*
un(e) présentateur/-trice *radio/TV presenter*
se présenter *to turn up*
presque *almost*
la presse *the press*
un prêt *loan*
un prétexte (pour) *excuse (to)*
prévoyant(e) *far-sighted, understanding*
une prime *bonus, grant*
principalement *principally*
les printaniers (mpl) *spring vegetables*
un(e) prisonnier/-ière (de) *prisoner (of)*
priser *to value, set great store by*
privé(e) *private*
se priver de *to do without*
un prix *price, prize*
à prix modéré *moderately priced*
à prix cassés *at knock-down prices*
proche de *close to*
le Proche-Orient *the Middle East*
(se) procurer *to obtain*
un produit (de luxe) *(luxury) product*
profiter de *to take advantage of*
un(e) profiteur/euse *user*
des progrès (mpl) *progress*
progressif/-ive *progressive*
progressivement *progressively*
une promenade *walk, trip*
une promenade en vélo *bike ride*
la prudence *care, caution*
publicitaire (adj) *publicity*
une pub(licité) *a commercial*
un(e) psychologue *psychologist*

Q

les qualifications (fpl) *qualifying stages*
qualifier *to qualify*
de bonne/mauvaise qualité *of good/bad quality*
quant à *as for*
quasi/quasiment *almost*
la quasi-totalité de *almost all/the whole of*
quelconque *or other*

R

radiophonique (adj) *radio*
un raid *long trek*
au ralenti *at a slow(er) pace*

râler *to moan, complain*
une rallonge *extension (most senses)*
une rame de métro *underground train*
une randonnée *trip, ride, hike, ramble*
faire de la randonnée *to go back-packing*
un(e) randonneur/-euse *rambler, hiker, hill-walker*
râpé(e) *grated*
un rapide *express train*
rapidement *rapidly*
établir un rapport *to establish a relationship*
une ration de calories *calorie intake*
rattraper *to catch (up)*
le rayon frais *the cold shelf*
un(e) réalisateur/-trice *(European) film director*
réaliser *to direct (film)*
une recette *recipe*
recevoir *to receive*
un réchaud portatif *portable stove*
la recherche *research*
une récidive *repeat offence*
un(e) record(wo)man *record-holder*
une recrue *recruit*
un recueil *collection*
la rédaction *editorial staff*
un(e) rédacteur/-trice *editor*
une redevance *(TV) licence fee*
rédiger *to draft, write, edit*
se régaler *to treat o.s., have a treat*
(se mettre au) régime *(to go on a) diet*
la règle du jeu *the rules of the game*
régulièrement *regularly*
une relation *relationship*
se remettre *to recover*
remorquer *to tow*
un(e) remplaçant(e) *replacement (person)*
un remplacement *replacement (job)*
(se) rencontrer *to meet*
renfermé(e) *shut-off, introverted*
la rentrée *return (home/school)*
les rentrées et dépenses *income and expenditure*
renverser *to run over*
renvoyer *to (give s.o. the) sack*
un repas (complet) *(slap-up) meal*
repérer *to identify, locate, pick out*
une répétition *rehearsal*
au repos *at rest*
reposant(e) *restful*
se reposer *to rest*
un(e) représentant(e) *representative*
réputé(e) *well-known, respected*
requis (adj) *required*

le RER ~ *Paris suburban rail network*
un réseau *network*
rétro(grade) *old-fashioned, backward-looking*
une responsabilité *responsability*
un(e) responsable *person in charge*
la restauration *catering, sth to eat and drink*
la restauration rapide *fast food*
un rétroviseur *rear mirror*
réussir *to succeed*
une réussite *success*
une revue *(picture) mag*
une revue de presse *press review*
révoltant(e) *revolting*
riche en *high in*
ne rien dire à *not to appeal to (o's tastes, etc)*
une rigolade *joke, laugh*
(bien) rigoler *to have (good) fun*
ringard(e) *old-fashioned*
un risque *risk*
la robotique *robotics*
un roman *novel*
un(e) romancier/-ière *novelist*
une roue *wheel*
rouler *to drive, get around*
une roulotte *(motorised) caravan*
prendre la route *to take to the road*
un(e) routier/-ière *long-distance lorry driver*
le rugby à XV (quinze) *rugby union*
le rugby à XIII (treize) *rugby league*

S

un sac à dos *back-pack*
saignant(e) *rare (steak), bleeding, bloody*
sain(e) *healthy*
la saison *the (high) season*
en baisse/pleine saison *in the off/high season*
saisonnier/-ière *seasonal*
salé(e) *salted*
une salle polyvalente ~ *village hall*
un salon de thé *tea shop*
sanctionner *to impose sanctions on*
le sang-froid *coolness*
un sans-issue *cul-de-sac*
sans sucre *sugar-free*
la santé *health*
saturé *over-loaded, full to bursting*
une sauce au jus *gravy*
une saveur *taste, flavour*
sans saveur *tasteless, insipid*
le savoir *knowledge*
la Scandinavie *Scandinavia*

un(e) scientifique *scientist*
un(e) scribouillard(e) *pen-pusher*
une séance de cinéma *film show, performance*
une séance permanente *continuous show*
sec/sèche *dry*
un secours *help, rescue*
un secteur *sector, domain*
la sécurité *security*
la sécurité routière *road safety*
un séjour *stay*
séjourner *to stay*
le sel *salt*
sélectionner *to select, choose*
sembler *to seem, appear*
un sens de l'équilibre *a sense of balance*
les sentiers battus *the beaten track*
séparé(e) *separate*
le septième art *cinema*
septentrional(e) *northern*
un sérieux *conscientiousness*
séropositif/-ive *HIV-positive*
un serveur *server (ICT)*
un(e) serveur/euse *waiter, waitress*
seul(e) *single, only*
le SIDA *AIDS*
un siège *seat*
un siège social *headquarters, registered office*
un sigle *logo, acronym*
un sirop *syrup*
une situation *situation, job*
le ski *skiing*
le ski de fond *cross-country skiing*
la SNCF *French Rail*
un Solex *motorised cycle*
le sommeil *sleep*
un sondage *poll, survey*
une sortie *(motorway) exit*
une sortie familiale *family outing*
sortir *to go out, get sth out*
sortir en soirée *to go out for an evening*
le souffle *breath*
manquer de souffle *to be out of breath*
souffrir *to suffer*
une soupape de sécurité *safety-valve*
une souplesse *suppleness*
sous-qualifié(e) *under-qualified*
le sous-vide *vacuum-packing*
un(e) spectateur/-trice *viewer, spectator*
la spéléologie *pot-holing*
sportif/-ive *sporting, sporty*
un stade *stadium*

un stage *(training) course*
un stage de travail *work experience*
un stage professionnel *work placement*
une station de travail *work station*
le stationnement *parking*
stationner *to park*
aller à ... en stop *to hitch-hike to*
faire du stop *to hitch-hike*
stressé(e) *stressed*
sucré(e) *sugared*
une sucrette *artificial sweetener*
suggérer *to suggest*
les suites (fpl) *consequences*
suivi *popular (programme)*
une superficie *surface area*
supersonique *supersonic*
sur-booké(e) *over-booked*
surdiplômé(e) *over-qualified*
une grande surface *hypermarket*
un surnom *nickname*
surqualifié(e) *over-qualified*
une surtaxe *surcharge*
surtout *above all, especially*
surveiller *to watch (over)*
la survie *survival*
survivre *to survive*
sympa *nice, friendly*
un syndicat *(trade) union*
syndicalisé(e) *unionised*

T

taquiner *to tease*
avoir du talent *to be talented*
talentueux/-euse *talented*
un talon *heel*
un talonneur *hooker (rugby)*
un tamponnement *collision*
tamponner *to collide*
un tarif *price, rate*
à tarif réduit *at a reduced price*
une tarification *set of charges*
un tarn *mountain lake*
une tartine *bread and butter, jam, etc*
un taux *level, rate*
un taux de change *exchange rate*
un taux de mortalité *death rate*
un taux de succès/d'échec *success/failure rate*
une taxe *tax, charge*
les techniques (fpl) *technology*
la technologie (de pointe) *(state of the art) technology*
un(e) technophile *technology buff*

un téléchargement *downloading*
télécharger *to load, put credit on (mobile, etc)*
une télécommande *remote*
un téléfilm *TV film*
le téléphone fixe *landline*
les téléspectateurs *television viewers*
un téléviseur *television set*
la télévision par satellite *satellite TV*
la témérité *recklessness*
témoigner (de) *to witness*
temporaire *temporary*
à temps partiel *part-time*
tenir de *to take after*
une tentation *temptation*
une tentative *attempt*
tenter de *to try, attempt to*
une tenue *kit (clothes)*
la tenue blanche *whites*
un terrain *(sports) pitch*
en terrasse *al fresco*
terre à terre *down to earth*
une terrine *country pâté*
une théière *teapot*
thérapeutique *therapeutic*
un TGV *high-speed train*
tirer *to draw, pull*
tirer un salaire *to draw a salary*
tomber amoureux de *to fall in love with*
tonique *well-toned*
toujours *always*
le tourisme organisé *package tourism*
un tournage *filming*
tourner *to turn, make a film*
tout à fait *completely*
trahir *to betray, reveal*
un train de banlieue *commuter train*
traîner *to drag, hang around*
un trait *(character) trait*
le traitement de texte *word-processing*
un trajet *journey, crossing*
un tramway *tram*
une tranche horaire *timetable spot*
les transports en commun (mpl) *public transport*
le travail manuel *manual work*
un tremplin *diving-/spring-board*
le troisième âge *old age*
une trottinette *(motor) scooter*
se trouver *to be found, situated*
un(e) tueur/euse *killer*
la Tunisie *Tunisia*
un(e) tunisien(ne) *Tunisian*

U

ultérieur *later, subsequent*
ultime *ultimate, final*
ultra-chic *ultra-fashionable*
ultramontain(e) *beyond the Alps*
uniforme *uniform, unchanging*
unanime *unanimous*
unijambiste *one-legged*
unilingue *monolingual*
unir *to unite, join, link*
une unité *unit*
universitaire (adj) *university*
urbain *urban*
un usage *use*
usager *to use*
un(e) usager/-ère *user*
usé(e) *worn out*
une usine *factory*
un ustensil *utensil*
utile *useful*
une utilisation *a use*
utiliser *to use, utilise*
une utilité *use*

V

prendre des vacances (fpl) *to take a holiday*
les vacances en famille *family holiday(s)*
les vacances à prix *package holiday*
les vacances d'aventure *adventure holiday*
les vacances de neige *winter sports holiday*
les vacances scolaires *school holidays*
les grandes vacances *the summer holidays*
un(e) vacancier/-ière (adj+n) *holiday (adj), holiday-maker (n)*
vaincre *to overcome, conquer*
une valise *(suit)case, bag*
la varappe *rock-climbing*
une vedette *film-star, limelight*
un véhicule *vehicle*
la veille *the day before*
un vélodrome *cycling stadium*
dans le vent *up-to-date*
une vertu *virtue*

une viande *meat*
une victime *victim*
un vidéodisque *DVD*
une vie (privée) *(private) life*
en vigueur *in force*
viser *to aim at, target*
une visite guidée *guided tour*
rendre visite (à) *to (pay a) visit (to)*
une vitesse *speed*
une vitesse limite *speed limit*
vivre *to live*
une voie express *expressway*
une voie ferrée *rail track*
un(e) voisin(e) *neighbour*
une voiture *car, carriage (train)*
à la voix *by voice*
un vol *flight, theft*
un volant *driving-wheel*
voler *to fly, steal*
un(e) voleur/euse *thief*
une volonté *will, determination*
un voyage d'agrément *pleasure trip*
un VTT *mountain bike, 4x4, off-roader*
vulgaire *common*

W

un wagon *(railway) coach, carriage*
le Web *the Web*
un(e) windsurfiste *windsurfer*

Y

un yaourt *yoghurt*
yé-yé (adj) *60s pop*
la Yougoslavie *(the former) Yugoslavia*

Z

zapper *to zap, channel hop*
un zappeur *remote*
zigzaguer *to zigzag, stagger along*
le zinc *pub bar*
un(e) zonard(e) *drop-out*
la zone *zone, the slum area, pits*
une zone piétonne *pedestrianised zone*

Acknowledgements

Photo credits

The Publishers would like to thank the following for permission to reproduce copyright material:

p.3 ©David Paterson/Alamy; **p.6** ©Rob Barker; **p.8 all** ©Rob Barker; **p.9** ©Dan Atkin/Alamy; **p.11** ©Michel Setbon/Digital/Corbis; **p.18** ©Alibi Productions/Alamy; **p.19 both** ©Rob Barker; **p.20 t** ©Lazyfruit Pictures/Alamy, **b** ©Rob Barker; **p.23 t** ©Directphoto.org/Alam, **b** ©Mary Evans Picture Library/Alamy; **p.32** ©James Hawkins/Alamy; **p.34** ©Rob Barker; **p.35** Louisjoy Thurstun/Bubbles Photolibrary/Alamy; **p.37 all** ©Rob Barker; **p.40** ©David Martyn Hughes/images-of-france/Alamy; **p.46** ©Edgardo Contreras/Taxi/Getty Images; **p.47** ©Panoramic Images/Getty Images; **p.49** ©Horizon International Images Ltd/Alamy; **p.51** ©Michael Freeman/Corbis; **p.52** ©Hussenot/photocuisine/Corbis; **p.54 all** ©Rob Barker; **p.55** ©jan isachsen/images-of-france/Alamy; **p.56 all** ©Rob Barker; **p.66** ©LWA-Dann Tardiff/Corbis; **p.67 all** ©Rob Barker; **p.70** ©Martin Meyer/zefa/Corbis; **p.71** ©Gideon Mendel/Corbis; **p.77** ©Rob Barker; **p.78** ©Rob Barker; **p.83** ©Jamie Kripke/Corbis; **p.84** ©Bryn Lennon/Getty Images Sport; **p.90 all** ©Rob Barker; **p.91** ©Moodboard/Corbis; **p.92** ©Steven May/Alamy; **p.93** ©Helen King/Corbis; **p.94** ©David P. Hall/Corbis; **p.95** ©Antonello Turchetti/Digital Vision/Getty Images; **p.97** ©Moodboard/Corbis; **p.106 both** ©Rob Barker; **p.107 all** ©Rob Barker; **p.108 t** ©Image100/Corbis, **b** ©Eric Audras/PhotoAlto/Alamy; **p.109** ©ColorBline Images/Blend Images/Alamy; **p.112 top l-r** ©Rob Barker, **bottom** ©Somos Images/Corbis; **p.113** ©Steve Hamblin/Alamy; **p.114** ©Kelly Redinger/Design Pics Inc./Alamy; **p.115** ©Jochen Tack/Alamy; **p.116** ©Robert Fried/Alamy; **p.121** Touhig Sion/Corbis Sygma; **p.122** ©Ryan McVay/Photodisc/Getty Images; **p.123** ©ROB & SAS/Corbis; **p.124 all** ©Rob Barker; **p.126** ©AA World Travel Library/Alamy; **p.127** ©Alan Gignoux/Alamy; **p.128** ©Lourens Smak/Alamy; **p.129** Used with kind permission of Norbert Dentressangle; **p.130 t** ©Sipa Press/Rex Features, **b** ©David R. Frazier Photolibrary, Inc./Alamy; **p.137 l** ©Mark Ross/Alamy, **r** ©Nik Wheeler/Corbis; **p.138 t l-r** ©Lisa Pines/UpperCut Images/Alamy, ©Moodboard/Alamy, ©Rob Barker, ©David J. Green – Lifestyle/Alamy, **b** ©David J. Green – Lifestyle/Alamy; **p.138** ©Mike Kemp/RubberBall/Alamy; **p.139 tl** ©Rob Barker, **tr** ©Michel Touraine/Jupiterimages/Pixland/Alamy, **bl** ©Sigrid Olsson/PhotoAlto/Alamy, **br** ©Colorblind/Corbis Premium/Royalty Free/Alamy; **p.141** ©Chris Young/Alamy; **p.142 tr** ©Mike Kemp/RubberBall/Alamy, **tl** ©Moodboard/Alamy, **bl** ©KT Spencer/Alamy, **br** ©Rob Barker; **p.144** ©Peter Dench/Corbis; **p.145** ©Rob Cousins/Alamy; **p.148 t** ©Peter Titmuss/Alamy, **b** ©David A. Barnes/Alamy

Text acknowledgements

The authors and publishers are grateful to the following for permission to include material in the text:

1.3 Texte de Claire Didier © OKAPI, Bayard Jeunesse, 1998; **1.5** extract from *Le Clé sur la porte*, Marie Cardinal © Editions Bernard Grasset; **1.8** extract from *Le Parisien*, 03/03/05; **1.9** adapted from www.MidiLibre.com 18/12/06; **1.12** adapted from www.20minutes.fr, 2008; **2.1; 2.2; 2.3** *Comment passer de super week-ends san vous ennuyer*, OK No. 723 , 20-26/1/89; **2.4** Article by Bernadette Costa-Prades, *Vies de Famille*, mai 2003; **2.5; 2.6** Joëlle Frasnetti, *Le Parisien*, 21/10/93; **2.13** adapted from *Voix Express* 23/09/97; **2.14** Albert Camus: *La Peste* © Editions Gallimard; **3.4** taken from *Paris Normandie*, 02/02/05; **3.5** taken originally from *Phosphore*, 03/05, Bayard-Presse; **3.10** extract from *Topaze*, ©Marcel Pagnol (1895-1974); **3.11** taken originally from *Phosphore*, 12/04, Bayard-Presse; **3.14** Mickaël Grasty, *Le Parisien*, 24/06/92; **4.2** taken originally from *Phosphore*, 10/03, Bayard-Presse; **4.6** *Ouest-France*, 30/03/05; **4.7** *Ouest-France*, 20/02/05; **4.8** taken from *Le Berry Républicain*, 12/06/91; **4.9** extract from *La Place*, Annie Ernaux, © Editions Gallimard; **4.10** maville.com, *Ouest-France*, 11/10/05; **4.12** taken from *Yahoo! Actualités* 26/05/05; **5.2** www.infos.actusite.fr; **5.4** *Ouest-France*, 26/03/05; **5.6** based on an article in *France Soir*, ©France Soir 1/4/98; **5.8** Jeuneafrique.com, 05/3/06; **5.11** based upon *Droit au but!* 2.7, Hodder Murray 2000; **6.14** extract from Le Pariesien en ligne; **7.2** Adapted from *Le Parisien*, 18/03/98; **7.8** adapted from an article, *L'Yonne Républicaine*, 20/09/05; **7.11** Abridged version of article in *La Voix du Nord*, 20/09/06; **7.12** Ouest-France, 01/12/06; **7.13** extract from www.Leparisien.com, 29/01/07; **8.3** Ouest-France, 08/02/05; **8.6** Ouest-France, 08/03/00; **8.13** extract from Le Parisien, 26/05/98; **8.14** Ghislaine Buffard, Aujourd'hui 11/06/96; **9.7** extract from Le Dauphiné Libéré, 23//02/90; **9.8** adapted from mavill.com, Ouest-France 29/08/02; **9.9** taken from Yahoo! Actualités, 01/03/05; **9.10** article from L'Express, 29/08/05; **9.13** adapted from MidiLibre.com, 01/08/05; **9.14** based on two articles from Le Parisien, 15/07/07; **9.15** Le Parisien, 10/07/07; **10.2** Jeune Afrique, L'Intelligent, 07/12/04; **10.6** Le Télégramme, 03/08/05; **10.7** Aujourd'hui, 28-29/03/98; **10.8** extract from *Qui c'est, ce garcon?* Nicole de Buron, ©Flammarion 1985; **10.9** ©Karen Claeren, Femme Actuelle; **10.11** Jeune Afrique, L'Intelligent, 08/11/05.

While every effort has been made to trace copyright holders the publishers apologise for any omissions which they will be pleased to rectify at the earliest opportunity. Acknowledgement of sources of audio materials are given in the Teacher's Book with the relevant transcripts.